E-Book inside.

Mit folgendem persönlichen Code
können Sie die E-Book-Ausgabe
dieses Buches downloaden.

9r65p-6yc37-01801-sn2kx

Registrieren Sie sich unter
www.hanser-fachbuch.de/ebookinside
und nutzen Sie das E-Book
auf Ihrem Rechner*, Tablet-PC
und E-Book-Reader.

Der Download dieses Buches als E-Book unterliegt gesetzlichen
Bestimmungen bzw. steuerrechtlichen Regelungen, die Sie unter
www.hanser-fachbuch.de/ebookinside nachlesen können.
* Systemvoraussetzungen: Internet-Verbindung und Adobe® Reader®

Pomaska

3D-Fotos und -Videos

BLEIBEN SIE AUF DEM LAUFENDEN!

Hanser Newsletter informieren Sie regelmäßig über neue Bücher und Termine aus den verschiedenen Bereichen der Technik. Profitieren Sie auch von Gewinnspielen und exklusiven Leseproben. Gleich anmelden unter

www.hanser-fachbuch.de/newsletter

Günter Pomaska

3D-Fotos und -Videos

Eigene Aufnahmen erstellen, bearbeiten
und präsentieren

HANSER

Der Autor:

Günter Pomaska, Schwülper

Alle in diesem Buch enthaltenen Informationen wurden nach bestem Wissen zusammengestellt und mit Sorgfalt getestet. Dennoch sind Fehler nicht ganz auszuschließen. Aus diesem Grund sind die im vorliegenden Buch enthaltenen Informationen mit keiner Verpflichtung oder Garantie irgendeiner Art verbunden. Autor und Verlag übernehmen infolgedessen keine Verantwortung und werden keine daraus folgende oder sonstige Haftung übernehmen, die auf irgendeine Weise aus der Benutzung dieser Informationen – oder Teilen davon – entsteht, auch nicht für die Verletzung von Patentrechten, die daraus resultieren können.

Ebenso wenig übernehmen Autor und Verlag die Gewähr dafür, dass die beschriebenen Verfahren usw. frei von Schutzrechten Dritter sind. Die Wiedergabe von Gebrauchsnamen, Handelsnamen, Warenbezeichnungen usw. in diesem Werk berechtigt also auch ohne besondere Kennzeichnung nicht zu der Annahme, dass solche Namen im Sinne der Warenzeichen- und Markenschutz-Gesetzgebung als frei zu betrachten wären und daher von jedermann benützt werden dürften.

Bibliografische Information der deutschen Nationalbibliothek:

Die Deutsche Nationalbibliothek verzeichnet diese Publikation in der Deutschen Nationalbibliografie; detaillierte bibliografische Daten sind im Internet unter http://dnb.d-nb.de abrufbar.

Dieses Werk ist urheberrechtlich geschützt.

Alle Rechte, auch die der Übersetzung, des Nachdruckes und der Vervielfältigung des Buches, oder Teilen daraus, vorbehalten. Kein Teil des Werkes darf ohne schriftliche Genehmigung des Verlages in irgendeiner Form (Fotokopie, Mikrofilm oder ein anderes Verfahren), auch nicht für Zwecke der Unterrichtsgestaltung, reproduziert oder unter Verwendung elektronischer Systeme verarbeitet, vervielfältigt oder verbreitet werden.

ISBN 978-3-446-45630-3
E-Book-ISBN 978-3-446-45715-7
ePub-ISBN 978-3-446-45823-9

© 2018 Carl Hanser Verlag München
Lektorat: Julia Stepp
Herstellung: Isabell Eschenberg
Umschlagrealisation: Stephan Rönigk
Satz: le-tex publishing services GmbH, Leipzig
Druck und Bindung: CPI books GmbH, Ulm
Printed in Germany
www.hanser-fachbuch.de

Inhaltsverzeichnis

1	**Einführung**	**1**
1.1	Von der Camera obscura zur VR-Brille	1
1.2	Stereoskopie und Stereofotografie	2
1.3	Analog fotografieren und hybrid verarbeiten	4
1.4	Digitale Fotos und Videos mit Smartphone, Action Cam & Co.	5
1.5	Bildbetrachtung mit Stereoskop oder Anaglyphenbrille	6
2	**Zur Geschichte des Raumbildes**	**11**
2.1	Stereoskopie und Fotografie	11
2.2	Bildverlage, Stereokarten, Genres	14
2.3	Entwicklungen der Kameraindustrie	18
2.4	Stereofotografie mit dem Glyphoscope	21
3	**In die Tiefe schauen mit Kalkül – räumliches Sehen und Aufnahmeplanung**	**27**
3.1	Betrachtung von Raumbildern	27
3.2	Training der freiäugigen Betrachtung	28
	3.2.1 Mit Schielen zum Raumbild – der Kreuzblick	30
	3.2.2 In die Ferne schauen – der Parallelblick	31
3.3	Zur Geometrie des Stereobildes	32
3.4	Durch das Fenster geschaut – Scheinfenster und schwebendes Fenster	38
3.5	Kamerahaltung und Bildgestaltung	40

4 Analoge 3D-Fotografie **47**

4.1 View-Master – ein System für das Kleinstformat 49
    4.1.1 View-Master Personal 51
    4.1.2 View-Master Color 54
    4.1.3 Montage und Projektion 56
4.2 Fotografie mit der Stereokleinbildkamera 59
    4.2.1 Die Amerikaner: Stereo Realist & Co. 60
    4.2.2 Belplasca aus Dresden 64
    4.2.3 FED Stereo 71
4.3 Stereokameras für den 120er Rollfilm 74
    4.3.1 Duplex Super 120 74
    4.3.2 Stereokamera Sputnik 78
4.4 3D-Fotografie mit Monokameras 80
    4.4.1 Halbbilder mit Standpunktwechsel 80
    4.4.2 Strahlenteiler 85
    4.4.3 Synchron-Gespanne 87
4.5 Präsentation analoger Stereobildpaare 90
    4.5.1 Diarahmung und Durchlichtbetrachtung 91
    4.5.2 Projektion von Stereodias 93

5 Hybride Stereobild-Bearbeitung **97**

5.1 Auf Polyester gebannt 98
    5.1.1 Filmformate 99
    5.1.2 Filmtypen und Entwicklung 100
5.2 Digitalisierung von Filmen 106
    5.2.1 Vom Bild zum Pixel mit dem Flachbettscanner 106
    5.2.2 Abfotografieren des Filmmaterials 107
5.3 Bildverbesserung und Umbildung 109
    5.3.1 Radiometrische Bildverbesserung 109
    5.3.2 Geometrische Umbildung 111
5.4 Auflichtbetrachtung 116
    5.4.1 Paralleles Sehen mit Stereoskopen 119
    5.4.2 Mit ImageMagick zum SbS-Format 121
    5.4.3 Übereinandergedruckt – die Anaglyphentechnik ... 123
    5.4.4 Online-Anaglyphen mit PHP 126
    5.4.5 In Streifen zerlegt – Lentikularbilder 132
5.5 3D-Foto-Editoren 133
    5.5.1 Anaglyphensoftware 133
    5.5.2 StereoPhoto Maker 137
    5.5.3 3DCombine 141

6 Digitale 3D-Fotografie 143

- 6.1 Das algorithmische Bild 144
  - 6.1.1 Kamerakalibrierung.................................. 144
  - 6.1.2 Präzision ohne Basis 150
  - 6.1.3 Fokus-Stacking 155
  - 6.1.4 High Dynamic Range (HDR) 157
  - 6.1.5 Serienaufnahmen ohne Geister..................... 159
- 6.2 Twin-Sets oder Gespanne 161
  - 6.2.1 Digitale Kompakte 161
  - 6.2.2 Action Cams 166
  - 6.2.3 Eine Himbeere mit zwei Augen..................... 172
- 6.3 3D-Fotografie mit der digitalen Zweiäugigen 177
  - 6.3.1 Fuji Finepix Real 3D................................ 178
  - 6.3.2 Nah dran mit Lumix 12.5............................ 182
- 6.4 Generation Selfie – smart 3D 186
  - 6.4.1 Spiegel für dynamische Motive...................... 189
  - 6.4.2 Makro mit dem Handy.............................. 191
  - 6.4.3 3DSteroid für Smartphones und Tablet-Computer ... 193
- 6.5 Stereoskopisches Panorama 196
  - 6.5.1 Rotierende Basis.................................... 197
  - 6.5.2 3D-Panorama mit einer Monokamera 200
  - 6.5.3 3D-Panorama mit einer 360-Grad-Kamera.......... 201

7 Als die Bilder laufen lernten – vom 3D-Foto zum 3D-Video 205

- 7.1 Software für Cut & Play 207
  - 7.1.1 Videoschnitt.. 207
  - 7.1.2 StereoMovie Maker................................. 211
  - 7.1.3 3D-Videoplayer 212
- 7.2 Mediadaten 214
- 7.3 Vom Foto zur Videoshow 222
- 7.4 3D-Videoaugen 225
  - 7.4.1 Miniaturkameras – die Kamerazwerge 225
  - 7.4.2 Parallelbetrieb zweier Webcams..................... 226
  - 7.4.3 Hardware mit zwei Augen – 3D-Pocket-Camcorder .. 229
  - 7.4.4 Kamerastabilisierung................................ 234
- 7.5 Rundumblick im Video 235
  - 7.5.1 360-Grad-Kameras 235
  - 7.5.2 YouTube im 3D-Modus.............................. 238
  - 7.5.3 Virtual Reality (VR)-Brillen......................... 240
  - 7.5.4 Virtual Reality (VR) auf Webseiten................. 242

8 Reality Capture – fotorealistische Computermodelle für 3D-Druck, Mixed Reality & Co. 247

- 8.1 Computer können sehen 248
- 8.2 3D-Rekonstruktionen 251
  - 8.2.1 Bildaufnahme und -vorbereitung 252
  - 8.2.2 Orientierung und Modellbildung 254
  - 8.2.3 Feinschliff der Rohdaten 261
- 8.3 3D-Stereo-Rendering 264
- 8.4 Mixed Reality 267

9 Schlusswort 271

- 9.1 Präsentation und Publikation 271
  - 9.1.1 Projektion 272
  - 9.1.2 Bildergalerien im Web 276
  - 9.1.3 Fotos mit 3D-Effekt 278
- 9.2 VR-Brille statt Stereoskop? 279
- 9.3 Nostalgie und Gegenwart 281

Stichwortverzeichnis 285

1 Einführung

1.1 Von der Camera obscura zur VR-Brille

Ein Foto ist ein zweidimensionales Medium, das räumliche Informationen als Zentralprojektion aufzeichnet. Die mathematisch korrekte Zentralprojektion ist seit Mitte des 15. Jahrhunderts nachgewiesen. Als Vorlage der Perspektive diente Malern die Camera obscura. Eine dauerhafte Aufzeichnung der Bilder wurde dagegen erst in der zweiten Hälfte des 19. Jahrhunderts mit der Entwicklung fotografischer Verfahren möglich. Sir Charles Wheatstone gelang etwa zur gleichen Zeit mit seinem Stereoskop genannten Apparat der Nachweis, dass räumliches Sehen beim Menschen durch die leicht unterschiedlichen Blickwinkel des rechten und des linken Auges begründet ist.

Man kann also mittels zweier Bilder, die von unterschiedlichen Standpunkten aus aufgenommen werden, einen künstlichen Raumeindruck hervorrufen. Unter dem Begriff Stereoskopie versteht man die Gesamtheit der Verfahren zur Aufnahme und Wiedergabe von raumgerechten Bildern. Ebenso hat sich die Bezeichnung 3D für Fotografie und Film durchgesetzt, konkurriert aber heute mit Begriffen der Computergrafik. Eine 3D-Computergrafik ist üblicherweise eine Abbildung des intern gespeicherten Datenmodells einer 3D-Szene. Man spricht auch von einem Rendering. Hingegen besteht eine 3D-Fotografie aus zwei Bildern, dem linken und rechten Halbbild eines Bildpaares, das bei binokularer Betrachtung als Raumbild erscheint. Die Stereofotografie wird auch mit dem Begriff S3D bezeichnet.

 Stereobild

Ein Stereobild besteht aus zwei Halbbildern, einem für das rechte und einem für das linke Auge, die bei gleichzeitiger getrennter Betrachtung zum Raumbild verschmelzen.

Die 3D-Fotografie hat in den letzten 150 Jahren immer wieder mal mehr und mal weniger Aufmerksamkeit hervorgerufen. In den Anfängen war es die weite Verbreitung der Stereokarten und Betrachtungsgeräte, die in den Wohnzimmern des Bürgertums präsent sein mussten. Es folgten Dokumentationen des Ersten Weltkrieges auf Glasplatten und in Deutschland die Propaganda während der NS-Herrschaft durch den Raumbild-Verlag Otto Schönstein. Um 1930 hatte Otto Gruber die Idee des View-Masters, der bis heute noch aktuell ist. Mitte des 20. Jahrhunderts wurden diverse Stereokameras für den Kleinbildfilm produziert. 2010 war das Jahr der 3D-Fernseher. Am 28. August 2010 erschien die Bild-Zeitung komplett als Anaglyphendruck in 3D. Heutzutage sind wir durch Googles Cardboard bei Virtual Reality auf dem Smartphone angekommen.

Doch worin besteht der Mehrwert eines Raumbildes? Sicher ist es immer noch der Wow-Effekt beim Tiefeneindruck, mehr noch als das Motiv selbst, das ebenso die Forderung nach 3D stellen kann. Bei der Vielzahl an Apps für Smartphones finden sich auch etliche Pseudo-3D-Apps in den Stores. Das Interesse an räumlichen Darstellungen ist demnach ungebrochen. Probieren Sie es doch einfach einmal mit Print und Stereoskop, Anaglyphenbrille, Google Cardboard oder Website aus – analog, hybrid oder digital.

Dieses Buch soll kein Kompendium der Stereoskopie sein. Es ist eine Anleitung zum Fotografieren mit bzw. in 3D sowie zur Raumbildpräsentation mithilfe der technischen Möglichkeiten von Computer und Internet. Dabei ist zu berücksichtigen, dass im Zuge der neuen Do-it-yourself-Bewegung, der Maker-Szene, die analoge Fotografie unter den Kreativen weiterlebt. *Do it yourself* (kurz: DIY, Englisch für *Mach es selbst*) ist eine Bewegung, die Anfang der 1950er Jahre entstand. Hinter dem Begriff steht die Idee, handwerkliche Tätigkeiten selbst und ohne professionelle Hilfe auszuführen. Die Thematik ist nach wie vor aktuell und findet heutzutage Ausdruck in der Maker-Szene. In vielen Städten gibt es FabLabs, offene Werkstätten oder Maker Spaces, in denen hochtechnisierte Produktionsmittel wie 3D-Drucker oder CNC-Maschinen der Öffentlichkeit zur Verfügung stehen. Ähnliche Motivationen zum Selbermachen findet man auch unter den Fotofreunden.

■ 1.2 Stereoskopie und Stereofotografie

Die Stereoskopie entfaltete bei fast gleichzeitiger Entwicklung der Fotografie um die Wende vom 19. zum 20. Jahrhundert eine besondere Faszination. Fotografische Apparate dieser Zeit wird man heutzutage kaum noch einsetzen, die Entwicklungen der Fotoindustrie aus den 1950er Jahren sind aber für den vorangehend erwähnten Anwenderkreis durchaus von Interesse. Eine andere Gruppe von Leuten sieht sich durch die hochaktuelle virtuelle Realität auf mobilen Computern mit der Stereoskopie und 3D-Verfahren konfrontiert.

In diesem Buch geht es um die praktische Anwendung von 3D-Fotografie – von der analogen Technik über die hybride Stereobildbearbeitung bis hin zur rein digitalen Technik. Dabei stehen Budgetlösungen für den ambitionierten Amateur im Fokus, nicht professionelle High-End-Systeme. Anstelle von umfangreichen theoretischen Abhandlungen, wie man sie in Fachbüchern zur 3D-Fotografie findet, enthält dieses Buch eine Vielzahl von praktischen Hinweisen zu Materialien, Aufnahmetechnik und Bezugsquellen.

Die zeitgleiche Aufnahme zweier parallaktisch unterschiedlicher und annähernd inhaltsgleicher Halbbilder verlangt dem Fotografen zusätzliche Fertigkeiten ab. Nur bei Einhaltung gewisser Restriktionen gelingt die Verschmelzung zum Raumbild bei der Betrachtung eines Stereobildes. Da auch die Betrachtung in aller Regel eine besondere Einrichtung erfordert, muss man sich eingangs unbedingt mit der Rechtfertigung und Charakteristik eines Raumbildes auseinandersetzen.

Auf einige Phänomene der Raumbildbetrachtung soll kurz hingewiesen werden. In monotonen Motiven tritt die Oberflächenstruktur der Objekte besser in Erscheinung. Bei Mineraliensammlern ist daher die 3D-Fotografie übliche Praxis. Auch ist dort das stereoskopische Glitzern gefragt. Die Interpretation einer extrem komplexen Szene wird durch die räumliche Betrachtung wesentlich erleichtert.

Bild 1.1 Interpretation von Wasseroberfläche und Spiegelbild

Andere Phänomene der Raumbildbetrachtung sind das Erkennen verdeckter Strukturen, die Akzeptanz nicht fokussierter Halbbilder oder auch das Auffüllen leerer Bildbereiche. Es ist hinreichend, wenn nur ein Halbbild die richtige Fokussierung aufweist. Das zweite Bild kann dagegen mit Unschärfe daherkommen, denn das Gehirn bevorzugt beim Verschmelzungseffekt der Bilder gewisse Daten.

Wasseroberfläche und Spiegelbild der Pergola aus Bild 1.1 stehen senkrecht aufeinander, was im Raumbild deutlicher erkennbar ist als im Monobild. Auch Bild 1.2 zeigt, dass im Raumbild mehr Information steckt – hier dargestellt durch die Halbbilder und die Tiefenmatrix, berechnet aus dem Stereobildpaar. Helle Bildbereiche liegen näher an der Kamera als dunkle Bereiche.

Bild 1.2 Tiefenmatrix – die dritte Dimension im Stereobild

Die wissenschaftlich-technische Auswertung und Interpretation des Bildmaterials, z. B. bei der Ermittlung von maßgerechten Informationen der Objekte, ist notwendigerweise ein Einsatzgebiet der Stereoskopie. Der technisch interessierte Fotograf findet den Reiz in der besonderen Art der Bildgewinnung, während der Beobachter dem Wow-Effekt bei der Betrachtung erliegt. Machen wir uns also auf in die Welt der Stereoskopie bzw. 3D-Fotografie!

1.3 Analog fotografieren und hybrid verarbeiten

Unter Anwendung der digitalen Fotografie gelingen auch dem Fotoamateur Bilder mit beeindruckender Qualität. Ein Vollformatsensor der Auflösung von 50 MP (z. B. Canon EOS 5D 8688 × 5792 Pixel Auflösung) liefert hinreichend Daten für einen hochwertigen Druck in der Größe DIN A1. Berücksichtigt man die weitergehenden Möglichkeiten der Aufnahmetechnik und der digitalen Weiterverarbeitung, kommt die Frage auf, warum man überhaupt noch analog fotografieren sollte?

Aufgrund der immer schneller fortschreitenden digitalen Fototechnik, seien es Kamera- oder Softwareentwicklungen, erhält auch die Community der analogen Fotofreunde als Gegenbewegung wieder vermehrt Zuspruch. Im Internet hat sich ein Netzwerk aus Lieferfirmen für Filmbedarf und Zubehör, Entwicklungslaboren, Anwenderforen und Auktionsportalen herausgebildet. Die Ursprünge hierfür liegen sicherlich auch in der Wiederbelebung der 1982 entwickelten russischen Kleinbildkamera Lomo LC-A durch eine Gruppe Wiener Studenten, woraus der Begriff Lomografie entstanden ist.

Trotz oder gerade wegen des Siegeszuges, den die digitale Fotografie angetreten hat, besteht die Faszination des Analogen bei kreativen Fotoliebhabern weiterhin. Vergleichbares ist mit der Stereofotografie festzustellen. Noch immer tritt ein Aha-Effekt ein, wenn ein Bildpaar im Stereobetrachter zum Raumbild verschmilzt. In diesem Buch begegnen Sie den vielen Facetten der 3D-Fotografie.

Nach einem Exkurs in die Geschichte der Stereoskopie und Fotografie in Kapitel 2 wird die 3D-Fotografie ab den 1950er Jahren in Kapitel 4 nicht nur nacherzählt, sondern nachgearbeitet. Die Apparate des vergangenen Jahrhunderts sind auf den Auktionsplattformen im Internet als Sammlungsstücke und als Gebrauchsgeräte noch zu erwerben.

Neuwertige analoge Kameras, vornehmlich russischer Konstruktion, können Sie bei der Lomographischen Gesellschaft erwerben. Nachbauten deutscher Klassiker wie Leica oder Contax können Sie auf Internetauktionen ersteigern. Bei eBay finden Sie neben den fotografischen Apparaten aus vergangenen Zeiten auch die entsprechenden Ersatzteile und das Zubehör. Nicht mehr produzierte Filmformate und abgelaufenes Material sind begehrte Objekte der Bieter. Was der analoge Fotoenthusiast beim Umgang mit der alten Technik empfindet, mag ein Außenstehender nicht nachempfinden können. Doch bei der Betrachtung eines professionellen Schwarzweißfotoabzuges auf klassischem Barytpapier in Museumsqualität entdeckt auch ein unvorbelasteter Beobachter das Potenzial der analogen Fotografie wieder.

Hybride Verarbeitung ist das Stichwort beim Übergang vom Analogen zum Digitalen. Mit eben dieser hybriden Stereobildbearbeitung beschäftigt sich Kapitel 5. Den analogen Kameras wird wieder eine Chance gegeben – und zwar den Apparaten, die der Hobbyfotograf noch im Schrank hat, oder den Gebrauchsmodellen, die man auf Auktionsplattformen erwerben kann. Der Film muss mit chemischen Mitteln entwickelt werden, die Negative bzw. Diapositive kommen auf den Scanner. Dabei wird auch ein kritischer Blick auf den Einsatz der betagten Apparate geworfen. Objektiv ist der individuelle Vorzug einer analogen Stereokamera aus Leningrad gegenüber einem Gespann digitaler Kompakter selbstverständlich nicht zu beurteilen. Die Auseinandersetzung mit den Apparaten und Methoden orientiert sich an der Einstellung zu Verlangsamung und Individualität der Fotografie.

■ 1.4 Digitale Fotos und Videos mit Smartphone, Action Cam & Co.

Die Zielsetzung dieses Buches hinsichtlich Aufnahme und Wiedergabe der seit etwa 1850 bekannten Stereoskopie ist selbstverständlich auch unter den heutigen Gegebenheiten zu sehen. Mitte des 20. Jahrhunderts wurde eine neue Generation von Kameras für die Kleinbildfotografie entwickelt. Jetzt zu Beginn des 21. Jahrhunderts sind wir mit mobilen Geräten wie Smartphone und Tablet-Computer in der virtuellen Realität angekommen. Kapitel 6 widmet sich daher den aktuellen digitalen Aufnahmesystemen und den erweiterten Techniken wie der HDR-Fotografie, dem Stacking, Panoramaaufnahmen, den VR-Formaten und dem 3D-Video. Das Cardboard aus dem Pizzakarton wird zum Stereoskop, 160 Jahre nach dessen Erfindung.

Das Angebot an klassischen digitalen Stereokameras ist nicht sehr umfangreich. Die artenreine Digitalverarbeitung bekommt jedoch einen neuen Schub durch den derzeitigen Hype um Action Cams, 360-Grad-Kameras und VR-Brillen wie Oculus Rift & Co. Spätestens beim Blick durch die VR-Brille tritt bestimmt der schon erwähnte Wow-Effekt ein.

Völlig neue Wege werden durch die 360-Grad-Videotechnik beschritten, die der Kategorie Virtual Reality zugeordnet wird (Kapitel 7). Auch Reality Capture ist eine der aktuellen Aufnahmetechniken (Kapitel 8). Hier wird nicht nur mit RGB-Kameras gearbeitet, sondern Tiefenkameras ermitteln das räumliche Abbild, während der Fotosensor für die Textur sorgt. Somit kommt es zu Modellen der Wirklichkeit, die in Computerszenarien eingefügt werden oder den 3D-Drucker füttern. Wer von diesen Modellen ein stereoskopisches dreidimensionales Bild (S3D) oder Video erzeugen möchte, der definiert in der Rendersoftware eines Animationsprogramms eine stereoskopische Kamera.

Mit der Videotechnik kann das Printmedium nur bedingt mithalten. Deshalb finden Sie auf meinem YouTube-Kanal *https://www.youtube.com/user/MrGuenter48* Videos und VR-Material. Ein Großteil der Weblinks in diesem Buch können Sie übrigens auch über einen QR-Code (siehe Randspalte) aufrufen.

Sobald wir in die Trickkiste der Digitalfotografie greifen, müssen wir uns auch mit der Anwendungssoftware auseinandersetzen (Kapitel 7). Hier werden wir fast ausschließlich auf Open-Source-Tools und Freeware zurückgreifen. Bildverarbeitung und Stereomontage sind gefragt. Mit ImageMagick und FFmpeg, den Kommandozeilenwerkzeugen für Foto und Video, geht es der Sache auf den Grund. Bei Bedarf schauen wir nach einem Panoramatool, bemühen Programme für das Reality Capture und nutzen die Blender Render Engine.

■ 1.5 Bildbetrachtung mit Stereoskop oder Anaglyphenbrille

Nach einem Blick auf die ersten Jahre der Stereoskopie und Fotografie in Kapitel 2 wendet sich Kapitel 4 der analogen Aufnahmetechnik aus Sicht des Fotoenthusiasten sowie der Präsentation des Originalbildmaterials zu. Es wird gezeigt, wie man mit den zweiäugigen Sucherkameras aus den 1950er Jahren Diapositive im Bildbetrachter und in der Projektion mit Polfiltertechnik anschauen kann. Mit der hybriden Methode, das heißt der digitalen Auswertung und Bearbeitung analoger Aufnahmen, die in Kapitel 5 vorgestellt wird, wachsen die Aufnahmewelten der Veteranen mit denen moderner Kameras zusammen.

Kapitel 9 zeigt, wie das erstellte Bildmaterial zeitgemäß publiziert wird. Die Daten lassen sich nicht nur in Form von Printmedien, sondern auch via TV und Beamer präsentieren. Internet, Tablet-Computer, Smartphone und natürlich VR-Brillen sind die angesagten Medien.

 Die Website zum Buch (*http://www.3D.imagefact.de*) bietet Ihnen Bildmaterial und Zusatzinformationen an.

Im Buch sind analoge Stereobilder als Stereokarten im Side-by-Side-Format gestaltet (siehe Bild 1.3). Das Bildformat ist konform zum Raumbild-Verlag-Stereoskop. Die Halbbildbreite beträgt 52 mm, die Seitenverhältnisse sind 1 : 1, 3 : 2 oder 4 : 3. Mit den gängigen Prismenbetrachtern und Lorgnetten bzw. über den sogenannten Parallelblick stellt sich das Raumerlebnis ebenfalls schnell ein. Bitte erlauben Sie den Augen ein paar Sekunden Eingewöhnungszeit. Wenn Sie Bedarf an einem Loreo Lite 3D Viewer oder an einer Lorgnette haben, dann besuchen Sie *http://perspektrum.de* als Bezugsquelle für Stereozubehör. Natürlich gibt es auch andere Bezugsquellen, aber diese Empfehlung gestatte ich mir.

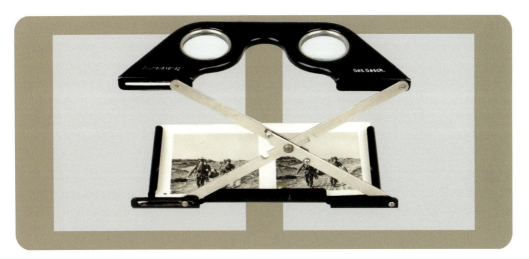

Bild 1.3 Für das Raumbild-Verlag-Stereoskop formatierte Stereokarte (alternativ stellt sich das Raumerlebnis auch über die gängigen Prismenbetrachter und Lorgnetten oder den Parallelblick ein)

Des Weiteren finden Sie großformatige Anaglyphenbilder für die Betrachtung mit einer Rot-Cyan-Brille (siehe Bild 1.4), die diesem Buch beiliegt, und Anordnungen für den freiäugigen Kreuzblick im Buch (siehe Bild 1.5).

 Über die Website zum Buch (*www.3d.imagefact.de*) haben Sie wahlfrei den Zugriff auf gängige Stereoformate und hohe Auflösungen.

Von den Stereokarten im Side-by-Side-Format abgesehen, sind die im Buch enthaltenen 3D-Bilder immer mit einem der folgenden vier Icons (siehe Tabelle) versehen – abhängig davon, durch welche Betrachtungsweise sich der 3D-Effekt einstellt. In Kapitel 3 erfahren Sie, wie Sie den Parallelblick bzw. Kreuzblick anwenden.

Die Bildmotive haben nicht den Anspruch, höchste fotografische Qualität zu erreichen. Es steckt meistens auch ein experimenteller Charakter in den Abbildungen. Die entsprechende Hardware (Kameras sowie Betrachtungseinrichtungen) sollte unbedingt zum Einsatz kommen. Dem Alter der Geräte entsprechend kommen in den folgenden Kapiteln zunächst das Glyphoscope von Jules Richard, die Stereo Realist und die Belplasca zur Anwendung. Die analoge Phase wird mit den russischen Zweiäugigen (Sputnik) beendet. Anhand digitaler Twin-Sets und der zweiäugigen Fuji Real 3D werden die entsprechenden Aufnahmetechniken vorgestellt. Sodann sind wir schon bei den Gadgets, den Action Cams, der Smartphone-Fotografie und den 360-Grad-Formaten in der heutigen Welt des Internets angelangt. Hardware und Software haben Vortritt gegenüber Bildgestaltung und Motivwahl.

Bild 1.4 Daimler aus dem Jahre 1928 (aufgenommen mit Fuji Fine Pix Real 3D im Deutschen Museum Verkehrszentrum)

Bild 1.5 Reiterstandbild des Herzogs Friedrich Wilhelm auf dem Schloßplatz in Braunschweig (Action Cam mit HDR-Bearbeitung, Kreuzblick)

2 Zur Geschichte des Raumbildes

Die Entwicklung von Stereoskopie und Fotografie verlief in den Anfängen annähernd parallel. Unter dem Begriff Stereoskopie versteht man die Wiedergabe von zweidimensionalen Abbildungen mit Tiefeneindruck. Erste Versuche mit dem Stereoskop und dem künstlichen räumlichen Sehen wurden mit Zeichnungen durchgeführt. Etwa zur gleichen Zeit gewann man Erkenntnisse zur dauerhaften Aufzeichnung von Fotos. Neben der Konstruktion monokularer Kameras wurde damit auch die Entwicklung der Stereokameras eingeleitet.

■ 2.1 Stereoskopie und Fotografie

Es war Sir Charles Wheatstone, ein britischer Physiker, der die Beobachtung machte, dass das linke Auge eines Menschen aus einem anderen Blickwinkel sieht als das rechte Auge. Mit einem einfachen Versuch wies er die Beobachtung nach und erläuterte damit die Ursache der Tiefenerkennung des Menschen. Er zeichnete von einem Objekt zwei Perspektiven, jeweils eine aus Sicht des linken Auges und eine andere aus der Sicht des rechten Auges. Die Bilder wurden auf eine Holzschiene gelegt und über Spiegel den Augen getrennt zugeführt, woraufhin ein dreidimensionales Bild entstand. Das Gerät bekam die Bezeichnung Spiegelstereoskop. 1838 wurde das Experiment der Öffentlichkeit vorgestellt (siehe Bild 2.1).

Bild 2.1 Das von Wheatstone 1838 vorgestellte Experiment (Quelle: *http://wikipedia.org*, gemeinfrei)

Das Prinzip der Lochkamera (Camera obscura) wurde bereits im 4. Jahrhundert v. Chr. von Aristoteles beschrieben. Die ersten Erfolge, die Bilder einer Camera obscura auf Metallplatten aufzuzeichnen, konnte der Franzose Joseph Nièpce 1826 verzeichnen. Etwa ein Jahr nach der Vorstellung des Spiegelstereoskops wurde der fotografische Prozess der Daguerreotypie bekannt, benannt nach seinem Erfinder Jaques Daguerre, ebenfalls ein Franzose, der mit Nièpce zusammenarbeitete. Mit Silber beschichtete Kupferplatten wurden spiegelglatt poliert und mit chemischen Mitteln lichtempfindlich gemacht. Die Platte kam in eine Kassette und wurde in die Kamera geschoben. Unmittelbar nach der Belichtung wurden diese Plaques in der Dunkelkammer entwickelt und fixiert. Jedes Bild war ein seitenverkehrtes Original, das sich nicht vervielfältigen ließ und unter einem bestimmten Lichteinfall zu betrachten war. Die Daguerreotypie galt als das erste praktikable Fotografieverfahren mit hoher Detailtreue.

 Räumliches Sehen

Beim natürlichen Sehen entsteht die Tiefenerkennung durch die Konvergenz der Augenstellung und die Tiefenwahrnehmung bei unmittelbar beidäugiger Betrachtung. Das Unterscheidungsvermögen nimmt mit dem Quadrat der Entfernung ab und endet bei etwa 900 m.

Wheatstone griff die Erfindung von Daguerre auf und ließ zwei Fotos eines Gegenstandes mit leicht versetzter Kamera anfertigen. Aufgrund der besonderen Lichtbedingungen, unter denen die Daguerreotypien betrachtet werden mussten, zeigte sich sein Stereoskop noch nicht besonders geeignet, deshalb wurde es modifiziert. Zunächst ersetzten Linsen die Spiegel. Der Schotte David Brewster übernahm schließlich die Weiterentwicklung. Er ordnete die Bilder nebeneinander an und vergrößerte sie durch zwei prismatische Linsen. Über einen Spiegel wurden die Daguerreotypien im entsprechenden Winkel beleuchtet (siehe Bild 2.2).

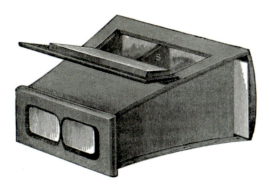

Bild 2.2 Brewsters Stereoskop (Quelle: *http://wikipedia.org*, gemeinfrei)

Sir David Brewster fand in England wenig Aufmerksamkeit für seine Entwicklung. Als er diese jedoch nach Paris brachte, erkannten die Optiker Asoleil und Duboscq die Bedeutung dieses Instruments und gingen damit in Produktion. Jules Duboscq präsentierte das Gerät 1851 anlässlich der Weltausstellung in London. Königin Viktoria war bei ihrem Messebesuch begeistert und erweckte damit das allgemeine Interesse. So kam die Sache ans Laufen, und Duboscq konnte Aufträge schreiben.

Da die Anfertigung der Daguerreotypien Unikate und auch nicht einfach herzustellen waren, fehlte es noch an der fotografischen Möglichkeit zur Vervielfältigung. Auch sollten noch geeignete Kameras entwickelt werden. Der Engländer William Henry Fox Talbot erfand ein Negativ-Positiv-Verfahren. Mit dem Salzprint konnte eine praktisch unbegrenzte Anzahl von Kopien angefertigt werden. Auch verkürzten sich durch die gewählte Chemie die Belichtungszeiten erheblich.

Eine Qualitätsverbesserung der Bilder trat durch das Albumin-Verfahren ein. Eine auf Eiweiß und Silbernitrat basierende Emulsion wurde auf Papier zur Anfertigung von Kopien aufgetragen. Das entwickelte Papier wurde auf Karton aufgeklebt und lieferte ein detailreiches und je nach Überzug glänzendes oder mattes Bild. Trotz der noch immer langen Belichtungszeiten konnte sich aufgrund des Albumin-Verfahrens die Porträtfotografie und die Herstellung von Stereokarten zum Massenmedium entfalten. Die Fotos zeigten eine hohe Qualität. Das Verfahren wurde bis 1900 praktiziert und wird noch heute in der künstlerischen Fotografie angewandt.

Eine weitere Entwicklung der Fotochemie war um 1851 die Kollodium-Nassplatte auf großformatigem Glasträger, die zeitnah zur Aufnahme entwickelt werden musste und somit ein Labor vor Ort voraussetzte. Ab den 1880er Jahren löste die Trockenplatte das nasse Kollodiumverfahren ab. Bis in die 30er Jahre des 20. Jahrhunderts wurden Glasplatten als Negativträger genutzt. Danach kam das Zelluloid auf, das aufgrund seiner mangelnden Sicherheitseigenschaften durch Triacetat (Safety Film) ersetzt wurde und neben Planfilm dem Rollfilm zum Durchbruch verhalf.

2.2 Bildverlage, Stereokarten, Genres

Die Kameratechnik war in den frühen Jahren der Stereoskopie noch nicht so weit entwickelt, dass Instrumente für jedermann verfügbar waren. Insofern lag das große Geschäft im Bereich der Stereoskope und Stereokarten zunächst bei den Bildverlagen. Weltweit waren Fotografen unterwegs und brachten Länder, detailgetreue Stadtansichten, Menschen, Flora und Fauna in die Wohnstuben des Bürgertums (siehe Bild 2.3).

Bild 2.3 Stereokarte des Bildverlags Underwood & Underwood

Wie bereits erwähnt, galt die Einführung des Albumin-Verfahrens als Beginn der Porträtfotografie. Im Bereich des Theaters war die 3D-Fotografie eine Unterstützung zur Gestaltung des Bühnenbildes und diente der Aufnahme von Opernszenen. Die bekannten Schauspieler ließen von sich 3D-Porträts anfertigen und auf Stereokarten bringen. Selbstverständlich fand auch die erotische Fotografie sofort das Interesse der Fotografen und Zuspruch bei den Konsumenten. Nic Leonhardt beschreibt in seiner Publikation das gesamte stereoskopische Repertoire der damaligen Zeit sehr detailliert.[1]

1854 wurde die London Stereoscopic Company[2] (LSC) gegründet, deren Geschäftsmodell die Verbreitung von Stereobildkarten und Betrachtern war. Man bedenke, dass weder Fernsehen, Film noch Internet den Menschen bis dahin bekannt waren. Bei der Betrachtung von Stereokarten kam die Illusion auf, selbst an der Szene teilzuhaben, was sie sehr populär machte. Bereits 1856 konnte die Gesellschaft eine Sammlung von 10 000 Bildern

---

[1] *Leonhardt, Nic:* Durch Blicke im Bild. Stereoskopie im 19. und 20. Jahrhundert. Neofelis Verlag 2016
[2] London Stereoscopic Company: *http://www.londonstereo.com*

bereithalten. Eine der neueren Produktionen der London Stereoscopic Company ist der 3D-Bildband über die Rockband Queen, der 2016 erschien.[3]

Zu den Erfolgen der Stereokarten trug auch eine Modifikation des Brewster-Stereoskops von Holmes bei. 1861 entwickelte Oliver Wendell Holmes ein massentaugliches Handgerät, von dem Millionen Stück hergestellt wurden (siehe Bild 2.4). Nicht zuletzt war auch die Entwicklung der Eisenbahn ein Faktor der Erfolgsgeschichte, weil sie die Mobilität der Fotografen beschleunigte.

Bild 2.4 Holmes' Handstereoskop um 1900

Eine ganz besondere Art des Stereobildes war das sogenannte Tissue. Bildträger der nebeneinander montierten Halbbilder war ein sehr dünnes Albumin-Papier. Die Bilder wurden von der Rückseite her handkoloriert und mit einem feinen Gewebe abgedeckt. Nunmehr konnte man bei Auflicht und Durchlicht unterschiedliche Tag-Nacht-Bilder erstellen (siehe Bild 2.5). Es wurden auch Lichter durch Einstiche im rückseitigen Papier simuliert. Diese Art der Stereokarten war sehr empfindlich. Gut erhaltene und komplette Serien haben daher ihren Preis. Ein besonderes Genre waren die Diableries. Eine Diablerie ist eine spezielle Stereokarte, die Szenen des irdischen Lebens in der Hölle zeigt. Die Bilder wurden ab 1860 in Serien als Tissue-Stereo-Views herausgegeben und zeigen die modellierten Miniszenen des Lebens aus der Hölle heraus. *Diableries – Stereoscopic*

---

[3] *May, Brian:* Queen in 3D. earBOOKS, Edel Germany GmbH 2017 (ISBN 978-3943573299)

Adventures in Hell ist eine beeindruckende Publikation, die ebenfalls bei der London Stereoscopic Company erschienen ist.[4]

Bild 2.5 Tissue-Stereokarte (links: Auflicht, rechts: Durchlicht)

In Amerika entwickelten sich aus kleinen Firmen große Konzerne. Auf den Stereokarten der Jahrhundertwende finden wir die Namen Underwood & Underwood (siehe Bild 2.3), Stereo-Travel Co., Key Stone View Company und andere. Die Stereokarten wurden in buchförmigen Alben mit Reisehinweisen und Kartenmaterial angeboten – wenn man so will, ein frühes Google Earth. Underwood & Underwood produzierten 1901 etwa 25 000 Stereokarten am Tag und im gesamten Jahr 300 000 Stereoskope.[5]

Pioniere der Stereoskopie gab es natürlich auch in Europa, namentlich in Frankreich und Deutschland. Aus dem Ersten Weltkrieg ist noch eine Vielzahl von Glasdias in Umlauf, die mit Durchlicht-Linsenstereoskopen für die inzwischen standardisierten Formate 45 × 107 mm und 6 × 13 cm zu betrachten sind (siehe Bild 2.6).

---

[4] *May, Brian/Pellerin, Denis/Fleming Richardson, Paula:* Diableries. Stereoscopic Adventures in Hell. London Stereoscopic Company 2013 (ISBN 978-0957424609)
[5] *Kaulen, Wim van:* 3D Past and Present. 3D-Book Productions. Borger, The Netherlands 1986

Bild 2.6 Glasdia aus dem Ersten Weltkrieg mit fokussierbarem Linsenstereoskop von Photo-Plait (Paris)

In Deutschland reiste um die Jahrhundertwende August Fuhrmann mit seinem Kaiserpanorama durch die Lande. Gegen eine kleine Gebühr konnten 25 Personen in der karussellartigen Einrichtung vor den Okularen Platz nehmen und im Zeittakt 25 Raumbilder betrachten (siehe Bild 2.7). Ein Exemplar des Kaiserpanoramas kann man heute u. a. noch im Deutschen Historischen Museum in Berlin bewundern.

Bild 2.7 Kaiserpanorama von August Fuhrmann (Quelle: *http://wikipedia.org*, gemeinfrei)

Einer der großen Produzenten von Stereokarten und Betrachtern war die Neue Photographische Gesellschaft Berlin-Steglitz. Gegründet wurde die Gesellschaft 1894 und lieferte bis 1921 ein umfangreiches Repertoire an Stereomotiven. Die Gesellschaft stellte auch eigene Betrachter her.

1932 gründete Otto Schönstein den Raumbild-Verlag. Er gab eine Zeitschrift mit dem Titel *Raumbild* heraus und veröffentlichte Raumbild-Alben. In Zusammenarbeit mit dem Nazipropagandaorgan, das die Stereofotografie für sich entdeckte, kam es auch zu einem Bildband über die Olympischen Spiele in Berlin. Dieser Bildband wurde vom Raumbild-Verlag mit einem eigenen Stereoskop herausgegeben. Fotograf war ein Reichsbildberichterstatter namens Hoffmann. Für den kompletten Bildband werden bei Auktionen heute um die 300 € aufgerufen. Nach dem Zweiten Weltkrieg erschien 1952 noch einmal ein Band der Spiele von Helsinki. Das Interesse an der 3D-Fotografie verlagerte sich nun aber hin zu individuellen Eigenanfertigungen mit Stereokameras für Kleinbildfilme, die in den Handel kamen. Damit ist unser kompakter Überblick zur Geschichte des Raumbildes in der heutigen Zeit angekommen. In Kapitel 4 (Analoge 3D-Fotografie) kommen Fotoapparate dieses Genres zum praktischen Einsatz.

2.3 Entwicklungen der Kameraindustrie

Zu den ersten Kameras der Fotografiegeschichte gehörten die einfachen Plattenkameras ohne Auszug. Mit Mattscheibenrahmen, Kassetten und Durchsichtsucher hatte man schon eine bessere Ausführung. Die ersten Raumbilder vor Einführung von Stereokameras wurden durch Verschieben des Standpunktes mit einer oder mit zwei nebeneinanderstehenden Kameras aufgenommen. Das erforderte eine Verkleinerung der großen Formate. Später fertigte man doppelt breite Kameras mit einer inneren Teilung und zwei identischen Objektiven an.

Bild 2.8 J. Lancaster & Son Stereoscopic Camera 1898 (Quelle: *https://commons.wikimedia.org/wiki/Category:Stereo_cameras*, Creative Commons, Fotograf: Clem Rutter)

Die Konstruktionselemente der Plattenhandkameras waren der Laufboden, der Mattscheibenrahmen, das Objektivbrett und der ausziehbare Balgen, der das Objektivbrett mit dem Mattscheibenrahmen lichtdicht verband. Je nach Konstruktion war entweder der Mattscheibenrahmen oder das Objektivbrett auf den Führungsschienen verschiebbar. Wie aus Bild 2.8 ersichtlich, war das Objektivbrett austauschbar und konnte auch mit nur einem Objektiv bestückt werden. Die Kamera in Bild 2.8 ist ein Modell von Lancaster & Son und wurde 1898 in Birmingham hergestellt. Ein gängiges Format der Glasplatten war 13×18 cm. Mit Instrumenten dieser Art waren die Fotografen der Bildverlage weltweit unterwegs. Im Laufe der Jahre wurden spezielle Stereokameras auch für den allgemeinen Gebrauch entwickelt, die teilweise mit zwei Balgen ausgestattet waren. Die Bildformate reduzierten sich auf 6×13 cm und später auf 45×107 mm. Mehrfachkassetten für den Plattenwechsel gab es bereits für Glasplatten, bevor sich der Planfilm durchsetzte. Die Entwicklung des Rollfilms hat das Bildformat nicht mehr derart beeinflusst. Ein Halbbild hat bis heute die Filmbreite von 6 cm beibehalten.

Nach 1900 gab es in Deutschland eine Vielzahl von Kameraherstellern, die Stereokameras mit unterschiedlichen Konstruktionsmerkmalen von der Kastenkamera über die Laufbodenkamera bis hin zur Spreizenkamera im Programm hatten. Die Aufnahmeformate hatten sich mehr oder weniger auf das Format 45×107 mm oder 6×13 cm standardisiert.

Einige dieser Unternehmen schlossen sich zur Ica AG zusammen. Die Ica wiederum ging 1926 in der Zeiss Ikon AG auf. Darunter fiel auch die Optische Anstalt C. P. Goerz, Berlin und das renommierte Unternehmen Ernemann-Werke AG, Dresden. Ica galt als der führende europäische Kamerahersteller. An Stereokameras wurden die Stereolette und mit der Stereo Ideal ein ähnliches Modell als Laufbodenkamera angeboten. Das Spitzenfabrikat der Ica AG war das Polyskop, um 1910 als Plattenkamera entwickelt.

Im Folgenden widmen wir unsere Aufmerksamkeit dem Modell A des Ica Polyskops vom Anfang der 1920er Jahre. Das äußere Bildformat des in Bild 2.9 vorgestellten Modells ist 45 × 107 mm. Mit den inneren Halbbildformaten von 42 × 45 mm ist es annähernd quadratisch. Die Objektive waren Tessare 4,5/65 mm von Carl Zeiss Jena. Diese Kastenkamera gehörte mit ihrem stabilen Aluminiumkörper zu den Präzisionsinstrumenten. Zwischen Objektivträger und Kamerakörper befinden sich zwei kurze Balgen zur Feinjustierung der Fokussierung über einen Zahntrieb. Die Objektivplatte ist senkrecht verschiebbar. Die Motiveinstellung erfolgt über einen Rahmen- und Reflexsucher mit Unterstützung durch eine Dosenlibelle. Der Reflexsucher ist mittig zwischen den Objektiven eingebaut. Belichtungszeiten sind 1 bis 1/300 s, realisiert durch einen Compur-Verschluss. Integriert ist die Aufnahme eines Drahtauslösers. Die Kamera konnte mit Metallkassetten für einzelne Glasplatten oder einem Magazin mit zwölf Platten bestückt werden. Das in Bild 2.9 gezeigte Modell hat bereits eine Kassette für ein Agfa-Filmpack.

Bild 2.9 Ica Polyskop um 1920 mit Kassette für Filmpacks

Das Modell B des Ica Polyskops mit ähnlicher Ausstattung war für das größere Format 6 × 13 cm verfügbar. Durch seitliche Verschiebung der Objektive konnte es auch für Panoramaaufnahmen eingesetzt werden. Ein weiteres Kameramodell in der breiten Angebotspalette von Ica war die Minimum Palmos. Trotz dieser Marktpräsenz erwuchs auf dem Sektor Stereoskopie ab 1920 ein weiterer Konkurrent im eigenen Land.

1920 gründeten in Braunschweig Reinhold Heidecke und Paul Franke eine Produktionsstätte für eine zweiäugige Spiegelreflex-Rollfilmkamera, die späteren Rollei-Werke. Die Rolleiflex sollte Fotogeschichte schreiben. Die ersten Kameras, die das Werk verließen, waren aber Stereokameras. Das Heidoskop und das Rolleidoskop, die ziemlich schnell den Markt dominierten, spülten Finanzmittel in die Kassen. Es waren die Cashcows, wie man heute sagen würde. Erst 1927 wurden dann die ersten Spiegelreflexkameras marktreif.

Neuentwicklungen von Stereokameras für den 135er Rollfilm kamen nach dem Ersten Weltkrieg heraus. In Deutschland wurde die Iloca Stereokamera von Wilhelm Witt in Hamburg gebaut, eine Edixa Stereo kam von den Gebr. Wirgin aus Wiesbaden. Die Belca-Werke in Dresden stellten 1948 die Belplasca vor. Diese Kamera ist auch noch heutzutage für die analoge Stereofotografie von Interesse. Auch aus Amerika kamen vergleichbare Modelle wie die Stereo Realist von David White. In Kapitel 4 (Analoge 3D-Fotografie) werden Sie diesen Apparaten noch in der Anwendung begegnen. In den 1950er Jahren konnten sich viele Hobbyfotografen mit den Geräten ausstatten und sich für die 3D-Fotografie begeistern.

■ 2.4 Stereofotografie mit dem Glyphoscope

Ohne Zweifel ist die weite Verbreitung der stereoskopischen Fotografie auch auf die Entwicklungen von Jules Richard zurückzuführen. Richard war mit seinem Verascope und dem Glyphoscope ein Pionier in der Entwicklung von Stereokameras für jedermann. Dazu konstruierte er eigene Stereobetrachter und Stereoautomaten. Aufgrund der bis in die 1960er Jahre gefertigten Vielzahl von Geräten sind diese noch heute zu haben. Das zuletzt gefertigte Modell Verascope F40 gehört zu den Spitzenmodellen der 135er Sucherkameras, die mit der Dresdener Belplasca vergleichbar sind.

Jules Richard, Jahrgang 1848, stieg nach einer Lehre als Uhrmacher in den Betrieb seines Vaters ein und begann dort mit der Konstruktion von wissenschaftlichen Messinstrumenten und Fotoapparaten. Die Firma wurde 1891 von Société Richard Freres in Société Jules Richard umbenannt. Noch heute existiert die Firma unter der Bezeichnung JRI Maxant.

Bild 2.10 Verascope mit Wechselmagazin für zwölf Glasplatten

1893 wurde die Ganzmetallkamera Verascope vorgestellt (siehe Bild 2.10). Die Idee war, eine kompakte und mobile Kamera mit einfacher und zuverlässiger Bedienbarkeit herzustellen. Die Kamera wurde mit Wechselmagazinen für zwölf Glasplatten ausgestattet. Das äußere Format von 45 × 107 mm liefert zwei annähernd quadratische Halbbilder der Größe 45 × 42 mm. Aufgrund der geringen Brennweite der Tessare von 55 mm und der präzisen Fertigung kann auf eine Fokussierung verzichtet werden. Der Fixfokus deckt einen Bereich von 1,7 m bis unendlich ab. Die Blendenöffnungen sind 4,5; 8 und 16. Der Verschluss ist eine Guillotine-Konstruktion mit Zeiten zwischen 1/9 und 1/150 s. Zwei Dosenlibellen, ein Durchsichtsucher und ein heller Prismensucher unterstützen die Motivwahl. Man spricht von ca. 80 Modellvarianten einschließlich der Formate 6 × 13 cm und 7 × 13 cm, in denen das Verascope bis in die späten 1930er Jahre hinein hergestellt wurde. Danach kam die Version Verascope F40 für 135er Rollfilm, die mit großem Erfolg noch bis Ende der 1960er Jahre anzutreffen war. Wenn Sie Interesse für die Kameras von Jules Richard und seine Fotografie haben, dann ist das Museum für historische 3D- und Aktphotographie[6] in Fehrbellin/Lentzke einen Besuch wert.

Sucher

Der Sucher dient der Festlegung des Bildausschnitts bei der fotografischen Aufnahme. Ein einfacher Durchsichtsucher besteht aus Rahmen und Diopter. Beim Aufsichtsucher hingegen erfolgt der Einblick von oben über eine Strahlenumlenkung mittels Spiegel oder Prisma.

---

[6] Website des 3D-Museums in Fehrbellin: *http://jules-richard-museum.com*

Auktionspreise für eine F40 als Gebrauchsmodell erzielen heute um die 500 €. Für ein gut erhaltenes Verascope als Sammlerstück werden etwa 250 € aufgerufen. Bild 2.10 zeigt das Verascope nicht etwa auf dem Kopf, wie aufgrund der Beschriftung zu vermuten ist. Libelle und der Einblick in den Sucher befinden sich auf der Oberseite.

Für das kleinere Budget konstruierte Jules Richard das Glyphoscope, eine Kombination aus 3D-Betrachter und Kamerateil mit Metallkassetten für Glasplatten. Der Körper des Stereoskops besteht aus einem festen Bakelit, während der Kamerateil aus Messing gefertigt ist. Zwei Achromate 60 mm mit Blendenöffnungen 8, 16 und 22 liefern die Bilder bei Fixfokus von 1,8 m bis unendlich und fester Belichtungszeit des Guillotine-Verschlusses von 1/50 s. Die Motiveinstellung kann über den Durchsichtsucher oder die Mattscheibe im Kassetteneinschub erfolgen (siehe Bild 2.11).

 Achromat

Licht unterschiedlicher Wellenlänge wird verschieden stark gebrochen. Dadurch entsteht bei einer Linse ein Abbildungsfehler, der *chromatische Aberration* (CA) genannt wird und als Farbsaum erkennbar ist. Eine Kombination aus zwei Linsen minimiert den Abbildungsfehler und wird als Achromat bezeichnet.

Bild 2.11 Glyphoscope: Kamerateil, Betrachter, Mattscheibe und Plattenkassette

Um ein Gefühl für die Aufnahmetechnik vom Anfang des 19. Jahrhunderts, also vor etwa 110 Jahren, zu bekommen, soll das Glyphoscope hier einmal im praktischen Einsatz vorgestellt werden. Auf die eigene Beschichtung der Glasplatten soll an dieser Stelle allerdings verzichtet werden. In der Dunkelkammer oder im Dunkelsack wird ein Stück Planfilm zurechtgeschnitten und in die Kassetten eingelegt. Ausgerüstet mit einigen Kassetten geht es dann mit Stativ und Kamera vor Ort.

Die Kassette ist eingeschoben und die Abdeckung herausgezogen. Der Verschluss wird gespannt und Blende 8 ist eingestellt. Das Motiv wird nun anvisiert und der Auslöser betätigt. Danach wird die Kassettenabdeckung wieder eingeschoben, die Kassette wird gewechselt und der Vorgang wird noch einmal mit einer anderen Blende wiederholt. Im nächsten Schritt werden die Bilder entwickelt, und wir erhalten ein Negativ mit dem linken Halbbild links und dem rechten Halbbild rechts (siehe Bild 2.13). Wollen wir das Bild betrachten, müssen wir die Bilder wie bei jeder Stereokamera mit zwei Objektiven tauschen (siehe Bild 2.14).

Bild 2.12 Mattscheibenbild seitenverkehrt und auf dem Kopf

Bild 2.13 Negativ seitenverkehrt und auf dem Kopf

Bild 2.14 Positiv, aber vertauschte Halbbilder

Der Umtauschvorgang ist kein Problem und war es für Jules Richard gewiss nicht. Er hat dafür ein Umkehrstereoskop und ein entsprechendes Kopiergerät gebaut. Ein etwas einfacheres Gerät war der Kopierrahmen, den man in Einzelschritten manuell bedienen muss (siehe Bild 2.15). Der Kopierrahmen hat die Länge des Negativs plus Objektivabstand. In der Mitte befindet sich die Belichtungsöffnung. Das mit dem linken Objektiv aufgenommene Bild muss links in der Positivkopie erscheinen, das mit dem rechten Objektiv rechts in der Positivkopie. In Bild 2.12 sehen Sie das Mattscheibenbild der Kamera. Sowohl das linke als auch das rechte Bild erscheinen auf dem Kopf und seitenverkehrt.

Legt man nun das Negativ links in den Kopierrahmen und das Positiv rechts in den Kopierrahmen, Schichtseite gegen Schichtseite, und belichtet, dann ist das rechte Bild aufrecht und seitenrichtig rechts auf dem Positiv. Im zweiten Belichtungsgang wird das Negativ gegen das Positiv im Rahmen verschoben. Die Kontaktkopie zur Betrachtung ist nun erstellt. Auf diese Weise hat man es vor 100 Jahren gemacht – vom Negativ zur mehrfachen Positivkopie. Respekt!

Mit der Aufnahme des Dionysos, 1973 vom Bildhauer Jürgen Weber geschaffen und 1997 vor dem AudiMax der TU Braunschweig aufgestellt, habe ich eine kleine Zeitreise unternommen (siehe Bild 2.16). Zugegebenermaßen wurde die analoge Schiene nach der Filmentwicklung verlassen. Scanner und Bildbearbeitung standen mir von da an zur Seite.

Bild 2.15 Einfacher Kopierrahmen

Bild 2.16 Negativ-Positiv-Kontaktkopie aus dem Kopierrahmen, hier in Nebeneinander-Anordnung als Stereokarte

Literatur

Jöhnk, Carsten/Osten, Wolfgang/Rotermund, Meike: Das verführte Auge. Wege in die 3. Dimension. Ausstellungskatalog. Focke Museum, Bremen 2001
Kaulen, Wim van: 3D Past and Present. 3D-Book Productions. Borger, The Netherlands 1986
Leonhardt, Nic: Durch Blicke im Bild. Stereoskopie im 19. und 20. Jahrhundert. Neofelis Verlag 2016
Lorenz, Dieter: Fotografie und Raum. Waxmann 2012
Pritschow, Karl: Die photographische Kamera und ihr Zubehör. Springer 1931 (Nachdruck: Lindemann 1989)

3 In die Tiefe schauen mit Kalkül – räumliches Sehen und Aufnahmeplanung

Seitdem man die Prinzipien von Stereoskopie und 3D-Fotografie Mitte des 19. Jahrhunderts erkannt hatte, konnte man Raumbilder mit einfacher Technik produzieren. Zwei Bilder mit gleichen Kameras und gleicher Ausrichtung werden von unterschiedlichen Positionen aus aufgenommen und den Augen zur gleichzeitigen Betrachtung (aber getrennt voneinander) dargeboten. Das linke Auge empfängt das linke Bild, das rechte Auge sieht nur das rechte Bild. Der Abstand beider Kameras wird als Stereobasis bezeichnet. Basis und Brennweite sind ausschlaggebend für die Tiefenwirkung des Raumbildes. Etwas Aufnahmeplanung mit Abschätzung der Basislänge ist für ein gutes Foto notwendig. Zur Betrachtung benötigt man in der Regel eine Optik, kann aber auch freiäugig das Raumbild entstehen lassen.

■ 3.1 Betrachtung von Raumbildern

Natürliches räumliches Sehen basiert auf drei Phänomenen:
- Fokussierung des Auges auf die Entfernung
- Tiefenwahrnehmung
- Analyse der Netzhautbilder

Letzteres berücksichtigt die *binokulare Disparität*, die versetzte Abbildung des Gesehenen auf der Netzhaut aufgrund des Augenabstandes.

Das künstliche stereoskopische Sehen benötigt zwei Perspektiven, die ähnlich der Abbildung des menschlichen Auges angeordnet sind. Für Fotos sind gleiche Brennweiten, ein der Entfernung angepasster Basisabstand, eine annähernd gleiche Blickrichtung und die Vermeidung von Horizontalparallaxen erforderlich. Im Normalfall ist die Ausrichtung der Kameraachsen parallel oder auch leicht konvergent. In der Computergrafik rechnet man die Halbbilder aus der Ansicht zweier virtueller Kamerapositionen. Die Differenz der Abbildung zwischen den Perspektiven wird mit Horizontalparallaxe bezeichnet. Aufgrund der Tiefenunterschiede in der realen bzw. virtuellen Räumlichkeit erzielt man unterschiedliche Parallaxen und kann hierdurch auf deren räumliche Anordnung schließen.

Die Bildtrennung bei der Betrachtung eines Stereobildpaares erfolgt durch:

- Filterung (Farbe, Polarisation)
- zeitliche Verfahren (Shutter-Brille)
- örtliche Bildtrennung (freiäugige Betrachtung, Stereoskop, Head-Mounted Display)

Bei den Filterverfahren und bei der zeitlichen Bildtrennung sind die Bilder auf der gleichen Fläche angeordnet. Die doppelte Abbildungsfläche wird bei örtlicher Bildtrennung beansprucht.

Für Printmedien sind Anordnungen nebeneinander, also die örtliche Trennung, geeignet. Bei der Betrachtung mit Stereoskopen ist das Format auf etwa 6 cm horizontal beschränkt. Größere Abbildungen kann man für die freiäugige Betrachtung anordnen. Ohne Formateinschränkung ist das Anaglyphenverfahren einsetzbar, das allerdings die farbigen Wiedergabeeigenschaften begrenzt. Die Projektion liefert mit Filterung oder Shutter-Verfahren das Großbild. Mit der Betrachtung am Computermonitor sind wahlweise, auf Benutzeranforderung auch interaktiv, alle Verfahren nutzbar, sofern die Hardware dafür ausgestattet ist.

Die Rasterung der Bilder wirkt sich nachteilig bei den Druckverfahren aus. Dies gilt besonders bei der vergrößerten Betrachtung durch Optiken. Daher klebte man in frühen Publikationen häufig Fotoabzüge ein. Der gleiche Effekt tritt am Bildschirm auf, wenn eine optische Betrachtungslupe eingesetzt wird. Derartige Versuchseinrichtungen gehören aber der Vergangenheit an.

Die Stereokarten in diesem Buch sind für den Parallelblick ausgelegt. Einfaches Hilfsmittel für die Betrachtung ist ein Linsenstereoskop oder eine Lorgnette. Das Buch enthält auch Anaglyphenabbildungen für Rot-Cyan-Brillen und getauschte Anordnungen für den freiäugigen Kreuzblick.

■ 3.2 Training der freiäugigen Betrachtung

Im Folgenden erhalten Sie ein Training für die freiäugige Betrachtung von Raumbildern, das Sie dazu befähigen wird, den perfekten Raumbildeindruck zu gewinnen. Bitte haben Sie bei der Betrachtung etwas Geduld. Immer wenn Sie Raumbilder betrachten wollen, benötigt das Auge ein wenig Eingewöhnungszeit (ca. 20 bis 30 Sekunden). Mit etwas Übung wird die freiäugige Betrachtung das Raumbild zur Erscheinung bringen.

Stereobilder, auch S3D-Bilder genannt, bestehen aus einem linken und einem rechten Halbbild. Im Normalfall entspricht der Abstand der Halbbilder dem Augenabstand des menschlichen Betrachters. Der Raumeindruck entsteht bei der Betrachtung, wenn die Augen getrennt nur das jeweils zugehörige Bild sehen und die beiden Halbbilder vom menschlichen Sehorganismus zum Raumbild verschmelzen. Bei den örtlich unterschiedlichen Anordnungen kennt man folgende Betrachtungsweisen:

- Parallelbetrachtung L/R
- Kreuzblick R/L
- Übereinanderanordnung (KMQ-Verfahren)
- Pidgeon-Methode L-gespiegelt/R

Die Bildbetrachtung mit „bewaffnetem" Auge erfolgt unter Zuhilfenahme von Linsenstereoskopen, Prismenbrillen oder eines Spiegels.

Bei der Pidgeon-Methode werden die Bilder in Links-Rechts-Anordnung wiedergegeben, wobei ein Bild seitenverkehrt dargestellt ist (siehe Bild 3.1).

Bild 3.1 Pidgeon-Methode L-gespiegelt, R

Mit einem Auge betrachtet man das seitenrichtige Bild, mit dem anderen Auge das seitenverkehrte Bild in einem Spiegel, den man in den Strahlengang hält. Das Verfahren ist damit nicht völlig freiäugig, da es den Spiegel braucht. Auch das KMQ-Verfahren mit der Übereinanderanordnung kann nicht ohne eine spezielle Prismenbrille angewandt werden.

Nebeneinanderliegende Raumbilder lassen sich nach einiger Übung auch ohne Hilfsmittel betrachten. Freiäugig sind sowohl die Parallelbetrachtung als auch der Kreuzblick praktikabel. Probieren Sie es einfach einmal mit den Anleitungen und Fotos aus den Abschnitten 3.2.1 und 3.2.2 aus.

3.2.1 Mit Schielen zum Raumbild – der Kreuzblick

Sind die Halbbilder in der Anordnung vertauscht, also rechtes Bild links und linkes Bild rechts, dann ist Schielen gefragt. Der Vorteil dieser Anordnung liegt in der weniger begrenzten Bildgröße gegenüber einer parallelen Bildlage, außerdem ist die Betrachtung leichter zu erlernen.

Zur Übung für den Kreuzblick wird folgendes Verfahren empfohlen: Schauen Sie auf den Bildschirm oder die Papiervorlage, strecken Sie einen Arm aus, und legen Sie den Zeigefinger in die Mitte zwischen die beiden Halbbilder. Fokussieren Sie nur auf die Fingerspitze. Nun ziehen Sie den Finger langsam zur Nase zurück und fokussieren weiter auf den Finger. Zwischen den beiden Bildern erscheint nun ein drittes Bild, das sogenannte Raumbild. Sie können den Finger jetzt nach unten wegziehen. Das mittlere Bild bleibt im Raum stehen. Ändern Sie die Augenstellung nicht. Das Raumbild erscheint dem Betrachter verkleinert gegenüber dem Original. Der Raumeindruck kann noch etwas gesteigert werden, wenn Sie die Hände mit geringem Abstand zu den Augen seitlich in das Blickfeld schieben und so die Halbbilder abdecken (siehe Bild 3.2).

Bild 3.2 Hilfsmittel für den Kreuzblick: Unterstützung durch Fingerzeig und ggf. Abdeckung der Halbbilder

Bild 3.3 Anordnung der Halbbilder R/L für den Kreuzblick

3.2.2 In die Ferne schauen – der Parallelblick

Bei der Betrachtung des Stereobildpaares in paralleler Anordnung, also rechtes Bild rechts und linkes Bild links, muss man Akkommodation und Konvergenz entkoppeln. Bei der Fokussierung auf ein entferntes Objekt sind die Augenachsen parallel gestellt. Akkommodiert man auf den Nahbereich, stellt sich Konvergenz ein (siehe Bild 3.4).

Will man ein derartiges Raumbild ohne Hilfsmittel betrachten, muss man mit parallel ausgerichteten Augen auf nah fixieren. Die Bildgröße ist beim Parallelblick auf den Augenabstand eingeschränkt. Zum Erlernen des Parallelblicks bieten sich mehrere Verfahren an.

Versuchen Sie, einen Punkt in einer Entfernung von einigen Metern zu fixieren. Dann schieben Sie im Abstand der Nahbetrachtung das Stereobildpaar von der Seite her in das Blickfeld ein. Verändern Sie die Augenstellung nicht. Das Raumbild erscheint mittig zwischen den Halbbildern.

Eine zweite Lernmethode erfolgt mit dem *Durchblick*. Halten Sie das Stereobildpaar unmittelbar vor ihr Auge, und schauen Sie durch das Papier. Dann schieben Sie das Papier langsam nach hinten auf die normale Sehentfernung. Wiederum erscheint das Raumbild mittig zwischen den Halbbildern.

Bild 3.4 Stereobild in paralleler Anordnung (Rothenburg ob der Tauber)

3.3 Zur Geometrie des Stereobildes

An die Halbbilder eines Stereobildes sind geometrische Bedingungen zu stellen, die eine komfortable Betrachtung gewährleisten und den Raumeindruck nicht stören. Beim natürlichen Blick in die Ferne sind die Augen parallel gestellt, während die Blickachsen im Nahbereich konvergieren.

Ein Stereobildpaar ist mit horizontaler Basis und paralleler Kamerarichtung aufzunehmen. Man nennt es den Normalfall der Stereoskopie. Die beiden Halbbilder zeigen jeweils einen weit entfernten Punkt und einen Nahpunkt. Überlagert man die beiden Halbbilder im Fernpunkt, dann liegt dieser an gleicher Stelle. Der Ort des Nahpunktes unterscheidet sich jedoch in den Bildern. Die Differenz bezeichnet man als *Parallaxe* oder *Disparität*. Wird der Nahpunkt zur Deckung gebracht, dann entsteht die Parallaxe im Fernpunkt. Diese soll bei der Betrachtung nicht größer als der Augenabstand sein. Divergenz der Augenstellung ist bei der Betrachtung zu vermeiden. Der Sachverhalt ist in Bild 3.5 mit zwei überlagerten Halbbildern dargestellt. Im linken Bildteil ist das entfernte Gebäude deckungsgleich, der nahe Blumentopf erscheint mit Versatz. Im rechten Bildteil ist es umgekehrt. Der Blumentopf ist deckungsgleich, das Gebäude zeigt die Parallaxe.

Bild 3.5 Überlagerung stereoskopischer Halbbilder (Quelle für Icons: *http://de.freepik.com*)

Die maximale Parallaxe bei der fotografischen Aufnahme kann man mit 1/30 des horizontalen Bildformats oder unter Einhaltung der sogenannten Lüscher-Bedingung a priori definieren. Der stereoskopische Bereich ist so zu begrenzen, dass der Winkel zwischen Auge und Fernpunkt bzw. Auge und Nahpunkt 70 Bogenminuten nicht überschreitet (siehe Bild 3.6). Mit der maximal festgelegten Parallaxe von ca. 1,2 mm im Kleinbildformat oder 2 mm beim Mittelformat kann bei einer Projektion mit dem 50-fachen Vergrößerungsfaktor die maximale Parallaxe unterhalb des Augenabstandes liegen.

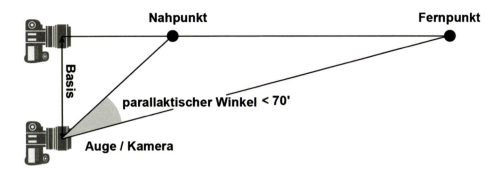

Bild 3.6 Der parallaktische Winkel in der Stereoskopie (Quelle für Icons: *http://de.freepik.com*)

In der Praxis ergeben sich hieraus für die Aufnahme zwei Fragestellungen. Bei der Vorgabe von Basis und Brennweite ist zunächst der stereoskopische Bereich abzuschätzen. Dieser Fall liegt z. B. bei analogen Stereokleinbildkameras vor. Ist jedoch das Motiv ausschlaggebend, vorgegeben durch Nahpunkt- und Fernpunktweite, und können Brennweite und/oder Basisabstand variiert werden, dann sind für letztere Größen die Werte zu bestimmen. Zu unterscheiden ist dabei auch zwischen Makroaufnahme und Normalaufnahme. Bei der Normalaufnahme beträgt die Nahpunktweite ein Vielfaches der Brennweite. Weiter gilt es dann noch, nach der Fernpunktweite zu unterscheiden. Gehört der Fernpunkt noch zum Objekt, oder kann man ihn als im Unendlichen liegend betrachten? Im letzteren Fall wird er bei der Berechnung des Basisabstandes der Kamera nicht berücksichtigt.

Über die Theorie des räumlichen Bildes sind in den vergangenen Jahrzehnten etliche Bücher erschienen. Man muss jedoch in Betracht ziehen, dass die bekannten Publikationen weitgehend nur die analoge Fotografie abhandeln. Eine nachträgliche Bildbearbeitung kam eher nicht infrage, und die Projektion musste sich auf die Möglichkeiten des Diaprojektors mit konstantem Abbildungsmaßstab einstellen. In der einschlägigen Literatur erschienen erste Hinweise auf digitale Fotografie über CD-ROM, Bildbearbeitung und das Aufkommen digitaler Kameras.[1] Erst in der 2. Auflage des Buches *Stereofotografie mit der Kleinbildkamera* ergänzten kurze Abhandlungen über digitale Fotografie die Publikation.[2] Über das Medium Internet ist allen Interessierten die teilweise auch wissenschaftliche Diskussion der letzten Jahre zugänglich. Meine Absicht ist es, an dieser Stelle auf die bekannten Regeln hinzuweisen und dem Praktiker die bekannten Grundformen an die Hand zu geben.

---

[1] *Abé, Thomas:* Grundkurs 3D-Bilder. Verlag für Foto, Film und Video, Gilching 1998
[2] *Bräutigam, Leo H.:* Stereofotografie mit der Kleinbildkamera. 2. Auflage. Wittig Fachbuch, Hückelhoven 2004

Mit einer Kleinbild-Stereokamera verfügt man über eine feste Basis und eine feste Brennweite. Damit ist der ideale Motivbereich festgelegt. Bei Objektiven von 35 mm Brennweite beginnt der stereoskopische Bereich bei einer Nahpunktweite von etwa 3 m und endet im Bereich von etwa 50 m Entfernung zum Kamerastandpunkt. Will man näher an das Motiv heran, muss man den Abstand der Objektive verkleinern. Das geht mechanisch natürlich nicht, daher wird es optisch durch eine Vorsatzlinse realisiert. Im Makrobereich kommt eine sogenannte Makrobox in Betracht, mit der ein Basisabstand ab 0 mm einzurichten ist. Völlig anders ist die Situation, wenn die Basis variabel ist und man mit unterschiedlichen Brennweiten arbeiten kann. Die Basislänge, also der Abstand zwischen den Objektiven, wird durch die Ausdehnung des Motivs und die Brennweite bestimmt. Die Parallaxe darf eine gewisse Größe in den Bildern jedoch nicht überschreiten.

> **Bedingungen an Stereobilder**
>
> Nicht nur der Basisabstand ist Voraussetzung für ein gutes Stereobild. Die Bilder dürfen auch keine Vertikalparallaxen aufweisen und müssen identische Bildinhalte haben. Bei zu großer Basis entstehen Verdeckungen, die Objekte in einem Halbbild verschwinden lassen. Das Augenmerk muss auch auf die Wahl des Standpunktes gelegt werden.

Entspricht die Stereobasis dem Augenabstand, erzielt man eine normale Tiefenwirkung. Wird die Basis zu groß gewählt, ist das Raumbild nicht mehr komfortabel zu betrachten. Die Bildinhalte sind nicht mehr identisch, es entstehen unterschiedliche Verdeckungen in den Halbbildern. Erscheint die plastische Wirkung des Raumbildes nicht mehr natürlich, sondern als verkleinertes Modell, spricht man von *Liliputismus*. Das Gegenteil davon wird mit *Gigantismus* bezeichnet. Der Betrachter empfindet das Objekt dann überdimensioniert.

Liliputismus entsteht durch Weitwinkelaufnahmen mit zu großer Basis, vergrößert aber den Tiefenbereich des Sehvermögens. Bei entfernten Landschaftsaufnahmen oder Luftbildern wird mit extrem großen Basisabständen gearbeitet. An dieser Stelle ist festzustellen, dass durch Vergrößerung der Aufnahmebasis gegenüber der Augenbasis und durch eine Vergrößerung der Bilder das künstliche stereoskopische Sehen gegenüber dem natürlichen Raumeindruck gesteigert wird. Gigantismus hat seine Ursache in einer gegenüber dem natürlichen Augenabstand erheblich verkleinerten Basis.

Kommen wir nun zu konkreten Berechnungen. Im ersten Fall liegt der Fernpunkt außerhalb des Stereobereichs (unendlich). Die Basislänge ist aus dem Quotienten von Nahdistanz und Äquivalent der Brennweite für Kleinbildkameras zu errechnen.

Beispiel: Die Nahdistanz beträgt 10 m. Bei einer Brennweite von 50 mm wird eine Stereobasis von 200 mm berechnet. Eine zweiäugige Stereokamera hat aber einen festen Basisabstand von ca. 65 mm. Mit so einem Gerät müssen Sie dann näher ran (auf etwa 3,50 m). In erster Näherung gilt folgende Standardfaustregel:

$$basis = nah / fokus \qquad (3.1)$$

Eine andere Faustregel, die 1/30-Regel, berechnet die Basis zu:

$$basis = nah / 30 \qquad (3.2)$$

Variationen sind erlaubt. Nicht zu vergessen ist, dass Fotografen mit einer Monokamera auch die Cha-Cha-Methode nutzen, also die Gewichtsverlagerung von einem Bein auf das andere, und somit keine Millimetergenauigkeit an die Stereobasis gefordert ist.

Bei weiterer Betrachtung sind die zulässige maximale Parallaxe und die Ausdehnung des Stereobereichs zu berücksichtigen. Beide Fragestellungen kann man mit einer vereinfachten Formel nach Bercowitz (Meindre-Formel) beantworten, die gilt, sofern die Nahentfernung einem Vielfachen der Basis entspricht (also nicht für den Makrobereich).

$$basis = (dev / fokus) * ((fern * nah) / (fern - nah)) \qquad (3.3)$$

basis: gesuchte Basislänge [mm]
fokus: Brennweite [mm] (Cropfaktor beachten)
dev: maximale Parallaxe (ca. 1⁄30 * Bildformat [mm])
fern: Fernpunktweite [m]
nah: Nahpunktweite [m]

Bei der Berechnung der Basislänge muss man berücksichtigen, dass für Nahpunktweite und Fernpunktweite in der Regel nur Schätzungen vorliegen und auch die maximale Parallaxe von 1/30 der Bildbreite zwar nicht zwingend ist, aber doch nicht überschritten werden sollte. Der Praktiker wird ohnehin möglichst mehrere Aufnahmen mit entsprechenden Variationen vornehmen. Bei der Brennweite wird die zur Kleinbildkamera äquivalente Größe angegeben. Die Umrechnung von Angaben der Digitalkameras erfolgt durch den sogenannten Cropfaktor, das Verhältnis der Bildgrößen zwischen benutzter Kamera und dem Kleinbildformat von 36 × 24 mm.

Cropfaktor/Formatfaktor

Angaben der Brennweite eines Objektivs gelten üblicherweise für das Kleinbildformat. Will man die Brennweite für digitale Kameras vergleichbar angeben, benötigt man das Kleinbild-Äquivalent. Der Cropfaktor ist das Verhältnis der Formatdiagonalen zwischen analogem Kleinbild und digitalem Bildsensor. Sofern kein Vollformatsensor vorliegt, verlängert sich die Brennweite der Digitalen um den Cropfaktor.

Üblicherweise werden Sie zur wahlweisen Berechnung des Kameraabstandes, der Brennweite oder des Objektbereichs ein kleines Programm (Applet) benutzen, das Sie auf den eigenen Rechner herunterladen können, oder Sie nutzen ein Formular auf einer Webseite zur Onlineberechnung (siehe Bild 3.7).

Auf folgenden Webseiten finden Sie Skripts und Formeln zur Berechnung der Stereobasis:

- *http://www.stereoscopie.fr/tech/BaseCalc.php?l=EN*
- *http://nzphoto.tripod.com/3d/330baseformulae.html*
- *http://www.herbig-3d.de/german/stereobasis.htm*
- *https://stereoskopie.org/calculus/index.html*

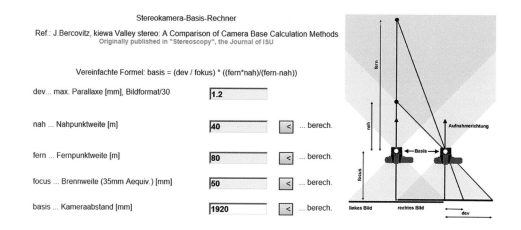

Bild 3.7 HTML5-Stereobasisrechner von *www.3d.imagefact.de* (Quelle Icons: *http://de.freepik.com*)

Setzen wir unsere App mit obiger Formelangabe einmal für das Motiv *Kaiserpfalz* (siehe Bild 6.10) ein. Das Objekt hat einen Abstand von 40 bis 80 m zum Kamerastandpunkt. Mit einem 50-mm-Objektiv und einer maximalen Parallaxe von 1,2 mm wird die Basis nach obiger Formel mit ca. 2 m berechnet.

Die eingangs genannte Faustformel *Nahpunktweite/Brennweite* ist für diesen Fall nicht geeignet, da die Nahpunktweite zu weit entrückt ist. Doch 1/30 der Nahpunktweite bzw. mittleren Aufnahmeentfernung bringt uns auch in die Nähe der 2-m-Basis. Ist der Fernpunkt im Bild gegenüber dem Nahpunkt sehr weit entfernt, kann die zuvor genannte Formel auch um die maximal zulässige Parallaxe erweitert werden und ist dann wie folgt anzuwenden:

$$basis = dev * nah / fokus \qquad (3.4)$$

Somit liegen die zwei vereinfachten Formeln (3.1) und (3.4) für den Normalfall vor, die sich durch die Unendlichkeit des Fernpunktes unterscheiden. In Bild 3.8 sind für unterschiedliche Nahpunktweiten mit ausgewählten Brennweiten die Basislängen berechnet. Sie können dem Diagramm entnehmen, dass sich bei größerer Nahpunktweite die Basis ebenfalls vergrößert und bei längerer Brennweite verkleinert. Bei kleinerer zulässiger Parallaxe wird sich die Basis ebenfalls verkleinern. Vom normalen Augenabstand haben wir uns hier aber weitestgehend entfernt. Die 1/30-Regel deckt sich mit den berechneten Werten für das 35-mm-Objektiv. Beachten Sie die nach (3.1) umformulierte Regel

$$nah = basis * fokus \qquad (3.5)$$

erkennen Sie, dass die Nahpunktweite bei wachsender Brennweite nicht beliebig sein kann, sondern sich eben auch entsprechend entfernt.

Faustregeln für ein gutes Stereobild

- baugleiche Kameras, Brennweite und Belichtung identisch
- Bildaufbau: Vordergrund, Motiv, Hintergrund
- Normalaufnahme ab 3 m, Basis 1/30 der Nahentfernung

   Makroaufnahme: Basis 1/10 bis 1/20 der Nahentfernung

Zur Vermeidung von Störbildern ist auch die Gleichheit der Inhalte beider Halbbilder von Bedeutung. Sofern man mit der Basis nicht allzu großzügig umgeht, erhält man zwei Bilder mit identischer Bildinformation, also möglichst geringfügigen Verdeckungen, und bei zeitnahen Aufnahmen auch die gleichen Beleuchtungsverhältnisse. Bewegungen des Objekts, darunter fallen auch Wolkenbewegungen oder Veränderungen der Vegetation durch Wind, sind nicht zulässig, insofern sind dynamische Objekte zwangsläufig synchron aufzunehmen. Die horizontal gehaltene Basis verhindert unangenehme Vertikalparallaxen.

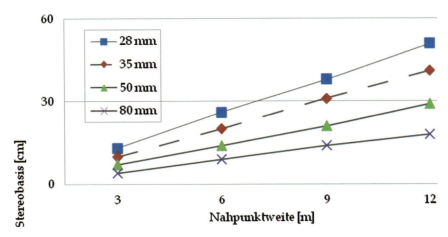

Bild 3.8 Stereobasis, in Abhängigkeit von Nahpunktweite und Brennweite nach Formel (3.4)

Dem Makrobereich muss eine andere Aufmerksamkeit gewidmet werden. Dort sind die geringe Aufnahmeentfernung, die Fokussierung und der Abbildungsmaßstab zu berücksichtigen. Auch hier gilt eine Näherung, unabhängig von der Brennweite:

$$basis = dist / 20 \tag{3.6}$$

dist ist dabei der Abstand vom Objekt zur Hauptebene des Objektivs, in der Regel der Blendenring. Diese Entfernung sollte man genauer durch Messung bestimmen und nicht schätzen wie bei den Normalaufnahmen.

■ 3.4 Durch das Fenster geschaut – Scheinfenster und schwebendes Fenster

Betrachtet man Raumbilder am Computermonitor, so hat man die Möglichkeit, das Bild zu vergrößern oder zu verkleinern (*Zoom*) und die Halbbilder gegeneinander zu verschieben (*Pan*). Deckungsgleiche Objekte erscheinen von der Tiefe her in der Abbildungsebene. Der Rechteckbereich des Bildes auf der Abbildungsfläche (Papier, Monitor, Projektionswand) wird als *Scheinfenster* bezeichnet. Man kann also bei der Betrachtung durch die Abbildungsfläche wie durch ein Fenster hindurchschauen. Meistens legt man den Nahpunkt in die Abbildungsebene, sodass die gesamte Szenerie hinter der Abbildungsfläche erscheint. In der Abbildungsebene sind die Objekte deckungsgleich. Eine negative Parallaxe lässt die Objekte vor dem Scheinfenster erscheinen, eine positive Parallaxe hinter dem Scheinfenster (siehe Bild 3.9). Das Scheinfenster des Raumbildes liegt in der Papierebene. Dort hinein ist auch das Bauwerk durch die Nullparallaxe gelegt. In Bild 3.10 stehen die Figuren teilweise davor oder dahinter. Zwischen der mittleren Figur und dem linken Nachbarn befindet sich eine recht große Parallaxe, die die Betrachtung stört. Bildteile, die vor dem Scheinfenster liegen und dieses schneiden, verletzen das Fenster und wirken sich ebenfalls störend auf die Betrachtung aus.

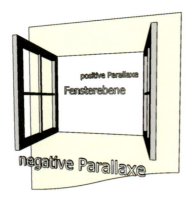 

Bild 3.9 Das Scheinfenster des Raumbildes liegt in der Papierebene.

Bild 3.10 Scheinfenster und Parallaxen

Bequeme Bildbetrachtung wird erzielt, sofern

- die Parallaxe einen Maximalwert nicht überschreitet,
- durch identische Inhalte der Halbbilder keine Störbilder entstehen und
- das Scheinfenster nicht verletzt wird.

Objekte dürfen aus dem Fenster hervortreten, aber nicht den Rand des Scheinfensters schneiden. Letzteres Problem kann man durch ein schwebendes Fenster verhindern. Hierzu versieht man die Halbbilder mit einem Rahmen (kann auch nur Farbe sein) und einem weiteren Hintergrund mit unterschiedlicher Farbe, den man auf das Scheinfenster legt. Die so vorbereiteten Halbbilder werden nun zum Stereobild montiert. Im Scheinfenster erscheint dann der innere Rahmen als schwebendes Fenster vor oder hinter dem

Scheinfenster. Die Daten zu Bild 3.11 finden Sie auf der Webseite zum Buch.[3] Die Erstellung können Sie ggf. selbst mit StereoPhoto Maker (SPM), dem Standardprogramm zur Stereomontage, nachvollziehen. Mit diesem Programm werden Sie im weiteren Verlauf des Buches noch häufiger konfrontiert. In der SPM-Software ist unter anderem auch die Funktion *Symmetrisch schwebendes Fenster* implementiert.

  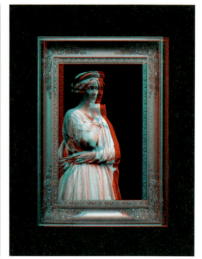

Bild 3.11 Schwebendes Fenster (links und mittig: die präparierten Halbbilder, rechts: die Anaglyphendarstellung)

■ 3.5 Kamerahaltung und Bildgestaltung

Als 3D-Fotograf ist man in seiner künstlerischen Betätigung eingeschränkt. Bei der Aufnahme eines 3D-Fotos gelten andere Gesetzmäßigkeiten als bei der Fotografie eines normalen Flachbildes. Der Mehrwert eines Raumbildes muss in jedem Fall die Nachteile bzw. Unbequemlichkeiten der optischen Betrachtungseinrichtung ausgleichen, denn wenn der Betrachter durch ein Stereoskop blickt oder sich eine Shutter-Brille aufsetzt, möchte er dafür auch belohnt werden. Der Betrachter muss von der Wirkung des Raumbildes überzeugt sein. Doch nicht nur der Tiefeneindruck, sondern auch die Aktualität und die Schönheit des Motivs entscheiden über den Erfolg des Raumbildes.

---

[3] Testdaten für das Scheinfenster: *www.3d.imagefact.de/floatingWindow*

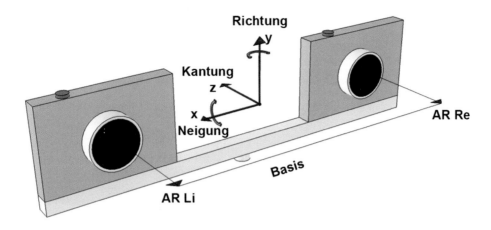

Bild 3.12 Stereokamera (Twin-Set)

Die Orientierung einer Kamera in der Örtlichkeit wird durch die Lage (Koordinaten x, y und z), die Richtung der Kameraachse, die Neigung nach unten oder oben und die Kantung beschrieben. Zusammenfassend spricht man von der Kameraposition, auch wenn dies etwas unpräzise ist. Vergegenwärtigt man sich ein Twin-Set aus zwei Kameras als Stereokamera, wie in Bild 3.12 dargestellt, verweist es auf die unzulässige Kantung des Systems (Drehung um z). Die x-Achse der Bildkoordinatensysteme zeigt entlang der Basis. Eine Rotation um die x-Achse ist die Kameraneigung, welche zulässig ist. Die Achse selbst muss aber horizontal sein, da sonst störende Vertikalparallaxen auftreten. Damit ist eine Rotation um die z-Achse, die Aufnahmerichtung AR, unzulässig. Drehungen um die y-Achse zeigen in die Aufnahmerichtung. Die Kameraachsen sind parallel zueinander und stehen senkrecht zur Basis bzw. zur x-Achse. Parallele Linien von hohen Gebäuden werden bei Neigung stürzen und in der Vertikalen zusammenlaufen. Man sollte bzw. muss diese Abbildungseigenschaften also in die Gestaltungsmerkmale mit einbeziehen.

Die Tiefenbereiche der 3D-Fotografie erstrecken sich, abgesehen vom Makrobereich, vom Nahbereich ab 1 bis 3 m über den Normalbereich von 3 bis 50 m bis hin zum Fernbereich ab 50 m. Die Hinzunahme eines harmonisch eingefügten, nicht zu viel verdeckenden Vordergrundes ist besonders dann wirkungsvoll, wenn der Fernbereich mit in die Aufnahme einbezogen wird.

Raumwirksame Motive findet man in der Landschafts- und Architekturfotografie, in Fotografien von Innenräumen und allgemein im Nahbereich, dem in der Stereofotografie eine besondere Bedeutung zukommt. Die Linienführung im Bild sollte möglichst Elemente beinhalten, die vom Vordergrund in den Hintergrund der Perspektive folgen. Arbeitet man mit einer Monokamera, ist auf die gleichmäßige Beleuchtung (Sonnenstand) und die Bewegung von Pflanzen und Wolken zu achten. Gleiches gilt natürlich auch für Verkehrsteilnehmer. Der Standpunktwechsel sollte so zeitnah wie möglich ausgeführt werden.

Einen besonderen Reiz bewirken Spiegelungen in Gewässern. Gerade bei Architekturaufnahmen wirkt ein Frontalbild eher langweilig. Schon durch die Kameraführung kann man dem Einzelbild etwas Tiefe vermitteln (siehe Bild 3.13). Stürzende Linien haben durchaus auch ihren Reiz. Wenn Sie beim Fotografieren nicht in die Luft gehen können, dann bringen Sie die Kamera doch einfach mal zum Boden.

Bild 3.13 Linienverlauf zur Aufnahmerichtung

Bei Innenaufnahmen des Interieurs von musealen Räumen, es können auch Werkstätten oder Maschinenräume sein, erstreckt sich die Tiefe häufig über das gesamte Objekt (siehe Bild 3.14). Das Vordergrundmotiv und auch der Hintergrund sind mehr oder weniger in die Szenerie integriert.

Bild 3.14 Aus dem Maschinenraum

Menschen können als Porträt, in der Gruppe oder als Massenansammlung auftreten. Sowohl Porträt als auch Gruppe fungieren als Vordergrund, ein Hintergrund ist möglichst mit einzubeziehen. Was für Personen gilt, kann man auch auf Skulpturen oder Denkmale anwenden. Bei Massenansammlungen wird man das Motiv eher als Gesamtes betrachten und auf einen gesonderten Vordergrund verzichten (siehe Bild 3.15).

Bild 3.15 Verregneter Markttag in Braunschweig 2017 (Kamera: Canon Ixus, Twin-Set)

Die Holzskulptur des Fischers am Hafen in Breege auf der Insel Rügen ist für sich kein spektakuläres Motiv. Durch die Einbeziehung der Bebauung als Hintergrund, kommt jedoch etwas Tiefe in das Motiv (siehe Bild 3.16).

Die Tierfotografie wird von anderen Randbedingungen beeinflusst. Den Löwen im Zoo wird man kaum in den Vordergrund rücken können. Auch andere Spezies scheuen die Nähe des Fotografen oder umgekehrt.

Bild 3.16 Den Hintergrund miteinbeziehen – alter Fischer in Breege

Schauen wir noch kurz auf den Makro- und Nahbereich: Mineralien, Pflanzen und Münzen, generell Reliefs, sind eine dankbare Aufgabe für das Raumbild. Die Münzen in Bild 3.17 wurden auf Glasplatten mit Tiefe ausgerichtet. Bei hoher Zoomstufe kommt das Relief sehr gut zur Geltung.

Bild 3.17 Nahaufnahme von Artefakten mit Tiefenstaffelung

Im Allgemeinen kann man davon ausgehen, dass eine gute Verteilung der Objekte im Raum zum Erfolg führt. Für Normalaufnahmen gilt: Es wird ein Vordergrund, ein Hauptmotiv und ein Hintergrund benötigt. Auch bei Fernaufnahmen mit erweiterter Basis und Teleobjektiv kann man versuchen, einen Vordergrund einzuarbeiten. Für Makroaufnahmen gilt das nicht. Bei sehr kleinen statischen Objekten kommt man mit Zwischenringen und Einstellschlitten zum Erfolg. Das bewegte Objekt erfordert im äußersten Nahbereich die Makrobox als Aufnahmesystem.

Literatur

Abé, Thomas: Grundkurs 3D-Bilder. Verlag für Foto, Film und Video, Gilching 1998
Bräutigam, Leo H.: Stereofotografie mit der Kleinbildkamera. 2. Auflage. Wittig Fachbuch, Hückelhoven 2004
Kuhn, Gerhard: Stereofotografie und Raumbildprojektion. Verlag für Foto, Film und Video, Gilching 1992
Pietsch, Werner: Stereofotografie. Fotokinoverlag, Halle 1958
Pomaska, Günter: Bildbasierte 3D-Modellierung. Wichmann VDE Verlag, Offenbach 2016, S. 103 ff.

4 Analoge 3D-Fotografie

Wer der Nostalgie der Technik vergangener Zeiten unterliegt und den Charme der analogen Fotografie in seiner Arbeit beibehalten möchte, wird zur Stereokamera, zu Gespannen oder zu konventionellen Monokameras greifen. Nach der Filmentwicklung hat man die Wahl, den analogen Weg konsequent weiter zu beschreiten oder den Film zur digitalen Weiterverarbeitung zu scannen. In letzterem Falle kommt hybride Technik zum Einsatz, das heißt analoge Aufnahme mit digitaler Weiterverarbeitung. In beiden Fällen bewirkt das analoge Verfahren durch die zeitliche Trennung von Aufnahme und Entwicklung eine wohltuende Entschleunigung, denn die Faszination der 3D-Fotografie liegt nicht nur in der Aufnahme und Betrachtung der Raumbilder, sondern auch in der Auseinandersetzung mit der etwa 150-jährigen Technikentwicklung.

Die Nutzung antiker Geräte liegt nicht im Fokus dieses Kapitels. Im Einzelfall kann man Plattenkameras mit Planfilm bestücken oder Glasplatten ggf. selbst beschichten, doch diese sehr ausgefallene Technik ist nicht Gegenstand des Buches. Ich lege das Augenmerk auf 135er und 120er Rollfilm, der als Umkehrmaterial und Negativfilm noch im Handel erhältlich ist. Aus der Vielzahl von Stereokameras habe ich die herausgesucht, die auf den Auktionen der Internetplattformen zu bezahlbaren Preisen angeboten werden.

Bild 4.1 Nachbau einer Contax mit Aufstecksucher und Strahlenteiler: schwere Technik für kleine Bilder

Sollten Sie am Neuerwerb eines alten Geräts interessiert sein, dann sind einige Qualitätskriterien zu beachten. Das Kameragehäuse muss lichtdicht sein. Lichtschutz wird im Laufe der Zeit brüchig, kann aber ersetzt werden. Eine Stereokamera sollte synchron arbeiten. Das bedeutet, sie muss gleiche Belichtungszeiten und gleiche Blendensteuerung bei synchroner Auslösung gewährleisten. Häufig ist die Fokussierung und Blendensteuerung schwergängig. Von einer sauberen Optik wird ausgegangen. Zu beachten ist auch die Verträglichkeit des Filmmaterials mit dem Transportmechanismus der Kamera. Auf die Verfügbarkeit von Werkstattreparaturen können Sie sich nicht mehr verlassen, weshalb eigene Handarbeit erforderlich wird. Der Austausch in Internetforen kann sich dabei als hilfreich erweisen. Die vorangegangenen Anmerkungen sollten Sie sich insbesondere bei der Teilnahme an Internetauktionen ins Gedächtnis rufen, um Fehlkäufe zu vermeiden. Bei sehr niedrigen Angebotspreisen treffen Sie garantiert auf Mängel. Bei Niedrigpreisen sind Angebote fair, die auf den Gebrauch als Ersatzteile hinweisen.

Das Fazit zu Konstruktionsmerkmalen und der Anwendung verschiedener, hier besprochener Kameratypen nehme ich an dieser Stelle schon einmal vorweg:

- View-Master ist sicherlich ein besonderes Gimmick. Mit der selbst fotografierten und montierten Scheibe beweist man ein hohes Maß an Individualität.
- Die quadratischen Formate und Halbformate sind nachteilig gegenüber den Vollformaten. Ein Bild von 24 × 24 mm hat nur 2/3 des Kleinbildformats und liefert entsprechend weniger Bildpunkte beim Scan.
- Qualitätsansprüche werden auch an die traditionelle Technik gestellt. Von den zweiäugigen 35-mm-Kameras erfüllt das Dresdener System Belplasca einen großen Teil der Anforderungen.
- Wollen Sie ein Gespann neu anschaffen, sollten Sie eher die digitalen Lösungen, besonders auch mit Kompaktkameras, in Erwägung ziehen.
- Bei den zeitversetzten Einzelbildaufnahmen kommt es auf das Genre an. Statische Architekturmotive, Landschaftsaufnahmen mit vergrößerter Aufnahmebasis und Luftbilder bilden, wie auch statische Makroaufnahmen, das geeignete Motivspektrum.

■ 4.1 View-Master – ein System für das Kleinstformat

Begeben wir uns nun auf die Reise durch die Welt der Analogen. Eine wahre Erfolgsstory ist das System View-Master.[1] Entwickelt wurde das Produkt von William B. Gruber, der in den 1920er Jahren aus Deutschland nach Amerika emigrierte. Gruber hatte die Idee der Massenproduktion von 3D-Dias auf der Basis des 16 mm Kodachrome Kinefilms. Zusammen mit der Firma Sawery's, einem Hersteller von Postkarten, begann er 1939 die Produktion.

Dem breiten Publikum ist der View-Master als Betrachter für 3D-Scheiben geläufig. Kleinformatige Dias werden auf einer Scheibe montiert und in einem Betrachter rotiert. Das System wurde zur Unterhaltung im häuslichen Bereich (heutiger Begriff Home Entertainment) eingeführt. Im Zweiten Weltkrieg lieferte Sawyer's für die US-Armee etwa 6 Millionen 3D-Scheiben als Trainingsmaterial zur Erkennung feindlicher Schiffe und Flugzeuge.

Die große Zeit des View-Masters lag in den 1950er und 1960er Jahren. In Belgien wurde eine europäische Niederlassung gegründet. In der weiteren Firmengeschichte übernahm General Anilin and Film Corporation (GAF), später wurde die View-Master International

---

[1] Website über die Geschichte der View-Master-Produkte: *http://www.vmresource.com*

Group gegründet. Heutzutage wird der View-Master unter der Spielzeugmarke Fisher Price bei Mattel vertrieben. Nach fast 80 Jahren ist das System immer noch aktuell. So werden bei Produkteinführungen von Firmen Betrachter und kundenspezifische Bildscheiben für die Werbung eingesetzt. Sammler sind immer noch unterwegs und suchen nach Scheiben und Hardware. Von den Scheiben sollen weltweit etwa 1 Billion Stück produziert worden sein (siehe Bild 4.2).

Bild 4.2 Das System View-Master: 1 Billion verkaufter Scheiben hat das Raumbild populär gemacht.

Ein vergleichbares System mit Dias auf Pappkarten wurde von der Firma True Vue vertrieben. Unter der Bezeichnung Stereomat war ein ähnliches Produkt später auch in der DDR erhältlich. Nach Übernahme von True Vue erhielt man bei Sawyer's auch die Rechte an Walt Disney-Produkten. Neben der Vielzahl von Betrachtern wurden außerdem Kameras und Projektoren entwickelt. 1952 kam die View-Master Personal Stereo Camera in Amerika heraus. Eine modifizierte Version namens View-Master Stereo Color Camera kam 1962 in Europa auf den Markt. Ergänzend wurde der Stereomatic 500, ein Projektor mit Bildtrennung durch das Polfilterverfahren, vertrieben. Varianten des View-Masters wurden auch von Meopta in der Tschechischen Republik hergestellt. 2016 brachte Mattel eine neue Generation für das Smartphone und 360-Grad-Filme heraus. Mit diesem Gerätetyp werden wir uns bei der Betrachtung digitaler 3D-Fotografie in Kapitel 7 befassen.

Vom einfachen Handgerät über rückseitig beleuchtete Betrachter bis hin zu Micky-Maus-Geräten gab es eine große Vielfalt an Varianten des Betrachters. Die Modelle wurden zunächst mit Großbuchstaben bezeichnet. Das Modell C nach 1946 konnte bereits mit einer rückwärtigen Beleuchtung ausgestattet werden. Ab 1970 erschien der sprechende View-Master mit Tonaufzeichnungen. Im Mittelpunkt stand jedoch immer die rotierende Scheibe. Inhalte der Scheiben waren Filme und Comics, Reiseziele oder kundenspezifische Anfertigungen. Die beiden Kameravarianten zur Erstellung eigener Bilder, View-Master Personal und View-Master Color, werden in den Abschnitten 4.1.1 und 4.1.2 vorgestellt. Anhand der Kameras, einer Stanze und mit einigen Leerscheiben machen wir den Praxistest und schauen uns auch einen der Einzelbildprojektoren genauer an.

4.1.1 View-Master Personal

Mit der View-Master Personal Stereo Camera kam 1952 die erste Kamera für Kleinbildfilm (135er mit 35 mm Filmbreite) heraus. Die Kamera konnte auf einem Standardfilm 36 Aufnahmen bei ca. 1,6 m Länge aufzeichnen. Das sind 69 Bildpaare im Hin- und Rückgang des Films, denn Filmmaterial war zu dieser Zeit sehr kostbar.

Die Nutzung des vollen Filmformats wurde durch den sogenannten *Lens Shift*, eine Objektivverschiebung, erreicht. Ein Kleinbildfilm wird von links nach rechts aus der Patrone herausgezogen und belichtet. Nach der Belichtung erfolgt das Rückspulen von rechts nach links in die Patrone. Die View-Master Personal Stereo Camera belichtet in beiden Richtungen, gesteuert durch den Richtungsschalter auf der Kameravorderseite. Der Richtungsschalter für den Filmtransport steht zu Beginn auf der Position A (siehe Bild 4.3). In dieser Position wird die untere Filmhälfte belichtet. Nach ca. 30 Aufnahmen erfolgt der Filmtransport von der Filmrolle zurück in die Patrone und es wird auf der oberen Hälfte belichtet, und zwar bei Stellung des Richtungsschalters auf Position B. Die Schalterstellungen haben auch Einfluss auf das Bildzählwerk. In Stellung A wird aufsteigend gezählt, Stellung B zählt absteigend. Das eigentliche Bildformat ist 12×13 mm. Bei einem Objektivabstand von 64 mm wird stets mit acht Filmperforationen transportiert. Daher befinden sich zwischen einem Bildpaar immer zwei Halbbilder der benachbarten Bildpaare und zwei Leerräume (siehe Bild 4.5).

Bild 4.3 View-Master Personal Stereo Camera (unteres Bild: Belichtung der unteren Filmhälfte, Schalterstellung A)

Die View-Master Personal Stereo Camera ist eine äußerst interessante Konstruktion, auch im Hinblick auf die Vorgabe, die Aufnahme möglichst einfach zu gestalten und die Kamera damit auch für Amateure bedienbar zu machen. Kostengünstig war das Gerät aber nicht, zumal man noch die Stanze benötigte.

Die Kamera ist mit einem festen Fokus ausgestattet. Blendenöffnungen sind von 3,5 bis 16 vorhanden, Zeiten laufen zwischen 1/10 und 1/100 s und Langzeitbelichtung. Die Analoganzeige auf der Kameraoberseite gibt Hinweise auf die Belichtungssituation, abhängig von Zeit- und Blendeneinstellung der Einstellräder. Betrachten Sie Bild 4.4, so ist die Filmempfindlichkeit mit 100 ASA passend für den Sommer eingestellt. Bei einer Belichtungszeit von 1/100 s und Blende 8 beginnt die Schärfentiefe bei etwa 5 Inch. Eine mittlere Farbhelligkeit wird bei Sonne und Bewölkung erreicht, bei heller Sonne muss weiter abgeblendet werden.

Bild 4.4 View-Master Personal Stereo Camera (Oberseite mit Belichtungseinstellungen, Unterseite mit Anleitung zur Filmeinlage)

 Die Blende

Mit der Blende wird der Lichtdurchlass durch das optische System gesteuert. Die Blendenzahl gibt das Verhältnis von Brennweite zu Blendenöffnungswerten an. Blendenangaben mit Bereichen, z. B. f/3,5 bis 5,6, gelten für Zoomobjektive von der kleinsten bis zur größten Brennweite. Je kleiner die Blendenzahl, desto lichtstärker ist das Objektiv. Von der Blendenwahl hängen Belichtungszeit und Schärfentiefe ab. Die Einstellung einer hohen Blendenzahl bedeutet mehr Tiefenschärfe mit längerer Belichtungszeit

Eine Kurzanleitung zu Filmeinlage und -transport befindet sich auf der Unterseite der Kamera (siehe Bild 4.4). Dies ist besonders dann hilfreich, wenn man die Kamera nur gelegentlich zur Hand nimmt. Verwendbar sind sämtliche 135er Kleinbildfilme. Zu berücksichtigen ist jedoch, dass ältere Kameras nicht auf sehr hohe Filmempfindlichkeiten eingestellt werden können. Filter (*Sky Light*, *Orange* und *Tungsten* für das Kunstlicht) mit 30 mm Durchmesser sind auf die Fixfokus-Objektive mit 25 mm Brennweiten mittels Filterhalterung montierbar.

Bild 4.5 Filmstreifen der View-Master Personal Stereo Camera

4.1.2 View-Master Color

Für Sawyer's Europe S. A. Belgien wurde ab 1962 von der Firma Regula King in Deutschland die View-Master Stereo Color Camera produziert. Entwickelt wurde die Kamera in den AkA-Kamerawerken Friedrichshafen/Bodensee. Diese 35-mm-Kamera kann auf einem Film mit 36 Aufnahmen 75 Bildpaare im View-Master-Format aufnehmen. Über ein Farbsystem mit Symbolen ist die Einstellung der Belichtung vorzunehmen (siehe Bild 4.6). Die Zielgruppe war der Massenmarkt, man sollte jedoch vermerken, dass sowohl die Kamera als auch die zugehörige notwendige Stanze nicht im unteren Preissegment lagen.

Bild 4.6 View-Master Stereo Color Camera (mit Farbcodierung der Aufnahmeeinstellungen)

Belichtungszeiten der Kamera sind 1/30 bis 1/60 s und Langzeitbelichtung. Blendenöffnungen laufen von 2,8 bis 22. Die Objektive sind zwei Rodenstock Trinar 2,8/20 mit Fixfokus und einem Basisabstand von 65 mm. Spätere Modelle der Kamera erhielten No-Name-Objektive. Ein Bildzählwerk von 1 bis 79, eine Blitzsynchronisation mit X- und M-Anschluss und ein heller Leuchtrahmensucher vervollständigen die Ausstattung. Filmtransport und Spannen des Verschlusses erfolgen synchron über einen ergonomisch geformten Hebel, der nach Auslösung wieder in seine Ausgangsposition zurückspringt.

Das Bildformat ist etwa 11 × 12 mm mit Randanpassungen für die korrekte Einlage in die View-Master-Scheiben, die mit der Ausstanzung entstehen. Während das amerikanische Modell der View-Master Personal den Film in Hin- und Rückweg transportiert, benötigt die View-Master Color bei gleichzeitig hoher Bildanzahl nur den üblichen Filmtransport aus der Patrone heraus. Hierfür ist der diagonale Filmverlauf zuständig (siehe Bild 4.7 und Bild 4.8).

Verschlusszeiten

Abgesehen von der Blendensteuerung und der Filmempfindlichkeit sind die Verschlusszeiten der Kamera an der Bewegung des Motivs oder der Kameraplattform zu orientieren. Bei freihändig gehaltener Kamera kann die längste Belichtungszeit etwa 1/60 s betragen. Bei längeren Zeiten benutzen Sie am besten ein Stativ. Die Bewegung eines Fußgängers benötigt etwa 1/125 s, wobei ein Rennwagen noch kürzere Belichtungszeiten im Bereich von 1/500 s erfordert.

Bild 4.7 View-Master Stereo Color Camera mit diagonalem Filmverlauf

Bild 4.8 So sieht ein Filmstreifen bei diagonalem Bildverlauf aus.

Mit den Lichtwerten 8, 8,5 und 9 löst der Verschluss in Zeiten von 1/30, 1/45 und 1/60 s aus, bei allen anderen Lichtwerten mit 1/60 s und Blendensteuerung. Nach der üblichen Filmeinlage unter Beachtung des Greifens der Transporträdchen in die Filmperforation lösen Sie sechsmal aus. Die Filmempfindlichkeit wird am oberen Rädchen der Skala eingestellt. Dann wählen Sie entsprechend der Helligkeit des Motivs eine der drei Farbtafeln aus und stellen im Fenster das Symbol für das Umgebungslicht (*helle Sonne, Sonne verschleiert, bewölkt* oder *Schatten*) ein (siehe Bild 4.6). Die Farben der Farbtafeln sollten sich etwa mit den Farben des Motivs decken. Alternativ stellen Sie die Blende nach Belichtungsmessung ein und beachten die vorangehend genannten Verschlusszeiten.

Bei 75 Aufnahmen mit einem Film kann man auch zwei- oder dreimal auslösen. Letzteres macht man nicht nur aus Belichtungsgründen. Auch bei der Montage kann dem Original schon mal ein Schaden zugefügt werden. Durch die Bildwiederholung schafft man Ersatz. Alle Einstellungen erfolgen an einem Wählrad, das Sie auch bei Blitzaufnahmen nutzen. In diesem Fall stellen Sie die Entfernung zum Motiv ein (Skala schwarz in Meter, Skala grün in Feet). Sobald der entwickelte Diafilm aus dem Labor zurück ist, können das Ausstanzen und die Montage der Bilder erfolgen. Wichtig ist zu wissen, dass Kamera und Stanze kompatibel sein müssen, da sich die Formate der Kameras View-Master Personal und View-Master Color unterscheiden.

4.1.3 Montage und Projektion

Nach Einführen des Films von rechts in den Cutter bei seitenrichtiger Ansicht erkennen Sie das linke Bild durch eine Rechteckmarkierung am Rand. Das rechte Bild weist eine runde Markierung auf. Das erste Bildpaar kann nun gestanzt werden. Am besten legen Sie es sofort in die Filmscheibe ein (siehe Bild 4.9).

Bild 4.9 Filmcutter für die View-Master Stereo Color Camera mit Bedienungsanleitung

Zum Einlegen in die Scheibe benutzen Sie den sogenannten Inserter, eine kleines pinzettenartiges Werkzeug, das eine längere und eine kürzere Seite hat. Die längere Seite ist am Ende etwas gewölbt und schiebt sich auf der Rückseite wieder aus der Scheibe (siehe Bild 4.10). Die Leerscheiben sind mit Bildnummern und den Klammersymbolen] und) bedruckt. Bei Übereinstimmung mit den Bildmarkierungen kann nichts schiefgehen. Etwas Übung und Geduld mit den kleinen Bildchen ist jedoch gefragt. Auf Wunsch können Sie die Scheibe noch mit Bildtiteln beschriften, und dann geht's hinein in den View-Master-Betrachter.

Bild 4.10 Unbedingt notwendig – der Filminserter

Die Faszination des View-Masters lebt zweifellos von den kräftig bunten Bildern und der immer wieder neu entdeckten Tiefe eines Raumbildes. Das Objekt selbst ist eher zweitrangig. Hochzeit und Geburtstag können auch noch im digitalen Zeitalter analog auf einer kleinen Scheibe mit sieben Bildern dokumentiert werden. Es sind der Spieltrieb und die Freude am Basteln, weswegen sich das Produkt bis heute im Spielwarenladen gehalten hat. Neu hinzugekommen ist lediglich die Smartphone-Halterung. Mit einer App ist der View-Master dann auch als VR-Brille nutzbar.

> **View-Master mit selbst erstellter Scheibe**
>
> Wer wirklich Individualität beweisen will, der schenkt einen View-Master mit selbst erstellter Scheibe. Anlässe gibt es genug. Dokumentiert werden können z. B. der Einzug ins Eigenheim (Bautagebuch), besondere Familienfeiern oder ein anderes außergewöhnliches Event. Hier kann der Fotograf zum echten Maker werden!

Die Projektion im Freundeskreis wird als Gemeinschaftserlebnis betrachtet. View-Master bot auch Projektoren an, zum Beispiel einen für die Einzelbildprojektion, das sogenannte Two Dimensional Model S-1 für Projektionen bis 1 m Bilddiagonale. Hinzuweisen ist auf zwei Besonderheiten des Einzelbildprojektors. Zum einen ist die Bildbeschriftung in einem Fenster seitlich ablesbar. Zum anderen hat der Vorführer die Möglichkeit, mit einem mechanisch zu positionierenden Pfeil auf Details hinzuweisen (siehe Bild 4.11). Mit dem View-Master Stereomatic 500 kam schließlich auch eine 3D-Version mit Polfiltertechnik auf den Markt.

Bild 4.11 Der View-Master-Einzelbildprojektor mit Zeigeeinrichtung

4.2 Fotografie mit der Stereokleinbildkamera

Eine Stereokamera ist ein Aufnahmesystem mit zwei im Augenabstand nebeneinander angeordneten Objektiven gleicher Brennweite. In der analogen Stereofotografie ist der Umkehrfilm für Durchlichtbetrachtung und Projektion das gängige Aufnahmemedium. Diarahmen mit einem äußeren Kleinbildformat von 41 × 101 mm sind bei fast allen Kameras mit 135er Film vorzufinden. Unterschiede zwischen den Systemen bestehen in der Größe des Halbbildformats und dem Filmtransport, der sich den einheitlichen Perforationen des 135er Films anpasst. Die übliche Brennweite der Objektive beträgt 35 mm. Aufgrund des optischen Auflösungsvermögens ist die Brennweite eine gute Wahl, für die quadratische Halbbildgröße aber relativ lang. Somit entsteht ein kleiner Bildwinkel. Ein größerer Raumausschnitt wird durch das Format 24 × 30 mm abgedeckt. Die Erweiterung des Querformats auf 32 oder 36 mm führt zu einem ungünstigeren Verhältnis von Bildbreite zur Bildhöhe.

Die Halbbildlage einer Stereokleinbildkamera ist mit der Filmperforation gekoppelt und weist bedeutende Unterschiede zwischen europäischen und amerikanischen Herstellern auf. Mit der Zwischenschaltung von zwei Halbbildern in den Zwischenraum eines Bildpaares erreicht man einen durchgehend gleichmäßigen Schaltschritt. Am Beginn und Ende des Films bleibt je ein Halbbild unbelichtet. Orientiert man diesen Schaltschritt am Perforationsabstand von 4,75 mm, so ergeben sich ein Transportweg von zehn Perforationen und ein Abstand der Kamerafenster von 15 Perforationen. Hieraus folgt gegenüber dem Augenabstand eine etwas verbreiterte Basis. Zugunsten einer guten Fensterrahmenwirkung verkleinert man den Objektivabstand um 1 mm auf 70,25 mm. Diese Schaltung für die Halbbildgröße 24 × 24 mm mit gleichmäßigem Schaltschritt wird als *Colardeu-Schaltung* bezeichnet. Man spricht auch vom *Five-Sprocket*-Format oder vom amerikanischen Format (siehe Bild 4.12). Auf eine 36er Filmpatrone passen somit 29 Stereoaufnahmen.

Bild 4.12 Das amerikanische Format 24 × 24 mm

Mit dem größeren Format 24 × 30 mm ist eine kompliziertere Schaltung verbunden. Zwischen zwei zugehörigen Halbbildern ist nun nur noch für ein Halbbild Platz. Dadurch wird der unregelmäßige Schaltschritt von abwechselnd einer Halbbildbreite und drei Halbbildbreiten notwendig. Es wird also zwischen sieben und 21 Perforationen gewechselt. Der Abstand der Bildfenster beträgt 14 Perforationen bei 66,5 mm. Links und rechts liegt immer eine Perforation genau in der Bildmitte. Zwischen den Halbbildern befindet sich ein 3,25 mm breiter unbelichteter Filmstreifen. Diese Schaltung findet man bei der Verascope von Jules Richard. Etwas modifiziert ist die Belca-Schaltung aus Dresden mit dem nutzbaren Format von 24 × 29 mm.

4.2.1 Die Amerikaner: Stereo Realist & Co.

Die David White Company, Milwaukee, USA brachte 1947 die erste Stereokleinbildkamera auf den Markt. Stereo Realist war nicht nur eine Kamera, sondern ein komplettes System mit Rahmungszubehör, Betrachter, Blitzgerät und Projektor. 1954 erschien das 400-seitige Manual zur Stereo Realist von Morgan/Lester als Anleitung der Stereofotografie. Besondere Merkmale der Kamera waren bei Erscheinen die für Farbfotografie vergüteten Objektive 35 mm f/3,5 bis 22, der zentrale Sucher und der gekoppelte Entfernungsmesser mit breiter Basis (siehe Bild 4.13, linke Kamera unten). Verschlusszeiten laufen ab 1/150 s bis Langzeitbelichtung.

Bild 4.13 Stereo Realist mit Blitz und Weitwinkel-Vorsatzlinsen von Steinheil

Zur Ausstattung gehörte auch die Blitzsynchronisation. Setzt man heute das Realist-Blitzgerät mit dem Aluminiumreflektor, Blaufilter und den Einmalblitzbirnen ein, wird eine Reise in die Vergangenheit vollzogen. Die Aufmerksamkeit der Umstehenden ist Ihnen damit sicher. Wie eingangs beschrieben, ist das Stereoformat eines mit fünf Perforationen bei 2 × 24 × 24 mm Bildgröße. David White lieferte auch umfangreiches Zubehör (z. B. Filter, eine Kurbel zum externen Filmtransport, Montagekits, Betrachter und Projektoren). Das chinesische Teehaus in Potsdam zeigt das mit der Stereo Realist aufgenommene Belegexemplar (siehe Bild 4.14). Immerhin hat die 70-Jährige bei diesem Einsatz ihre Leistungsfähigkeit bewiesen.

Steinheil München entwickelte in den 1950er Jahren den Stereo-Redufokus. Mit dieser Optik wurde eine Verkürzung der Brennweite auf 25 mm erzielt. Der Bildwinkel vergrößerte sich auf 68 Grad bei erweitertem Schärfentiefenbereich. In Bild 4.13 rechts ist der Vorsatz an der Kamera montiert. Zusammen mit der Kamera hat der Fotograf immerhin 1200 g in der Hand bzw. auf dem Stativ.

Bild 4.14 Teehaus in Potsdam, aufgenommen mit der Stereo Realist

Aufgrund des Erfolgs der Stereo Realist – es war das erfolgreichste System in den 1950er Jahren – brachten andere US-Firmen Eigenentwicklungen auf den Markt. Kodak, Graflex, Revere, Bell and Howell und die Three Dimension Company nutzten in ihren Modellen das gleiche Stereoformat, hatten aber offenbar unterschiedliche Zielgruppen im Visier. Die Stereo Realist von White wurde den professionellen Ansprüchen gerecht, der Hobbyanwender griff eher zur Kodak oder zur Stereo Graphic. Von der Stereo Realist wurden 130 000 Stück verkauft, der *Gelbe Riese* Kodak brachte es auf 110 000.

Die TDC Stereo Vivid konnte mit der Stückzahl der Stereo Realist nicht konkurrieren, wies aber einige besondere technische Merkmale auf. Gegenüber dem Linsenabstand der Mitbewerber von 70 mm setze TDC den Abstand auf 65 mm. Bei einer Kamera mit fünf

Perforationen Bildformat musste aus diesem Grund der Filmverlauf umgeleitet werden (siehe Bild 4.16). Der Ladevorgang für den Film ist daher etwas schwieriger, aber außen auf der Kamera dauerhaft beschrieben.

Bild 4.15 TDC Stereo Vivid mit 35 mm Tridar Anastig f/3,5

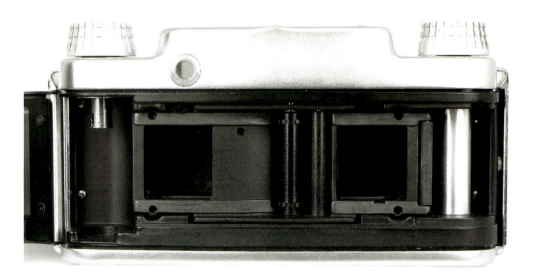

Bild 4.16 Umgelenkter Filmverlauf in der TDC Stereo Vivid

Der Doppelbildentfernungsmesser der TDC Stereo Vivid wird ebenso wie eine Libelle in das Sucherbild eingeblendet. Die Libelle meines Exemplars mit der Seriennummer 01331 hat ihre Flüssigkeit nach wie vor behalten. Blende und Verschlusszeiten werden durch

Einstellräder auf der Oberseite bedient (siehe Bild 4.17). Die Bedienelemente entsprechen zusammen mit der Ablesung der Lichtbedingungen der Ausstattung, die schon bei der View-Master Personal beschrieben wurde. Die TDC Stereo Vivid ist eine Schönheit! Bild 4.15 und Bild 4.17 werden Sie davon überzeugen.

Bild 4.17 Einstellelemente der TDC Stereo Vivid (vergleichbar mit denen der View-Master Personal)

Bild 4.18 Mit der TDC Stereo Vivid 01331 geschossener Filmstreifen

Einen anderen Weg beschritt die Firma Graflex, Folmer & Schwing Manufacturing Company aus New York. Deren Kamera Stereo Graphic sollte so einfach wie möglich zu bedienen sein. Optiken und Stereoformat entsprachen dem amerikanischen Standard. Das Objektiv war aber eine Fixfokus-Linse mit konstanter Belichtungszeit von 1/50 s. Die Blendeneinstellung ist mit den Eigenschaften des Umgebungslichts gekennzeichnet. *Bright* bei Blende 8, *Hazy* bei Blende 5,6. Den Fixfokus bewarb man auch mit dem Begriff *Depthmaster*. Alle Bilder sollten von Vorder- bis Hintergrund immer gut fokussiert sein. Gebaut wurde die Graflex Stereo Graphic zwischen 1955 und 1962. *Frame and Shoot* – mehr ist an der Kamera nicht dran (siehe Bild 4.19).

Bild 4.19 *Frame and Shoot* – die Stereo Graphic

Bild 4.20 Mit der Stereo Graphic im Berliner Lustgarten

4.2.2 Belplasca aus Dresden

1953 wurde die Belplasca Stereokleinbildkamera auf der Frühjahrsmesse in Leipzig vorgestellt und ging 1954 in Serie (siehe Bild 4.21). Insgesamt wurden bis 1963 etwa 8000 Einheiten gebaut. Diese Stereokamera fand national und international Interesse und Anerkennung. Gefertigt und entwickelt wurde die Kamera im Belca-Werk Dresden-Laubegast.

Max Baldeweg eröffnete 1909 in Dresden eine Fabrik fotografischer Artikel, die ab 1913 Balda-Werk Max Baldeweg hieß. Zunächst wurden Zubehörteile gefertigt, später Kameras, die unter der Bezeichnung Balda bekannt wurden. 1940 wurde der Kamerabau durch die Rüstungsproduktion ersetzt. Ab 1945 erfolgte der Wiederaufbau der Firma. Max Baldeweg verließ Dresden und baute in Ostwestfalen eine neue eigene Fabrik auf. Das Werk in Dresden wurde enteignet und als VEB Kamerawerke Dresden weitergeführt. Nach weiteren Umstrukturierungen wurde der Name Optik Belca-Werk VEB Dresden gefunden. Der Betrieb ging danach in die VEB Kamerawerke Niedersedlitz über. Später wurde die gesamte sächsische Kameraindustrie unter die Führung von VEB Pentacon gestellt. Von 1985 bis 1990 wurden die Betriebe vom Kombinat VEB Carl Zeiss Jena geleitet.[2] Kommen wir nach diesem Exkurs über die bewegte Firmengeschichte der Belca-Werke wieder zurück zur Stereokamera Belplasca. Die Kamera war das Hauptprodukt der Belca-Werke. Als Zubehör wurde der Stereobetrachter Belcaskop und der Doppelprojektor Belplascus produziert.

Das Stereoformat 24 × 30 mm (Nennformat), die Tessar-Optiken 37,5 mm f 3,5 bis 16 von Carl Zeiss Jena und die für beide Objektive gekoppelten Einstellungen von Fokussierung, Blende und Zeit sind die Merkmale dieser Stereokamera. Der Verschluss löst zwischen Zeiten von 1 Sekunde bis 1/200 s und Langzeitbelichtung aus. Zur Ablesung der Schärfentiefe ist der Entfernungseinstellring von einer doppelten Blendenskala umgeben. Die Blende ist eine Irisblende zwischen den optischen Elementen mit den Öffnungsverhältnissen von 1 : 3,5 bis 1 : 16.

Bild 4.21 Belplasca Stereokleinbildkamera: Bildformat 24 × 30 mm, Kamera mit der Seriennummer 08168 (Herstellungsjahr etwa 1962)

---

[2] Quelle: *https://de.wikipedia.org/wiki/Balda-Werk* und *http://dresdner-kameras.de/firmengeschichte/firmen/firmen.html#Balda*

Der Sucher ist mit der Entfernungseinstellung zum Zwecke des Parallaxenausgleichs gekoppelt. Die Größe der Kamera beträgt ca. 16 × 8 × 6 cm bei einem Gewicht von 800 g. Die Nahentfernung liegt bei etwa 2,5 m. Für eine Nahentfernung ab 1 m sind die Vorsatzlinsen aus Jena erforderlich. Aus dem Objektivabstand von 63,2 mm und dem Filmtransportmodus ergeben sich 20 bis 22 Stereobilder auf einem 135/36-Film.

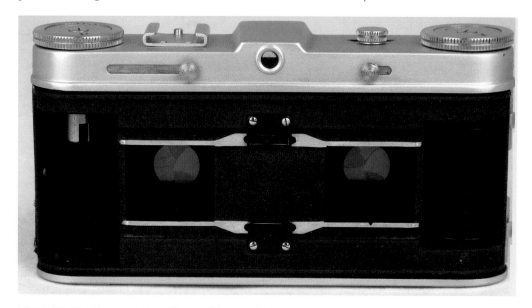

Bild 4.22 Filmführung und Lamellenverschluss der Belplasca

Wie vorangehend erläutert, muss sich der Fotograf mit dem kurzen und langen Schaltschritt auseinandersetzen. Auf dem Filmstreifen befindet sich in der Mitte des rechten Halbbildes ein Keil. Zwischen den rechten und linken Halbbildern benachbarter Bildpaare entsteht ein etwas größerer Abstand gegenüber den ungleichen Nachbarn. Die größere Bildnummer eines Bildpaares ist dem linken Halbbild zuzuordnen (siehe Bild 4.23).

Zur Brennweite und dem Öffnungswinkel ist anzumerken, dass aufgrund des horizontalen Bildformats von 30 mm die Brennweite unter Berücksichtigung des Cropfaktors von 1,2 etwa einer 45-mm-Brennweite für ein Vollformat entspricht. Es ist bekannt, dass der Sucher einer Belplasca häufig vernebelt. Sie können eine Reinigung vornehmen oder einen externen Aufstecksucher mit der 50-mm-Maske bzw. Einstellung nutzen.

Bild 4.23 Filmtransport der Belca-Schaltung

Für den reibungslosen Filmtransport ist eine korrekte Filmeinlage unerlässlich. Jede der älteren Kameras hat ihre Besonderheiten bei der Filmeinlage. Gerade Stereokameras mit ihren unterschiedlichen Transportmechanismen bedürfen einer besonderen Handhabung, deshalb wird der Filmeinlage hier besondere Aufmerksamkeit geschenkt.

Nach dem Öffnen der Rückwand ziehen Sie den Rückspulknopf hoch und legen die Filmkapsel in den linken Spulenraum. Der Filmanfang zeigt zur fest eingebauten Filmspule. Der Film wird zwischen Filmbühne und Leitblechen hindurchgeschoben, greift in die Verzahnung und setzt somit die Steuerung des Filmtransports in Betrieb. Das Hindurchschieben wird vereinfacht, wenn der Filmanschnitt durch ein Perforationsloch geht. Ist dies nicht der Fall, schneiden Sie den Film etwas an. Ziehen Sie den Film so weit aus der Filmspule heraus, bis das Ende unter die Zunge in der rechten Filmspule geklemmt werden kann. Sollte die Messwalze beim Einlegen blockieren, schieben Sie den Rückspulknopf an der Kamerarückseite bis zum Anschlag und lösen den Verschluss aus. Die Sperren sind nun aufgehoben, und Sie können mit dem Herausziehen des Films fortfahren.

Schieben Sie den Rückspulknopf nun wieder ein. Die Rückwand wird in den linken Falz eingesetzt und mit einem hörbaren Klick geschlossen. Stellen Sie jetzt das Bildzählwerk durch Drehen des Knopfes auf 18, drehen Sie den Filmtransport (V) bis zum Anschlag, spannen Sie den Verschluss, und lösen Sie aus. Wiederholen Sie den Vorgang. Das Bildzählwerk steht jetzt auf 0. Achten Sie beim Filmtransport auf die gegenläufige Drehung der Spule R als Kontrolle für den Transport. Die Kamera ist nun aufnahmebereit.

Stellen Sie die Blende und die Belichtungszeit ein, und fokussieren Sie auf das Motiv. Im Falle von Stereoaufnahmen soll der gesamte Objektraum scharf abgebildet sein. Bei einer Fokussierung auf 6 m und der Blende 5,6 wird bereits der komplette stereoskopische Objektbereich von 3 m bis unendlich an der Schärfentiefenskala abgelesen. Transportieren Sie den Film, spannen Sie den Verschluss, visieren Sie das Objekt an, und lösen Sie aus. Sie sollten den Aufnahmevorgang generell immer in der gleichen Reihenfolge durchführen.

Für die 3D-Fotografie ist besonders der raumwirksame Nahbereich von Interesse. Zur Nutzung des gesamten Bildformats für den Objektraum von 1 m bis 2,5 m wurde vom VEB Optische Werke Jena daher ein Keilvorsatzgerät entwickelt, das auf die Objektivfassungen gesteckt wird (siehe Bild 4.24 links). Die Abbildungsstrahlen des Nahbereichs erfahren durch die zwei flachen Glaskeile eine gewisse Bildverschiebung und verhindern eine Divergenz der Abbildung im Nahbereich mit unbedeutender Beeinflussung der Belichtung.

Bild 4.24 Nahvorsatzlinse und Diabetrachter Belcaskop

Nach Vorstellung der Kamera folgen nun einige Aufnahmen, erstellt mit der Belplasca. Filmmaterial ist hauptsächlich ein Umkehrfilm AGFA CT 18 Precisa für die Diabetrachtung mit dem Belcaskop (siehe Bild 4.24 rechts) und die Projektion.

Wie bereits in vorangegangenen Abbildungen erfolgte die Druckaufbereitung der Dias für die Auflichtbetrachtung mit dem Stereoskop durch Digitalisierung und Bildmontage mit der Software StereoPhoto Maker (SPM). Die Halbbilder von 24 × 30 mm sind mit dem Canon 9000F Mark II bei einer Auflösung von 2400 dpi digitalisiert. Mit StereoPhoto Maker wurden die Scans als Anaglyphen montiert, das Bild im Verhältnis 30/24 annähernd formatfüllend beschnitten und sodann als Side-by-Side-Format gespeichert. Die Bilder wurden in das Format 52 × 42 mm umgewandelt und auf die äußere Bildbreite 130 × 60 mm montiert. Die Bildpaare sind somit kompatibel zum Raumbild-Verlag-Stereobetrachter. Doch ich möchte Kapitel 5 (Hybride Stereobild-Bearbeitung) nicht vorgreifen und belasse es bei dieser kurzen Anmerkung.

Bild 4.25 zeigt eine Ruine in Bad Doberan. Es erhält den verstärkten Tiefeneindruck durch die Hinweis- und Verkehrsschilder im Vordergrund, die mit dem Motiv eigentlich nichts zu tun haben. Die Lok „Molly" in Bild 4.26 stand schon ein wenig unter Dampf, daher war die Synchronauslösung unerlässlich. Das Farbbild lebt vom Kontrast der roten Markierungen an der schwarzen Lokomotive. Im Schwarzweißbild und auch in der Anaglyphendarstellung müsste auf diesen Kontrast verzichtet werden. Anders sind die Verhältnisse in Bild 4.27. Gerade bei alten Gebäuden und Ruinen haben Graustufenbilder ihren Reiz. Auch im Anaglyphenbild kommt die Räumlichkeit des Motivs gut zur Geltung.

4.2 Fotografie mit der Stereokleinbildkamera

Bild 4.25 Eine Ruine in Bad Doberan: Stereobild mit Vordergrund-Beigaben

Bild 4.26 Die Lok „Molly" aus Bad Doberan – noch nicht voll unter Dampf

Bild 4.27 Mauerwerk in Bad Doberan

Die Aufnahme in Bild 4.28 wurde auf ADOX Scala 160 belichtet und im Umkehrverfahren als Schwarzweißdiapositiv entwickelt. Trotz der problematischen Lichtverhältnisse konnte die Bronzestatue des Ehrenmals in Berlin Schönholz noch mit hinreichenden Kontrasten abgebildet werden.

Bild 4.28 Russisches Ehrenmal in Berlin Schönholz (Film: ADOX Scala)

Das letzte Bildbeispiel, das mit der Belplasca aufgenommen wurde, ist ein Motiv aus dem Nahbereich, das mit der Vorsatzlinse aufgenommen wurde. Die Skulptur „Vater & Sohn" befindet sich vor der Seebrücke in Kühlungsborn (Bild 4.29). Bei besten Lichtverhältnissen ist mit kurzer Belichtungszeit aus Nahdistanz ein Foto mit brillanten Farben und hoher Schärfe entstanden – genau richtig als Dia für die Durchlichtbetrachtung.

Bild 4.29 Die Skulptur „Vater & Sohn" in Kühlungsborn: Nahaufnahme mit Vorsatzlinse

Für Einsteiger

Wer den Zugang zur analogen Stereofotografie sucht, der wird mit einer Belplasca keine Enttäuschung erleben. Die Bildbetrachtung des Diamaterials mit dem Belcaskop liefert ohne großen Aufwand das 3D-Erlebnis.

Eine zusammenfassende Beurteilung der Belplasca kommt zu dem Ergebnis, dass die Kamera hinsichtlich Qualität und Präzision eine herausragende Stellung unter den 35-mm-Stereosucherkameras einnimmt. Optik und Mechanik sind vom Feinsten. Vergleichbar ist noch die Verascope F40, die jedoch seltener auf Auktionen angeboten wird. Der Vorteil einer Belplasca gegenüber den amerikanischen Kameras liegt nicht nur im größeren Halbbildformat. Für Freunde der analogen Fotografie ist dieser Klassiker auch mit einem Alter von etwa 60 Jahren noch für die alltägliche Stereofotografie einsetzbar. Wer den Erwerb einer Belplasca-Kamera in Erwägung zieht, hat derzeit bei Auktionen mit Anschaffungskosten von etwa 400 € für Kamera und Nahvorsatz zu kalkulieren. Wie bei allen Gebrauchtgeräten ist auf saubere Optiken, einen klaren Sucher sowie leichtgängige Fokussierung und Blendeneinstellung zu achten. Lichteinfall ist bei der Belplasca nicht das Problem. Für Reparaturen findet man noch hier und da eine Werkstatt.[3]

4.2.3 FED Stereo

Aus sowjetischer Produktion stammt die FED Stereo, ein als Gebrauchsmodell der analogen 3D-Fotografie einzuordnendes Modell. Als Alternative zur Belplasca erreicht die FED nicht ganz deren Qualitätsmerkmale, ist aber als wesentlich jüngere Entwicklung und aufgrund der preisgünstigen Verfügbarkeit auf Internetauktionsplattformen für Liebhaber der analogen Fotografie durchaus ein attraktiver Kandidat.

Die FED-Arbeitskommune in Charkow/Ukraine wurde 1927 gegründet und war zunächst eine Ausbildungsstätte für Waisenkinder. Benannt ist die Kommune nach Felix Edmundowitsch Dzerschinzky, dem Gründer des sowjetischen Geheimdienstes Tscheka. Ab 1932 stellte die Fabrik in hoher Stückzahl Leica-Kopien, die sogenannten Fedkas, her. Auf der Internetseite *www.fedka.com* sind weitere detaillierte Informationen über den Anfang der russischen Kameraindustrie zu finden.

Zwischen 1989 bis 1996 wurden die 35-mm-Stereokameras FED Stereo, FED Stereo M und FED B-O-Y Stereo gefertigt. FED Stereo ist das Basismodell. Das Modell FED Stereo M zeigt eine metrische Skala für die Fokussierung und Blendenhebel bis 11. Für die Stromversorgung benötigt die Kamera SR-44-Knopfzellen, die für das Basismodell nicht geeig-

---

[3] Werkstatt in Berlin mit Reparaturangebot für Dresdener Kameras: *https://www.kameraservice-ostkreuz.de*

net sind. Im Vergleich zum Modell M ist die B-O-Y durch Kooperation eines Importeurs mit höheren Qualitätsstandards gefertigt.

Im folgenden Praxistest wird eine FED Stereo M mit der Seriennummer 94 44 49 erprobt. Die Kamera ist ein Programmautomat über alle Blenden (2,8 bis 11) und Zeiten (1/30 bis 1/650 s). Bei Unterbelichtung ist der Auslöser geblockt. Im Langzeitbelichtungsmodus B wird mit Blende 2,8 aufgenommen. Über alle Blenden wird bei fester Belichtungszeit von 1/30 s aufgenommen. Im Automodus kommt eine Kombination von Blende und Zeit zum Einsatz. Die Entfernungseinstellung erfolgt manuell. In Bild 4.30 ist der externe BLIK-Entfernungsmesser mit Schnittbildeinstellung und Ablesung am Rändelrad aufgesetzt. Auf den Gebrauch der Gegenlichtblenden sollten Sie nicht verzichten.

Bild 4.30 FED Stereo M mit Gegenlichtblenden und aufgesetztem Entfernungsmesser

Die Objektive sind Industar-81 38 mm f 2,8, das entspricht einem Kleinbildäquivalent von 45-mm-Brennweite. Bei einer Entfernungseinstellung von 6,5 m und Blende 11 ist der stereoskopische Bereich von etwa 3 m bis unendlich scharf abgebildet. Im Leuchtrahmensucher sind die Bildausschnitte für Nahaufnahmen ab 1 bis 2 m und Normalaufnahmen gekennzeichnet. Sollte eine Korrektur der Belichtungswerte notwendig sein, dann können Sie durch vom Aufnahmematerial abweichende ISO-Einstellungen (16–800 mit zwölf Zwischenstufen) justieren.

Bild 4.31 Einstellungen der FED Stereo: Blende 5,6 1/30 s (links), Programmautomatik (mittig), Blendenskala bei Blende 11 von 2,5 m bis unendlich

Der Hebel für den Filmtransport hat bei der FED Stereo zwei Positionen: die Ruheposition und die Betriebsposition, welche vom Kamerakörper absteht. Zwischen zwei Halbbildern eines Bildpaares liegt stets ein Halbbild des benachbarten Bildpaares (siehe Bild 4.32). Daher erfolgt immer ein Wechsel zwischen kurzer Schaltung (Transporthebel einmal bedienen) und langer Schaltung (Transporthebel dreimal bedienen). Der Filmtransport bewirkt auch das Spannen des Verschlusses. Der geblockte Auslöser verhindert Überbelichtungen und Fehlschaltungen. Bei der Filmeinlage ist es praktisch, den Film am Anfang einzuknicken und unter die Klemme zu schieben. Nach 21 Aufnahmen kann der Film bei gelöstem Transportmechanismus zurückgespult werden.

Bild 4.32 Filmstreifen der FED Stereo mit Markierung des linken Halbbildes

Sofern eine alte Kamera Probleme im Betrieb macht, handelt es sich meist um die nicht korrekt ablaufenden Zeiten, den Lichteinfall oder den Filmtransport. Bei der FED Stereo M ist der Filmtransport mit dem AGFA CT 18 gestört. Nicht immer konnte der gesamte Film bis zum Ende belichtet werden. Bei einem Ilford FP4 traten diese Probleme nicht auf. Der Effekt muss aber nicht bei allen Exemplaren vorkommen. Einmal mit der FED Stereo zu fotografieren kann zu einer längeren Verbindung führen. Den passenden Projektor für die Polfilterprojektion mit dem Label Etude gibt es gelegentlich noch im Internet zu erwerben.

Bild 4.33 Baumschnitt – ein Bild aus meiner FED-Stereo-Galerie

■ 4.3 Stereokameras für den 120er Rollfilm

Viele ambitionierte Fotografen sind davon überzeugt, dass eine analoge Kamera mindestens beim Mittelformat beginnen muss. Diskussionen gab es über die Formate 6 × 6 cm und 6 × 4,5 cm, über das quadratische Seitenformat oder 4 : 3. Große Namen der Kameraindustrie, wie Rollei, Hasselblad und Mamiya, konkurrierten miteinander. Denkt man an die Optiken (80 mm entsprechen dem 50-mm-Normalobjektiv der Kleinbildfotografie), dann wird man sich schnell vergegenwärtigen, dass die Preissegmente von Kamera und Zubehör im Profibereich liegen. Zeiss fertigte ein 40-mm-Weitwinkel höchster Qualität. Als Alternative kam ein 50er in Betracht. Echte Stereokameras im Mittelformat waren rar. Ein Plastikexemplar aus der Richtung Lomography ist die Holga, die aber eher zum Experimentieren gedacht ist. Im Folgenden wollen wir zwei außergewöhnliche Kameras näher betrachten: die italienische Duplex 120 Super und die weit verbreitete Sputnik russischer Bauart.

4.3.1 Duplex Super 120

Eine Besonderheit im Angebot der Stereokameras stellt die Duplex Super 120 von ISO Industria Scientifica Ottica S. R. L., Milano dar, die ab 1955 gebaut wurde (siehe Bild 4.34). Bis in die 1970er Jahre wurden etwa 10 000 Stück der Duplex verkauft. Der 120er Rollfilm läuft in dieser Kamera nicht von links nach rechts, sondern von oben nach unten. Dadurch ergibt sich ein Bildformat für das Halbbild von 24 × 24 mm. Da der Film natürlich nicht perforiert ist, entstehen gewisse Besonderheiten bei der Bildmontage für die Diaprojektion.

Die 35-mm-Objektive mit kontinuierlich verstellbaren Blenden von 3,5 bis 22 haben einen Basisabstand von 30 mm. Verschlusszeiten bewegen sich zwischen 1/10 bis 1/200 s und Langzeitbelichtung. Die kürzeste Entfernungseinstellung beträgt 1 m. Aufgrund des nur 30 mm kurzen Objektivabstandes ist die Duplex besonders für den Nahbereich geeignet.

Bild 4.34 Die italienische Schönheit Duplex Super 120

Die Kamera hat auch einen Umstellhebel für Einzelaufnahmen, der die Doppelfunktionssperre aufhebt. Ein 120er Rollfilm kann etwa 45 Bildpaare aufnehmen. Als Zusatzgeräte wurden Nahvorsatzlinsen, Bildbetrachter und ein Schneidegerät angeboten.

Wer sich einmal mit dieser Kamera beschäftigt hat, wird von der Handhabung und technischen Schönheit fasziniert sein. Auch wenn das quadratische Bildformat von 24 mm nicht gerade dem Filmformat angepasst ist, so kommt es doch der hybriden Verarbeitung beim Digitalisieren entgegen, da die Bildpaare immer unmittelbar nebeneinanderliegen (siehe Bild 4.35). In zwei Fenstern auf der Rückseite der Kamera werden die Bildnummern des Rollfilms angezeigt. Jede Filmnummer muss erst in das untere und danach in das obere Fenster transportiert werden.

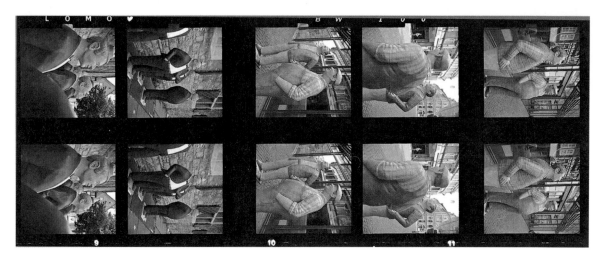

Bild 4.35 Filmstreifen der Duplex Super (Halbbildformat 24 × 24 mm)

Christel Lechners[4] Alltagsmenschen, 2017 in der Innenstadt von Braunschweig ausgestellt, gaben das richtige Stereomotiv für die Aufnahmen mit der Duplex Super 120 ab (siehe Bild 4.36 und Bild 4.37). Es macht einfach Spaß, diese Kamera vor dem Auge zu haben. Mit dem Film Lomography Earl Grey B&W 100 ISO 120 bin ich auf die übergroßen Betonmenschen losgegangen. Der Film erzeugt einen feinkörnigen Retroeindruck mit weichen Abstufungen.

Die Bedeutung eines staubfreien Scans kann man sehr deutlich an einem Anaglyphenbild feststellen. Jedes Staubkörnchen blinkt hier auf, wie bei einem Sternenhimmel. Bereinigen Sie vor der Montage in jedem Fall zuerst die Bildstörungen.

---

[4] Webseite der Künstlerin: *http://www.christel-lechner.de*

Bild 4.36 Christel Lechners Alltagsmenschen (mit der Duplex Super 120 fotografiert)

Bild 4.37 Christel Lechners Alltagsmenschen – ein Berliner Ehepaar (mit der Duplex Super 120 fotografiert)

4.3.2 Stereokamera Sputnik

Eine echte Stereomittelformatkamera ist die Sputnik (siehe Bild 4.38). Gefertigt wurde sie ab etwa 1955 von GOMZ in Leningrad auf Basis der Lubitel, die als Nachbau der Voigtländer Brillant in verschiedenen Modellvarianten erschien. Beide Halbbilder eines Bildpaares werden im Format 6 × 6 cm von der Sputnik nebeneinander auf den Rollfilm gebracht. Mit einem 120er Film kann man sechs Bildpaare aufnehmen. An dieser Stelle werden die Hybrid-Verarbeiter natürlich hellhörig. Mit dem Mittelformat liegt die ideale Größe zum Digitalisieren vor. Trotz des Bakelit-Körpers kann man zu hinreichenden Ergebnissen kommen. Voraussetzung ist ein lichtdichtes Gehäuse. Um den Zustand zu erreichen, gibt es Hilfsmittel. Im Internet werden Schnittmusterbogen für Lichtabdeckungen und Anleitungen zu Modifikationen angeboten.[5]

Bild 4.38 Sputnik Mittelformatstereokamera (hergestellt in Leningrad)

Die 75-mm-Anastigmaten haben einen Basisabstand von 64 mm. Die kürzeste Fokusentfernung liegt bei 1,3 m. Kürzeste Verschlusszeit ist 1/125 s. Ein Selbstauslöser verzögert zwischen 7 und 12 Sekunden. Die Entfernungseinstellung der Objektive ist mit dem Sucher gekoppelt. Mit dem hellen Sucher lässt es sich gut arbeiten. Wie bei Mittelformatkameras üblich, hat die Stativaufnahme ein 3/8"-Gewinde.

---

[5] Sputnik-Hacks: *www.stereoscopy.com/cameras/hack-sputnik.html*

Anastigmat

Ein Anastigmat ist ein optisches Linsensystem, das den Astigmatismus (Fehler in der Bildschärfe) ausschließt. Das erste vierlinsige System wurde 1890 von Carl Zeiss entwickelt. Ein Tessar ist ebenfalls ein vierlinsiger Anastigmat.

Die Sputnik ist eine Kamera für Individualisten und Liebhaber der Analogfotografie. Bei Flickr (*www.flickr.com*) finden sich die Freunde dieser echten Stereogebrauchskamera zu Gruppen zusammen, z.B. die Gruppe „Sputnik Stereo Camera".[6] Auf der Auktionsplattform eBay werden ca. 150 € für ein funktionierendes Exemplar aufgerufen. Stereobetrachter für Positive und Kopierrahmen sind Zubehör. Mit dem Kopierrahmen werden Kontaktabzüge mit gleichzeitigem Tausch der Halbbilder hergestellt. Die Funktion eines Kopierrahmens wurde bereits detailliert in Abschnitt 2.4 erläutert. An dieser Stelle nehmen wir zur Illustration eine Kopie aus der Bedienungsanleitung zur Hand. Wohl dem, der eine hat – kann man doch auch die Modalitäten der Filmeinlage lernen, die dem Mittelformatfotografen allerdings geläufig sein sollten. Man muss nur daran denken, beim Filmtransport immer zwei Bilder weiterzudrehen. Neben der Bedienungsanleitung ist in Bild 4.39 auch das Zertifikat mit Seriennummer und dem Fabrikationsjahr 1969 zu sehen.

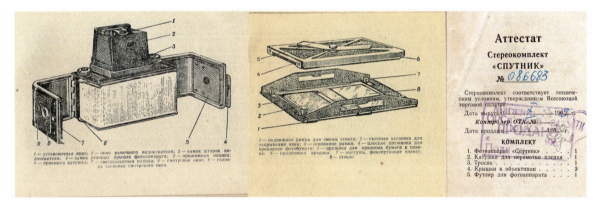

Bild 4.39 Sputnik-Bedienungsanleitung für Filmeinlage und Kopierrahmen (links und Mitte) sowie das Herstellerzertifikat von 1969 (rechts)

Haptik und Handhabung der Bakelit-Kamera verlangen geradezu nach Schwarzweißmaterial. Ich habe mich trotzdem dagegen entschieden und einen Rollei Chrome 200 eingelegt. Dieser Film liefert, im Umkehrprozess E-6 entwickelt, bei Tageslicht warme Farben. Der Film ist übers Internet bei Macodirect zu beziehen.[7] Wer mit der Sputnik unterwegs ist, kann sich der Aufmerksamkeit umstehender Passanten gewiss sein.

---

[6] Sputnik-Gruppe bei Flickr: *https://www.flickr.com/groups/sputnikstereo*
[7] Onlinehändler für analogen Fotobedarf: *https://www.macodirect.de*

Bild 4.40 Die Sputnik im Einsatz: das Mausoleum der Familie Wagenführ in Tangerhütte

4.4 3D-Fotografie mit Monokameras

Unter dem Begriff Monokamera ist eine Kamera mit nur einem Objektiv zu verstehen. Hat der Fotograf lediglich eine Monokamera im Einsatz, dann sind bei der stereoskopischen Aufnahme gewisse Einschränkungen zu akzeptieren. Das Motiv muss statisch sein. Störende, sich bewegende Bildelemente wie Verkehrsteilnehmer, vom Wind bewegte Vegetation, Wolken und sich verändernde Lichtverhältnisse können die Stereoaufnahme gänzlich unbrauchbar machen. Teilweise sind störende Faktoren bei hybrider oder digitaler Bildbearbeitung im Nachhinein noch zu korrigieren. Zunächst liegen die folgenden Betrachtungen aber auf der rein analogen Anfertigung eines Raumbildes. Bei extrem vergrößerter Aufnahmebasis ist die Monokamera auch Mittel zum Zweck. Reizvoll und herausfordernd sind besonders geeignete Kameras, Zusatzeinrichtungen und die sogenannten Gespanne. Halbformat, Kleinbild und Mittelformat kommen in die Auswahl. Lassen Sie uns in den folgenden Abschnitten einen Exkurs in die Welt der Exoten unternehmen ...

4.4.1 Halbbilder mit Standpunktwechsel

Bei der rein monoskopischen Aufnahme erfolgt ein Standpunktwechsel zwischen den Bildern. Damit ist auch eine zeitliche Differenz zwischen den Bildern zu akzeptieren. Die Ausrichtung der beiden Halbbilder sollte horizontal und streng parallel erfolgen. Üblicherweise geht man zunächst von einer normalen Basislänge von 65 mm aus. Eine Stereoschiene oder eine Stereowippe, unterstützt durch eine Kameralibelle, sorgt für die genaue Stereoanordnung der Aufnahme. Selbstverständlich benutzt man ein Stativ. Auch das manuelle Vorspulen des Films ist bei der Einhaltung der präzisen Aufnahmeanordnung hinderlich. Der automatische Filmtransport über Federmotor oder bei modernen Spiegelreflexkameras der batteriebetriebene Winder sind eine gute Unterstützung des Aufnahmevorgangs. Wir versuchen es mit der Messsucherkamera Leningrad mit Jupiter-8-Objektiv 50 mm f/2, einer Kiev 4 mit Jupiter-12-Objektiv 35 mm f/2,8 und der seinerzeit populären Halbformatkamera Ricoh Auto Half.

In den 1960er Jahren wurde in Leningrad von der Firma GOMZ (Staatliche optisch-mechanische Fabrik) eine Kleinbildkamera gefertigt, die 1958 bei der Brüsseler Weltausstellung mit dem Großen Preis ausgezeichnet wurde. Die Leningrad ist unter anderem mit einem Federmotor für den Filmtransport ausgestattet. Der Filmtransport erfolgt ohne Ritzel bei konstantem Vorspulen. Letzteres führt zu ungleichen Bildabständen bei fortschreitender Aufnahmeanzahl. Theoretisch können drei Bilder pro Sekunde ausgelöst werden. Das helle Sucherbild ist mit einem Schnittbildentfernungsmesser gekoppelt und zeigt die Bildausschnitte für die Brennweiten 50, 85 und 135 mm. Objektivaufnahme ist ein M39-Gewinde. Als Standardobjektiv ist ein Jupiter-8 50 mm f/2 vorgesehen. Zeiten des Tuchverschlusses laufen von 1 Sekunde bis 1/1000 s und offener Blende mit Selbstauslöser. Ein Belichtungsmesser ist nicht integriert. Mit ca. 800 g ist die Kamera kein Leichtgewicht. Das in Bild 4.41 gezeigte Exemplar mit der Seriennummer 626922 ist aus dem Jahre 1962. Insgesamt wurden von der Leningrad etwa 75 000 Einheiten gefertigt.

Bild 4.41 Leningrad (Baujahr 1962, mit Jupiter-8-Objektiv 50 mm f/2)

Für eine schwere Kamera sollte auch der Stereoschlitten recht robust ausgelegt sein. Pentacon lieferte seinerzeit einen Einstellschlitten, der für Nah- und Lupenaufnahmen zur Scharfeinstellung konzipiert war. Dieses Gerät eignet sich auch als Stereoschlitten mit stufenloser Basisverschiebung bis 70 mm (siehe Bild 4.42 links). Als Alternative zu den Stereoschienen bietet sich eine Stereowippe an. Die Firma Radex aus Los Angeles stellte die Wippe mit der Bezeichnung Stereo Parallel her. Durch einfaches Umklappen wird die Kamera in die Position des zweiten Halbbildes befördert. Der Basisabstand von 65 mm ist bei der Wippe fix. Rechts in Bild 4.42 sind die beiden Kamerapositionen illustriert (rechte Halbbildaufnahme halbtransparent, linkes Halbbild nach Umstellung der Wippe).

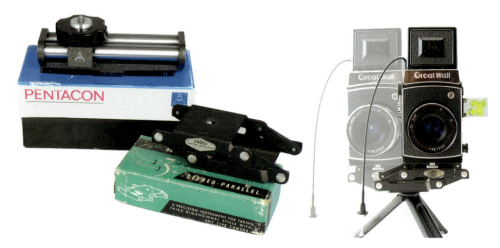

Bild 4.42 Einstellschlitten von Pentacon und Stereo Parallel von Radex

Rathenow, die Stadt der Optik, ist der adäquate Ort für den Einsatz der Leningrad. Johann Heinrich August Duncker (1767–1843) studierte als Pfarrerssohn Theologie und beschäftigte sich in Rathenow mit dem Bau von Mikroskopen, die er ab 1790 verkaufte. 1801 eröffnete er die späteren Rathenower Optischen Werke (ROW). Duncker gilt als Begründer der optischen Industrie in Deutschland und trug wesentlich zur Entwicklung der Stadt Rathenow als optischem Industriestandort bei. Die Stadt würdigt Duncker unter anderem mit dem am Dunckerplatz aufgestellten Denkmal. Aufgrund der Büste im Vordergrund, der umgebenden Pfeilerpalisade und der Wohnbebauung im Hintergrund stellt es auch ein ideales Motiv für die Stereofotografie dar. Bild 4.43 zeigt die Stereoaufnahme mit der Leningrad und die Basisverschiebung auf dem Pentacon-Stereoschlitten. Als Filmmaterial wurde ADOX Silvermax benutzt.

4.4 3D-Fotografie mit Monokameras

Bild 4.43 Duncker-Denkmal in Rathenow (Kamera: Leningrad, Film: ADOX Silvermax)

In Rathenow gehen wir noch ein paar Schritte weiter zu den „Schleusenspuckern". Die Skulptur wurde vom Bildhauer Volker-Michael Roth anlässlich der Bundesgartenschau 2015 geschaffen. Sie zeigt die in den 1920er Jahren auf Arbeit wartenden Tagelöhner, die sich mit Spucken die Zeit vertrieben. Der Raumeindruck der kleinen Abbildungen bleibt naturgemäß hinter dem des Großbildes auf Monitor oder als Projektion zurück. Der Silvermax mit seinem Detailkontrast und der hohen Schärfe scheint sich für die Bronzeskulptur gut zu eignen (siehe Bild 4.44).

Bild 4.44 Die „Schleusenspucker" an der Havel in Rathenow (Kamera: Leningrad, Film: ADOX Silvermax)

Neben den Kameranachbauten von Leica, Contax und anderen fertigte die russische optische Industrie Objektive mit guter Qualität. Auch heute noch adaptieren Fotofreaks M39-Objektive mit Namen wie Orion oder Jupiter an ihre digitalen Lieblinge. Für Bild 4.46 wurde eine Kiev 4 (Contax-Kopie) mit einem Jupiter-12-Objektiv 35 mm f/2,8 eingesetzt (siehe Bild 4.45). Sehr detaillierte Beschreibungen über die LTM-(Leica-Thread-Mount-)Objektive findet man auf der privaten Webseite von Guido Studer.[8] Bei Wechsel des Objektivs benötigt man einen dem Bildausschnitt angepassten Sucher. Der Universalsucher, ebenfalls ein Nachbau einer Zeiss-Entwicklung, zeigt ein aufrechtes Bild. Mittels Drehung

---

[8] Webseite über M39/LTM-Objektive: *http://www.g-st.ch/privat/kameras/zorkiobjektive.html*

an der Revolverscheibe sind Mikroskope für fünf unterschiedliche Brennweiten einstellbar (siehe Bild 4.45).

Bild 4.45 Kiev 4 mit Jupiter-12-Objektiv und Universalsucher

Bild 4.46 Altstadtrathaus in Braunschweig (Kamera: Kiev 4 mit Jupiter-12-Objektiv 35 mm f/2,8)

Großen Erfolg hatte Ricoh mit seiner Halbformatkamera Auto Half. In Bild 4.47 sehen Sie die Kamera auf der leichteren Version eines Stereoschlittens montiert. Diese Kamera arbeitet wie die Leningrad mit einem Federmotor zum Aufziehen. Die Ricoh Auto Half ist eine vollautomatische Kamera mit Fixfokus und Selenbelichtungsmesser. Die Bilder des Halbformats 24 × 18 mm sind von oben nach unten angeordnet. In der Produktionsphase von ca. 1965 bis 1985 gewann die Kamera aufgrund ihrer Einfachheit viele Freunde. Das Objektiv entspricht mit der Brennweite von 25 mm dem 50-mm-Objektiv einer Vollformatkamera. Für Halbformate sind Diarahmen mit den äußeren Standardabmessungen 5 × 5 cm von der Firma Gepe erhältlich.

Bild 4.47 Ricoh Auto Half auf einem leichten Stereoschlitten

Bereits an der kleinen Auswahl der vorangegangenen Fotografien können Sie erkennen, welchen umfangreichen Fundus an Kameras, Objektiven und Filmmaterial der „Digitalverweigerer" für seine Arbeit zur Verfügung hat. Auch mit der Monokamera kommt man zum 3D-Foto!

4.4.2 Strahlenteiler

Mit einem Stereovorsatz (auch Strahlenteiler genannt) werden die Restriktionen, die bei zwei Aufnahmen mit einer Kamera bestehen, gegen das halbierte Bildformat eingetauscht. Auf diese Weise sind auch dynamische Motive realisierbar. Das Sucherbild kann in einem speziellen Aufstecksucher überprüft werden. In Bild 4.1 ist die Messsucherkamera Kiev 4 der Fotowerke Ukraine mit aufgesetztem Strahlenteiler aus den 1960er Jahren zu sehen. Die Kamera ist weitestgehend ein Nachbau der Contax von Zeiss Ikon. Patentrecht und Musterschutz waren der russischen Kameraindustrie unbekannt. Die objektseitigen Strahlen werden an um 45 Grad gedrehten Spiegeln zweimal abgelenkt. Die Halbbilder müssen sich das Bildformat von 36 × 24 mm teilen. Das umgekehrte Spiegelprinzip findet man auch bei den Betrachtern des Halbformats vor (siehe Bild 4.49).

Das Halbformat eines Strahlenteilers bedeutet eine deutliche Einschränkung bei der Bildgestaltung. Die Bronzestatue der „Braunschweiger Venus" von Bildhauer Jürgen Weber vor den Torhäusern Am Wendentor zeigt die Eignung für Motive im Porträtformat (siehe Bild 4.48).

Bild 4.48 „Braunschweiger Venus": Halbformat mit Strahlenteiler (Kamera: Kiev 4, Film: ADOX Silvermax)

Für die etwas exotischen anmutenden Halbformate, Strahlenteiler und Nahlinsen gibt es entsprechende Betrachter (siehe Bild 4.49). Die Optik wird hier einfach wieder umgekehrt. Zur Betrachtung des Halbformats liefert Gepe spezielle Diarahmen. Die Umkehrung des Strahlenteilers ist aus dem Hause Asahi-Pentax. Der Strahlenverlauf in den Strahlenteilern der Hersteller ist immer leicht modifiziert, doch prinzipiell folgt er der Darstellung in Bild 4.49 links. Halbformate sind aber nur halbes 3D. Für mehr Stereo muss man auch mehr investieren. Gespanne sind in diesem Falle die Lösung.

Bild 4.49 Strahlengang im Strahlenteiler und Betrachtungseinrichtung für Halbformatdias

4.4.3 Synchron-Gespanne

Mit dem Begriff *Gespann* werden zwei baugleiche, auf einer Stereoschiene montierte Kameras bezeichnet. Industriell hergestellt, aber auch häufig als Eigenbauanfertigungen existieren Lösungen mit den unterschiedlichsten Kameratypen. Dabei hat man neben der erweiterten Basis immer auch die ideale Basis von 65 mm in Betracht gezogen. Nicht alle Kameras eignen sich für diese Anforderungen. Die Montage erfolgt in der Regel auf einer Blitzschiene im Landscape-Format oder mit zwei L-Schienen im Porträtformat. Im letzteren Fall nimmt man die Einschränkung des stereoskopischen Bereichs in Kauf und beschränkt sich horizontal auf das Halbformat. Insbesondere Z-Anordnungen bewirkten den verkürzten Objektivabstand. Mit einem sogenannten *Spiegel-Rig* kann man eine beliebig kleine Basis realisieren. Hier sind die Kameras im rechten Winkel zueinander angeordnet. Die Bildtrennung erfolgt über einen halbdurchlässigen Spiegel im Schnittpunkt der Objektivachsen. Diese Konstruktion ist heutzutage auch für digitale Kompaktkameras erhältlich. Weitere Varianten sind als unmittelbare Montage zweier baugleicher Kameras in einem modifizierten Gehäuse vorzufinden. Zu den Flaggschiffen der Gespanne zählten die Kameras der Firma RBT Raumbildtechnik, die seit etwa 1990 hochwertige Sucherkameras und Spiegelreflexsysteme zusammenbaute.

Zielstellung eines Gespanns ist der möglichst nah am Idealabstand von 65 mm liegende Objektivabstand und die Synchronauslösung ohne Zeitverzögerung. Bevor man elektrische Drahtauslöser, Infrarot oder Funkauslöser einsetzen konnte, war der mechanische Drahtauslöser die nächstliegende Lösung zur Auslösung des Kameraverschlusses. Mit einem Doppeldrahtauslöser, wie er von der Firma Alfred Gauthier aus Calmbach hergestellt wurde, konnten zwei Kamerafunktionen gleichzeitig aktiviert werden (siehe Bild 4.50). Das waren Blende und Verschluss oder zeitversetzt bzw. synchron zwei Verschlüsse. An einer Rändelschraube veränderte man die Länge der Drähte zueinander für die Synchronisation, während man mit dem Feststeller Langzeitbelichtungen durchführen konnte. Zum Kameraabstand sei noch vermerkt, dass für die erweiterte Basis von einigen Fotografen auch extrem lange Stereoschienen eingesetzt wurden. Notwendig war dann auch eine entsprechende Länge des Drahtauslösers.

Bild 4.50 Prontor-Doppeldrahtauslöser der Firma Alfred Gauthier

Ich stelle im Folgenden zwei meiner experimentellen analogen Gespanne vor – eines für das Mittelformat und das andere für das Kleinbild. Für das Mittelformat sind alle Kamerafabrikate mit Schachtsucher gut geeignet. Hier kommen zwei Lomo Lubitel zur Anwendung. In der Zeitungsannonce eines britischen Fotohändlers lautete der Werbeslogan für die Lubitel: „From the Land that built the Sputnik". Immerhin hat die Lubitel noch eine beachtliche Verbreitung unter den Analogen. Mit der Lubitel 166 B fertigten die Leningrader optisch-mechanischen Werke (L.O.M.O.) bis in die 1990er Jahre eine zweiäugige Spiegelreflexkamera (Twin Lens Reflex TLR) an, die eine Kopie der Voigtländer Brillant darstellte (siehe Bild 4.51).

Bild 4.51 Gespann zweier Lubitel 166 B auf einer leichten Blitzschiene

Vorgänger der Lubitel war das Modell Komsomolets (Junger Kommunist), das von 1949 bis 1956 mit einer Stückzahl von 25 000 gebaut wurde. Insgesamt beträgt die Anzahl aller gebauten Lubitel-Kameras bis 1993 etwa 4 Millionen. Mit der Lubitel 166+ brachte die Lomographische Gesellschaft Wien später noch ein Nachfolgemodell mit einem Ladenpreis von 299 € heraus (Stand: 2016).[9] Bei eBay ist eine funktionsfähige Lubitel für ca. 50 € zu haben.

Wenn Sie das Glück zweier funktionierender Lubitels haben, kann ein Gespann aus diesen Kameras durchaus ansprechende Bilder liefern. Dabei ist auch an besondere Filme, wie z. B. den Farbumkehrfilm Rollei CR 200 oder den Lomography XPro Slide 200 mit abgefahrenen Farben, zu denken. Im in Bild 4.52 gezeigten Beispiel der Tagebaumaschinen sind schon Qualitätsprobleme erkennbar. Trotz der Unschärfe im linken Halbbild wird der Ste-

---

[9] Lubitel bei der Lomographischen Gesellschaft: *https://microsites.lomography.com/lubitel166+/de/history*

reoeindruck nicht wesentlich beeinflusst. Die Lubitel bildet auch das Grundmodell für die Stereomittelformatkamera Sputnik, die bereits in Abschnitt 4.3.2 vorgestellt wurde.

Bild 4.52 Mit der Lubitel aufgenommenes Stereobildpaar, das Qualitätsmängel im linken Halbbild aufweist, die im Raumbild eventuell noch zu verkraften sind

Soll es ein Gespann im Kleinbildformat sein, dann kommen Modelle wie die Lomo LC-A oder die klassische Rollei 35 aufgrund ihrer kompakten Bauweise in die engere Auswahl. Bei Lomography ist eine Lomo LC-A für den Neupreis von 250 € erhältlich. Bei einem Gespann muss man dann schon Analogfan sein, denn selbst bei eBay muss man für eine gebrauchte Lomo LC-A noch etwa 100 € zahlen. Etwas umfangreicher im Vergleich zur Lomo ist das Angebot an gebrauchten Rollei 35. Mit der legendären Kleinbildkamera Rollei 35 kann die Basis im Landscape-Format bei etwa 100 mm beginnen. Hochkant erreicht man mindestens etwa 70 mm mit zwei L-Schienen.

Bild 4.53 Kleinbild-Gespann Rollei 35

Rollei stellte 1966 erstmals eine Kleinbildkamera vor. Die Rollei 35 galt zu der Zeit als kompakteste Kamera für den 35-mm-Film. Durch die hohe mechanische und optische Präzision wurde aus der Rollei 35 eine Erfolgsgeschichte. In den etwa 30 Produktionsjahren wurden mit Sondermodellen und Varianten etwa 2 Millionen Stück hergestellt. Die Metric-Varianten der Rollei 35 wurden in der photogrammetrischen Messtechnik eingesetzt und waren mit einer Fixierung des Objektivs und einer Reseau-Scheibe unmittelbar vor der Filmebene ausgestattet. So waren durch die Kalibrierung und die rechnerisch rekonstruierbare Filmplanlage Messungen im Bildraum mit hoher Genauigkeit durchführbar. Aus den Bilddaten wurden dann die 3D-Objektabmessungen hergeleitet. Das Objektiv der in Bild 4.53 dargestellten Rollei 35 ist ein 40 mm Tessar von Carl Zeiss. Die Kameras sind auf einer stabilen Eigenbauschiene montiert.

Nach der Vorstellung einiger analoger Systeme stellt sich die Frage, welche Kameraausrüstung für die Stereofotografie der digitalen Welt die Stirn bieten kann. Ganz bewusst kamen hier nur Geräte aus der Generation der Stereosucherkameras in Betracht. Hochwertige moderne Spiegelreflexsysteme waren bislang noch nicht in diesem Buch anzutreffen. Noch im Betrieb befindliche Kameras wird man auch für die Stereofotografie weiter nutzen können. Neuanschaffungen sind eher nicht mehr angesagt. Die Firma RBT hat sich 2011 von der Fertigung analoger Systeme verabschiedet.

Aus nostalgischen Gründen wird man also zu den hier vorgestellten Sucherkameras greifen – zweiäugig oder einäugig mit Stereoschiene. Gespanne stellen hingegen eine sehr sperrige Ausrüstung dar. Es ist also der Zeitpunkt gekommen, sich der digitalen Herausforderung zu stellen.

■ 4.5 Präsentation analoger Stereobildpaare

Grundsätzlich ist bei der Betrachtung von Stereobildpaaren zwischen Auflichtbetrachtung von Kontaktkopien bzw. Papierabzügen und Durchlichtbetrachtung von Diapositiv-Filmmaterial zu unterscheiden.

Die Auflichtbetrachtung erfolgt kleinformatig mit Stereoskopen und in Anaglyphentechnik auch für Großformate. Bei Diamaterial haben wir die 35-mm-Stereokameras mit dem äußeren Rahmenformat von 41 × 101 mm, Halbformate oder Vollbild und das Mittelformat mit 6 × 6 cm. Für alle Formate stehen einfache bis komfortable Durchlichtbetrachter und Projektoren zur Verfügung. Die Betrachtung eines Farbdia-Raummodells hat nach wie vor ihren Reiz und ist mit geringem Aufwand verbunden.

4.5.1 Diarahmung und Durchlichtbetrachtung

Die Auflicht- und Durchlichtbetrachtung eines Stereobildpaares unterscheidet sich lediglich durch das Trägermaterial und die Beleuchtung der Bildfläche im Stereoskop. Im Linsenstereoskop befindet sich die Bildfläche im Abstand der Brennweite zu den Linsen, die im Augenabstand zueinander angeordnet sind. Daher sind die Formate der Bildkarten auf 130 mm begrenzt. Mit Prismen- und Spiegelstereoskopen kann man die Bildformate vergrößern. So haben die Bildkarten früher Jahre für das Holmes-Stereoskop ein Format von 180 × 90 mm. Interessant beim Holmes-Stereoskop ist die Abschattung der Augen gegenüber Fremdlicht. Eine Einrichtung, die man auch 150 Jahre später bei den VR-Brillen übernommen hat. Was früher mit Illusion der Wirklichkeit bezeichnet wurde, ist heute die Immersion.

Das Umkopieren des Negativmaterials auf den Papierträger ist ein zusätzlicher Arbeitsgang. Sofern keine Mehrfachkopien anzufertigen sind, wird man sich bei der Betrachtung daher gern dem Originalmaterial zuwenden. In Kapitel 2 sind einige Abbildungen von Stereoskopen zu finden und auch der Kopiervorgang ist in Abschnitt 2.4 beschrieben. Für Diapositive im Vollformat, Kleinbild oder Mittelformat kann man einfache Diabetrachter zu einem Durchlichtstereoskop verbinden. Bei der Verwendung von Stereosucherkameras ist vor der Betrachtung die nicht immer ganz einfache Montage in den Diarahmen mit der äußeren Standardabmessung 101 × 41 mm vorzunehmen. Jeder Fotofreund weiß, wie sorgfältig er mit seinen Dias umzugehen hat (keine Fingerabdrücke, kein Staub usw.). Bei Stereodias kommt noch die korrekte Montage hinzu.

Bild 4.54 Zubehör für die Stereoskopie – das ist echt retro!

Die inneren Abmessungen der Rahmen sind für die amerikanischen und europäischen Formate erhältlich. Die Breite variiert von 23 bis 32 mm. Gut bewährt haben sich die RBT-Rahmen, in die man eine kleine Führungsschiene für die horizontale und vertikale Justierung einlegen kann (siehe Bild 4.55). Zur Aufbewahrung der Rahmen gab es auch die passenden Kästchen (natürlich aus Holz). Rathenow Optische Werke stellte Handstereoskope und Diarahmen mit kleinem Handgriff her. In Bild 4.54 ist der Diabetrachter Diavist aus den 1940er Jahren zu sehen. Zwei dieser Exemplare bilden ein einfaches Stereoskop für das Kleinbildvollformat. Echt retro sind die Zubehörteile in Bild 4.54.

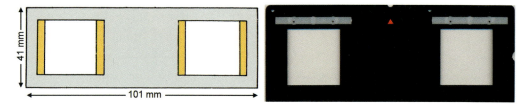

Bild 4.55 Äußere Abmessungen von Stereodiarahmen und Flächenvergleich zwischen amerikanischem und europäischem Format (rechts: RBT-Diarahmen mit Justierschiene)

Auch etliche Handdiabetrachter waren auf dem Markt. Ein Klassiker unter den Diabetrachtern ist der Realist Stereoscopic Viewer. Der rote Punkt war sein Markenzeichen. Mit batteriebetriebener Rückbeleuchtung, Fokussierung und verstellbaren Augenabstand bringt das Gerät mit den qualitativ hochwertigen Linsen ein echtes Stereoerlebnis zu seinem Benutzer (siehe Bild 4.56).

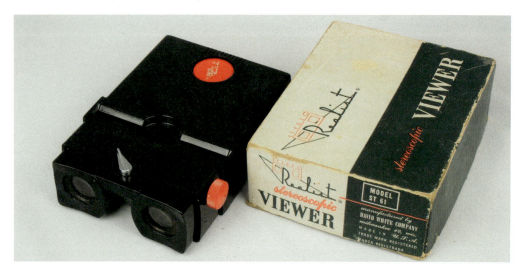

Bild 4.56 Der Diabetrachter Realist Stereoscopic Viewer mit der typischen Verpackung im Corporate Design

4.5.2 Projektion von Stereodias

Nehmen die Halbbilder eines Stereobildpaares die gleiche Fläche ein, dann sind die Bildpaare durch Filterung zu trennen. Licht kann in seiner Ausbreitung in vorgegebene Ebenen geleitet werden. Bei linear polarisiertem Licht wird durch Filter die Ausbreitung horizontal und vertikal ausgelenkt. Das von der Leinwand reflektierte Licht muss die Polarisation erhalten. Erforderlich ist daher eine metallische Projektionsfläche. Im Hobbybereich ist auch Silberfolie oder Autofarbe anwendbar. Die Polfilter sind um 90 Grad versetzt, bei der V-Stellung 45/135 Grad gegen die horizontale Ebene. Trägt der Beobachter die entsprechenden Polfilterbrillen, wird jeweils nur die eine Richtung des Lichts durchgelassen (siehe Bild 4.57). Hat man Mittelformat- oder Kleinbildkameras bei der Aufnahme benutzt, so ist mit zwei Projektoren und Filtervorsätzen die Bildvorführung vorzunehmen. In Kapitel 8 wird ein derartiges Tandem mit Datenprojektoren vorgestellt. Spezielle Twin-Projektoren für die Stereobetrachtung wurden noch bis Anfang der 2000er Jahre bei Rollei in Braunschweig hergestellt. Will man die Dias der Stereosucherkameras projizieren, dann wird es noch nostalgischer.

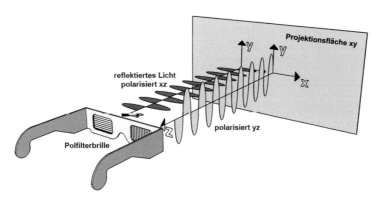

Bild 4.57 Prinzip der linearen Polarisation

Der Stereoprojektor Belplascus V, hergestellt ab 1957 von VEB Kamera und Kinowerke Dresden, ist zur Projektion von Aufnahmen der Belplasca-Kamera vorgesehen, die in genormten Belca-Diarähmchen von 41 × 101 mm gefasst sind (siehe Bild 4.58). Der Belplascus ist als Heimprojektor für eine Projektionsentfernung von 2,50 m bei einer Bildgröße von etwa 1,00 × 0,80 m verwendbar. Das Beleuchtungssystem besteht aus zwei Lampen (100 W/200 V), deren Licht durch fest eingebaute Polarisationsfilter (V-Stellung) in seiner Schwingung gerichtet wird. Die Betrachtungsbrille muss dabei die gleiche Filterstellung haben. Die beiden Auxanar-Objektive mit der Lichtstärke 1 : 3,5 und der Brennweite 80 mm sind in ihrem Abstand so justiert, dass die Rahmen der beiden Teilbilder bei der vorgesehenen Projektionsentfernung von 2,50 m übereinanderfallen. Die Scharfeinstellung erfolgt von Hand, der Diawechsel nach dem Fallschachtprinzip, wobei eine federnde Blende im Fallschacht für gleiches Andrücken nach vorn sorgt. Mit einem Rändelknopf unterhalb des Objektivpaares können Höhendifferenzen ausgeglichen werden. Der Belplascus besitzt keinen eigenen Lüfter zur Kühlung.

Bild 4.58 Stereoprojektor für 41 × 101 mm-Rahmen (Belplascus V)

Schon wesentlich moderner zeigt sich der Etude-Projektor aus der Ukraine für die Vorführung der FED-Aufnahmen (siehe Bild 4.59). Er ist ebenfalls mit einer 80-mm-Brennweite ausgestattet, aber mit eigenem Lüfter. Dieser Projektor sowjetischer Bauart kam erst 1988 auf den Markt. Auf den Internetauktionsplattformen sind teilweise noch Neugeräte zu ersteigern. Sucht man einen amerikanischen Projektor dieses Formats, dann fallen bei Versand aus Übersee hohe Transportkosten an. Alles in allem wird der Sammler gern Kamera und Projektor des gleichen Herstellers vorhalten. Der Nostalgiker freut sich an der Nutzung des historischen Materials. Aus fotografischer Sicht ist eine Shutter-Technik mit 3D-Beamer überlegenswert und zeitgerechter.

Bild 4.59 Stereoprojektor Etude von FED

Literatur

Andrae, Monika/Marquardt, Chris: Absolut analog. dpunkt Verlag, Heidelberg 2015
Gruber, Gretchen Jane: The Biography of William B. Gruber. Mill City Press, Minneapolis 2014
Morgan, Williard D./Lester, Henry M.: Stereo Realist Manual. Morgan & Lester Publishing, New York 1954
Pietsch, Werner: Stereofotografie. Fotokinoverlag, Halle 1958

5 Hybride Stereobild-Bearbeitung

Warum sollte man Stereobilder eigentlich noch auf analoge Weise anfertigen? Ist es nur fotografische Nostalgie oder die Liebe zu den optisch-mechanischen Schätzen des vergangenen Jahrhunderts? Nein, das ist nicht der alleinige Grund. Mit den zweiäugigen analogen Stereokleinbildkameras ist man weiterhin in der komfortablen Lage, dynamische Szenen mit guter fotografischer Qualität auf den Umkehrfilm zu bannen. Hinsichtlich der Objektivausstattung besteht leider keine Wahlmöglichkeit, da bei der Stereosucherkamera fast immer nur Festbrennweiten vorhanden sind, einmal abgesehen von den Vorsatzlinsen für den Nahbereich. Und dann gibt es ja noch die Klassiker: Spiegelreflexkameras mit hochwertiger Optik und das Mittelformat. Hinsichtlich der Objektive lagern wahre Schätze in den Regalen der engagierten Fotografen. Diese will man ungern aus dem Verkehr ziehen. Man sollte auch bedenken, dass ein Stereobild nicht das alleinige Ergebnis der Aufnahme ist. Bereits das Halbbild hat seinen Wert. Das zweite Halbbild und das Raumbild sind natürlich willkommene Zugaben.

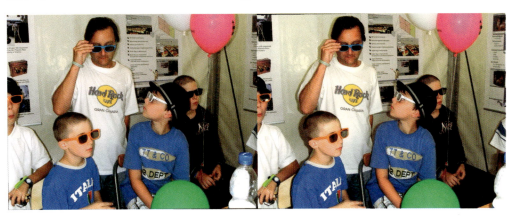

Bild 5.1 Junge Besucher auf der Wissenschaftsausstellung „Geniale": 3D geht immer!

Im digitalen Zeitalter gibt es viele Menschen, die die Fotografie neu entdecken. Der geeignete Weg dazu ist der analoge. Wenn nun der hybride Weg, sprich analoges Fotografieren und digitales Auswerten, beschritten wird, dann gelangt man im ersten Schritt zur Auflichtbetrachtung mit dem immer noch aktuellen Anaglyphenverfahren und den Nebeneinanderformaten für Stereoskope. Weiter geht es mit dem Komfort der digitalen Bildbearbeitung und den erweiterten technischen Möglichkeiten der Raumbildbetrachtung am Computermonitor, zu denen z. B. die Bildtrennung durch Filter oder der zeitliche Bildwechsel gehören. Großbildbetrachtung mit Datenprojektion über den Beamer und Internetpräsentation sind ebenfalls geeignete Medien. In Kapitel 4 wird für die rein analoge Stereofotografie die Durchlichtbetrachtung von Diapositiven mit dem Stereoskop favorisiert. Aufgrund der Digitalisierung kommt in diesem Kapitel auch die Auflichtbetrachtung der verschiedenen Printformate mit ins Spiel.

Mit der digitalen Bildmontage können Abweichungen von der idealen Aufnahmesituation korrigiert werden. Entzerrung, Resampling und Verzeichnungskorrektur sind analog kaum durchführbar. Denken wir an die einfache Anaglyphentechnik mit Rot-Cyan-Brillen, sind Farbanaglyphen, wenn auch bei eingeschränktem Farbraum, mit geringem Aufwand zu produzieren. Der Bildschirmausschnitt kann über das Megapixelbild wandern, es kann gezoomt werden, und die Parallaxe bzw. Tiefe des Objekts zum Scheinfenster ist in Echtzeit manipulierbar. Letztlich ist aber auch für die Druckmedien hinreichend Auflösung vorhanden. Bei 300 dpi Druckauflösung kann ein 4000×3000 Pixel großes Bitmap im Format DIN A4 mit guter Qualität zu Papier gebracht werden. Diese Auflösung holen wir mit dem Scanner aus den Negativen heraus.

■ 5.1 Auf Polyester gebannt

In den Anfängen der Fotografie wurden für das nasse Kollodiumverfahren (von etwa 1850 an) und für das darauffolgende Trockenverfahren (von etwa 1880–1925) Glasplatten als Emulsionsträger genutzt. Glasplatten wurden später durch das bruchfeste und leichtere Zelluloid ersetzt, das aufgrund seiner Gefahreneigenschaften wiederum von Polyester abgelöst wurde. Daher kennen wir heute den Begriff Sicherheitsfilm. Die nicht gerollten Filme wurden in Planfilmkassetten z. B. für die Formate 18×24 cm oder 13×18 cm verwendet. In der Stereofotografie hatten sich die Standardformate 13×10 cm und 45×107 mm etabliert. Zunächst wurden Glasplatten als Träger verwendet, dann folgten auch hier die Planfilme, die in Einzelkassetten und in Filmmagazinen erhältlich waren. Planfilm hat heute in der Großformatfotografie und im Labor durchaus noch seine Bedeutung.

5.1.1 Filmformate

Filmmaterial wird mit verschiedenen Typbezeichnungen, die auf Festlegungen von Kodak-Fabrikaten zurückgehen, konfektioniert als:

- Planfilm
- Rollfilm
- Kleinbildfilm
- Pocketfilm
- APS-Film

Die Bezeichnung Rollfilm wurde zur Unterscheidung vom Planfilm geprägt. Rollfilm wird auf einer Spule aufgerollt. Nach der Belichtung wird der Film von der Vorratsspule auf die Leerspule übertragen. Diese wird bei Filmende entnommen. Die verbliebene ursprüngliche Vorratsspule wird als Leerspule in der Kamera weiterverwendet. Die Spulen haben nicht immer das gleiche Format. 120er und 220er unterscheiden sich durch die Filmlänge von 12 oder 24 Aufnahmen bei einer einheitlichen Filmbreite von 61,5 mm. Rollfilm ist auf dem Deckpapier mit Beschriftungen versehen, die Bildnummer und der Filmtransport können so in einem Kamerafenster beobachtet werden.

Das 620er Format, das 1932 von Kodak auf den Markt gebracht wurde, unterscheidet sich von den Filmabmessungen her nicht vom 120er, benötigt aber kleinere Spulen. Daher ist bei alten Mittelformatkameras Obacht geboten. Mit einer Breite von 46 mm stellt der 127er Rollfilm eine Besonderheit dar, wird aber heute wieder für die noch vielfach genutzten Kameras Rollei Baby, Yashica und historische Apparate wie Purma angeboten.

Der 120er Rollfilm ist nach wie vor das gängige Medium der analogen Fotografie (siehe Bild 5.2 rechts). Mittelformatkameras von Hasselblad, Rollei und anderen großen Namen oder auch die Großformate für Landschaft und Panorama können immer noch mit den digitalen Knipsen asiatischer Herkunft konkurrieren.

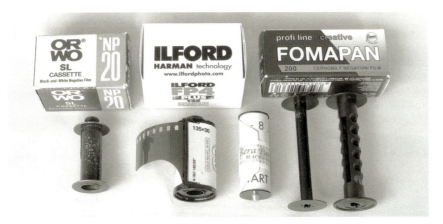

Bild 5.2 Konfektionierung von Schwarzweißfilm (von links nach rechts): SL-Kassette, 35 mm, Kleinbild, 127er und 120er Rollfilm

Das wohl populärste Filmformat ist der Mitte der 1930er Jahre entwickelte 135er Film. Mit einer Breite von 35 mm wird er in Patronen mit 12, 24 und 36 Aufnahmen konfektioniert, ist aber auch als Meterware zu bekommen. Kleinbildfilm ist in vielen Typen von Falschfarben bis zum Farbumkehrfilm erhältlich, wird heute noch produziert und auch beim Drogeriemarkt um die Ecke zur Entwicklung angenommen. Liebhaber der klassischen Fotografie mit analogen Sucherkameras, Rangefinder-Kameras und Spiegelreflexsystemen werden immer noch beliefert. Auch die zweiäugigen Stereokameras ab den 1950er Jahren sind alle für das Format 35 mm konzipiert. Selbst View-Master nutzt 135er Umkehrfilme für die Scheiben mit den Miniformaten. Für die 3D-Fotografie gilt also weiterhin: Daumen hoch für das Kleinbild!

Zwei bedeutende Unterschiede zum Rollfilm zeichnen den Kleinbildfilm aus. An den Filmrändern befindet sich eine Transportstanzung für den Filmtransport, und aufgrund der lichtdichten Patrone benötigt der Film kein Deckpapier. Nach der Belichtung wird der Film auf eine Leerspule aufgerollt und vor der Filmentnahme wieder in die Patrone zurückgespult. Die Transportlöcher haben den Vorteil eines konstanten Filmvorschubs und sind für die Bildformate der zweiäugigen Stereokameras von außerordentlicher Bedeutung.

Der Pocketfilm (Typ 110) mit einer Filmbreite von 13 mm wurde von Kodak als Kassettenfilm 1963 mit dem System Instamatic vorgestellt. Doch bereits vor dem Ersten Weltkrieg gab es schon die Minox-Minikassetten. Etwa um 1992 stellten die Hersteller Kodak und Fuji die Produktion von Pocket-Kassettenfilm ein. Die Firma Lomography vertreibt seit 2012 noch diverse Pocketfilme für ihre Diana-Baby-Kameras. Bei Internetauktionen kann man zahlreiche Kompaktkameras für das 110er Format der verschiedenen Hersteller finden. Pentax Auto 110 war ein Komplettsystem mit Wechselobjektiven, das sich deutlich von den Kompakten unterschied. Man könnte also mit dem 110er Format noch 3D-Fotografie betreiben, aber tun Sie es sich besser nicht an.

Das APS-Format (Advanced Photo System) wurde 1996 von den großen Kamera- und Filmherstellern eingeführt. Kurz vor Beginn der digitalen Ära konnte es sich aber nicht mehr durchsetzen. Kameras und Patronen der Filmbreite 24 mm sind noch erhältlich, die Produktionen sind aber eingestellt. Für die Verwendung von APS in der 3D-Fotografie gilt die gleiche Empfehlung wie für den Pocketfilm: Besser nicht!

5.1.2 Filmtypen und Entwicklung

Schwarzweißfilm war bis in die 1970er Jahre das gängige Aufnahmematerial für Profis und Amateure. Lichtempfindliches Salz (Silberhalogenoide), in Gelatine aufgelöst, ist auf eine Trägerschicht aufgebracht. In der Regel besteht der Filmaufbau aus drei Schichten: dem Schichtträger, der lichtempfindlichen Schicht selbst (Emulsion) und einer Schutzschicht zur Vermeidung von Überstrahlungen. Durch die Belichtung entsteht ein latentes Bild, das über eine Entwicklerchemie dauerhaft sichtbar gemacht wird. Mit einem Stoppbad wird der Entwicklungsprozess abgebrochen, und am Ende ist das Fixierbad für die dauerhafte Lichtunempfindlichkeit des Films zuständig. Im sogenannten Monobad wird mit einem Fixierentwickler gearbeitet, der die drei Entwicklungsschritte vereint. Im Negativ sind helle Bereiche des Objekts dunkel, während dunkle Bereiche hell erscheinen.

Über einen Umkehrprozess kann aus dem Negativ ein Diapositiv erstellt werden, sofern die Trägerschicht voll transparente Eigenschaften aufweist. Positivabzüge des Negativs entstehen durch einen Kopierprozess. Zwei interessante Filme sind von ADOX wieder auf den Markt gekommen: der Silvermax und der Scala. Mit dem Silvermax bekommt man aufgrund des hohen Kontrastumfangs tiefe Schatten und feine Lichter ins Bild. Aufgrund des feinen Korns zeigt der Film einen hohen Schärfegrad. Der ursprünglich von Agfa entwickelte Scala-Film wird von ADOX ebenfalls neu aufgelegt. Der Film zeigt gleichfalls eine hohe Schärfe und einen breiten Kontrastumfang. Beide Filme sind für die Umkehrentwicklung geeignet. Bild 4.39 und Bild 4.40 wurden auf Silvermax aufgenommen.

Der Farbnegativfilm oder nur Negativfilm zeigt nach der Entwicklung das Motiv in seinen Komplementärfarben. Der Umkehrprozess führt zu farbigen Kontaktabzügen oder Vergrößerungen. Der Aufbau eines Farbnegativfilms unterscheidet sich vom Schwarzweißfilm durch eine Mehrschichtemulsion, die im C-41 Entwicklungsprozess dauerhaft lichtunempfindlich wird. Die Kreativen unter den Analogfotografen nutzen auch gerne die nicht mehr im Handel erhältlichen, abgelaufenen Farbfilme. Derzeit finden auch besondere Editionen viele Freunde. Da gibt es beispielsweise Texturfilme von Revolog, die Muster auf dem Negativ erzeugen. Auch Filme, die mit Farbverfälschungen antreten, liegen im Trend. Es gibt also nicht nur Produktionseinstellungen. Noch dazu kann man ja auch mit den Entwicklungen experimentieren, etwa statt des Negativprozesses die Umkehrentwicklung als Cross-Entwicklung einsetzen.

Zeigt ein Film nach der Entwicklung die natürlichen Farben oder Grauwerte, dann bezeichnet man dieses Produkt als Umkehrfilm oder Dia- bzw. Diapositivfilm. Für Farbfilme wird der E-6-Entwicklungsprozess eingesetzt (siehe Bild 5.3). Schwarzweißdiafilme gibt es eigentlich nicht. Ist die Trägerschicht eines Schwarzweißfilms voll transparent, so kann im Umkehrprozess auch ein Schwarzweißdia entstehen.

Bild 5.3 Filmtypen nach der Entwicklung: Schwarzweiß, Farbfilm Prozess C-41, Umkehrfilm Prozess E-6

Eine vollständige Verdrängung des analogen Films ist der Digitalfotografie trotz der umfangreichen Produktionseinstellungen nicht gelungen. Zu vielfältig sind die Wünsche nach Kreativität und die Nostalgie im Umgang mit den betagten Kameraklassikern. Besonders der Schwarzweißfilm scheint zu überleben. Vertriebsfirmen wie Fotoimpex[1] in Berlin oder Macodirect[2] in Hamburg sind mit einem breiten Angebot auf dem Markt. Neben der umfangreichen Palette an Schwarzweißfilmen und Planfilmen sind auch wieder 127er Rollfilme im Angebot.

Bei Farbe ist der Diafilm die geeignete Wahl. Das Angebot ist aber nicht mehr so breit gefächert. Einziger Hersteller scheint derzeit Fuji zu sein. In Japan wird auch der AGFA CT Precisa hergestellt. Die anderen Fabrikate Fujifilm Provia oder Fuji Velvia sind noch in den Drogeriemärkten, dem Fachhandel oder bei Internetversandhäusern erhältlich. Kodak, der gelbe Riese, hat sich mit den Farbumkehrfilmen aus dem Markt verabschiedet. Auch aus Ungarn (Efke) und Kroatien (Nova) kommt kein Film mehr. Perspektiven bietet die neue Firma Film Ferrania, die 2015 mit einem Kickstarter-Projekt angetreten ist. Die ersten Filme sollen schon ausgeliefert sein. Kodak hat 2017 eine Neuauflage des Ektachrome angekündigt. Der Film wird von Eastman Kodak Company in Rochester N. Y. hergestellt. Kodak Alaris, GB, beabsichtigt ebenfalls die Herausgabe eines neuen Diafilms. Beim 120er Rollfilm kann zwischen dem Rollei Chrome CR 200, Fujichrome Provia, Velvia und Lomography X-Pro Slide gewählt werden. Der Kodak Ektachrome 100 ist noch als abgelaufenes Produkt verfügbar. Die Zukunft scheint also gesichert. Entwickelt wird in den Großlaboren (CEWE, Orwo, Rossmann und andere) im Entwicklungsprozess E-6.

---

[1] Analoger Fotobedarf: *https://www.fotoimpex.de*
[2] Alles für die analoge Fotografie: *https://www.macodirect.de*

Agfa und Orwo – zwei große Namen der fotochemischen Industrie

1850 wurde die Jordan'sche Fabrik in Berlin gegründet, in der 1863 die Produktion von Anilinfarben aufgenommen wurde. 1867 entstand in Berlin-Rummelsburg die Gesellschaft für Anilinfabrikate. Beide Unternehmen vereinigten sich 1873 zur Aktiengesellschaft für Anilinfabrikation. Agfa wurde zum Warenzeichen. In der fotografischen Abteilung wurde Rodinal hergestellt, ein Entwickler, der heute noch im Handel ist. Aus produktionstechnischen Gründen wurde die Filmfabrikation 1909 nach Wolfen verlegt. Die Hochkonjunktur gegen Ende des Ersten Weltkrieges führte zum Zusammenschluss der Firmen Agfa, BASF, Bayer, Hoechst und anderer zur IG-Farben. 1935 kam der in Wolfen entwickelte Farbfilm Agfacolor auf den Markt. Am Ende des Zweiten Weltkrieges hatten die Amerikaner Zugriff auf Ressourcen und das technischen Wissen der Filmfabrik. Nach dem Besatzungswechsel ging die Filmfabrik als Reparationsleistung an die UdSSR. Die Filmfabrik Wolfen fungierte als sowjetische Aktiengesellschaft. Agfa begann mit der Produktion in Leverkusen. 1954 wurden die SAG-Betriebe der DDR übergeben. Das Filmwerk ging in das VVB Chemiefaser und Fotochemie über und wurde 1967 zum VEB Filmfabrik. Zwischen Agfa-Leverkusen und der VEB Filmfabrik wurde vertraglich der beiderseitige Gebrauch des Agfa-Warenzeichens geregelt. Das Wolfener Werk konnte davon nicht profitieren und machte ORWO original Wolfen zum eigenen Markenzeichen. 1994 wurde das Werk Wolfen nach dem Versuch der Privatisierung liquidiert. Die Agfa Photo GmbH in Leverkusen stellte 2005, nach Ansätzen mit der Digitalfotografie, den Insolvenzantrag. Zwei große Namen der Fotoindustrie existieren seitdem nicht mehr. Agfa Umkehrfilme werden noch in Japan hergestellt. In Wolfen erinnert das Industrie- und Filmmuseum noch an die großen Zeiten.[3] Meine Empfehlung: Unbedingt besuchen!

---

[3] Siehe *https://de.wikipedia.org/wiki/Filmfabrik_Wolfen* sowie *Schmelzer, Janis/Stein, Eberhard*: Geschichte der VEB Filmfabrik Wolfen. Verlag Tribüne, Berlin 1969

Bild 5.4 Was noch geblieben ist: Industrie- und Filmmuseum Wolfen (Analogaufnahme mit Kiev 4)

Die Gemeinde der Analogfotografen ist groß genug. Sie brauchen den häuslichen Gefrierschrank nicht mit Fotomaterial bis ans Ende ihrer Tage aufzufüllen. Für den 3D-Fotografen ist das Schwarzweißangebot allemal ausreichend und zukunftsweisend. Auch wenn Sie nicht selbst entwickeln, Dienstleister und Fachlabore für Spezialaufgaben findet man hinreichend. Zu nennen wäre hier das Labor Photo Studio 13 in Leinfelden Echterdingen. Auch Foto Fehling in der Bergmannstraße in Berlin ist eine gute Laboradresse. Das Entwickeln von Schwarzweißfilmen kann jedoch auch für den Heimanwender interessant sein und wird durch die Lab-Box von Ars-Imago noch einmal ein stückweit attraktiver.

Für die Filmentwicklung ist ein eigenes Heimlabor entbehrlich. Was Sie benötigen, sind eine Entwicklungsdose, ein Messbecher, ein Thermometer, einige Utensilien und Fotochemikalien. Der belichtete Film muss in kompletter Dunkelheit in eine Spirale eingeführt und in die Entwicklungsdose eingelegt werden. Wenn Sie mit einem Testfilm etwas geübt haben, können Sie das in einem Wechselsack oder dunklen Raum auch ohne Fotolabor bewerkstelligen. Den Entwicklungsvorgang können Sie bei Tageslicht ausführen, da die Entwicklungsdose lichtdicht abschließt. Der Schwarzweißfilm kommt zuerst in ein Entwicklerbad, es folgt ein Stoppbad, die Fixierung und Wässerung nach vorgeschriebenen Zeiten. Zuletzt baden Sie den Film noch in einem Netzmittel. Die Chemikalien werden über den lichtdichten Deckel eingefüllt und nach Gebrauch so auch ausgekippt. Bei der Aufhängung zur Trocknung des Films auf einer Leine mit speziellen Filmklammern sollten Sie auf eine möglichst staubfreie Umgebung achten.

Es gibt eine große Auswahl an unterschiedlichen Entwicklern für die diversen Schwarzweißfilme. In den einschlägigen Fotogeschäften werden komplette Startersets mit Utensilien und Chemie angeboten. Entwickler mit Namen wie Atomal, Rodinal oder Ilfotec sind dem Kenner geläufig. Die alternative Szene arbeitet mit Kaffee, Waschsoda und Vitamin C. Für Farbnegativfilme nehmen Sie den C-41-Entwicklersatz. Anleitungen zur Entwicklung von Farbfilm finden Sie bei YouTube, wenn es denn sein soll. Die Umkehrentwicklung von Diafilmen sollten Sie dagegen den Fachlabors überlassen.

Von Ars-Imago wurde in einem Kickstarter-Projekt die sogenannte Lab-Box für die komplette Filmentwicklung bei Tageslicht konzipiert. Man benötigt auch für die Einlage der Filme keine Dunkelheit (siehe Bild 5.5). Die Box ist für Rollfilme 120 und Kleinbildfilme 135 geeignet. Das äußerst erfolgreiche Projekt wird im Frühjahr 2018 erste Exemplare der Box ausliefern. Im Angebot von Ars-Imago ist auch ein Monobad-Entwickler, mit dem die Prozesse Entwickeln, Stoppbad und Fixieren in einer Chemie zusammengefasst sind. Dies wird den Entwicklungsvorgang noch komfortabler machen.

Bild 5.5 Tageslichtentwicklung: Lab-Box von Ars-Imago

Nach ausgiebiger Trocknung geht es sodann zum Scanner. Die Anfertigung von Kontaktabzügen und Papierabzügen (Vergrößerungen) nehmen wir digital vor. Die Dunkelkammer im Badezimmer ist damit passé.

5.2 Digitalisierung von Filmen

Das Angebot an Dia- bzw. Filmscannern für das 35-mm-Kleinbildformat ist noch recht umfangreich. Die schwarzen Türmchen sollte man aber nach Qualitätsgründen kritisch beurteilen. Mit der geringen Auswahl an Mittelformatscannern steigt deren Preis. Plustec Optic Film 120 wird für ca. 2000 € angeboten. Für größere Formate kommen im professionellen Bereich Trommelscanner zum Einsatz. Dem Semiprofi steht nur ein begrenztes Angebot zur Verfügung. Da hier neben dem 35-mm-Kleinbildformat auch das Mittelformat bedient werden soll, sind die Flachbettscanner mit Durchlichteinheit in der engeren Auswahl. Neben dem hochpreisigen Fabrikat von Epson kann man noch auf den Hersteller Canon ausweichen.

5.2.1 Vom Bild zum Pixel mit dem Flachbettscanner

Versuchen wir es also mit einer Budgetlösung, dem CanonScan 9000 F Mark II, einem A4-Flachbettscanner mit einer Durchlichteinheit für Kleinbild-und Mittelformat. Neben der Firmware können Sie mit der Software VueScan oder Silverfast aufrüsten.

Die Scanauflösung des Canon 900 F wird mit maximal 9600 × 9600 dpi für Durchlichtvorlagen angegeben. Der Bereich für den Durchlichtscan umfasst eine Fläche von 6 × 22 cm. Die lineare Genauigkeit in x- und y-Richtung, getestet mit einer Glasgitterplatte, kann als stabil bezeichnet werden. Gute Scanergebnisse lassen sich bereits mit der firmeneigenen Software erzielen, sofern man bei Filmmaterial die hohe Scanqualität einschaltet. Da keine Massenproduktion beabsichtigt ist, bleiben die Scanzeiten im angemessenen Bereich.

Baumwollhandschuhe und ein kleiner Blasebalg sind unerlässlich für den Betrieb eines Scanners. Neben der Sauberkeit ist die Planlage des Films ein technisches Problem. Die mitgelieferten Halterungen sind manchmal etwas umständlich zu bestücken. Das Nassverfahren, bei dem die Scannerfläche mit einem Gel eingestrichen und das Bild aufgepresst wird, erscheint ziemlich umständlich. Mit einer 3 mm dicken Glasscheibe konnten gute Erfahrungen hinsichtlich Fixierung und Planlage der Scanvorlage gemacht werden. Den Rand meiner Glasscheibe habe ich mit Samtfolie abgeklebt und die Fläche somit auf Filmbreite reduziert. Hinsichtlich der Scanauflösung sollte man eine praktikable Auflösung wählen. Ein Kleinbild, mit 2400 dpi digitalisiert, bringt es bereits auf eine Bildgröße von 3400 × 2268 Pixeln. Für den Druck reicht das für eine Papiergröße von DIN A4, und für den Bildschirm ist es auch schon etwa vierfach Full HD. Steigen Sie also nicht sofort bei 9600 dpi ein. Bei besonderer Berücksichtigung der Farbechtheit scannt man eine Farbtafel mit. Die automatische Belichtung kommt zu guten Ergebnissen, sofern der Scanbereich genau mit der Vorlage übereinstimmt. Nutzen Sie daher die Zoomeinstellung in der Software, und platzieren Sie das Auswahlrechteck möglichst genau (siehe Bild 5.6). Ein zu großer Bereich auf dem schwarzen Bildrand verfälscht sonst das Messergebnis.

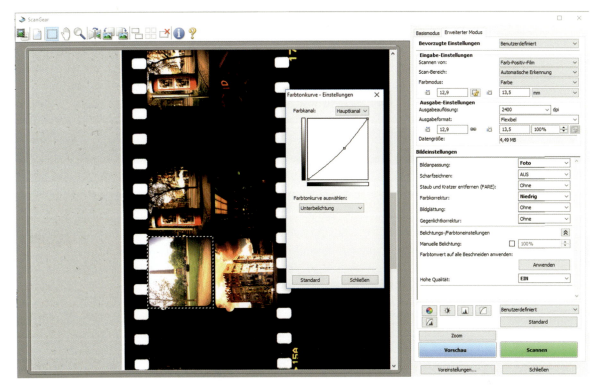

Bild 5.6 Benutzeroberfläche der Canon-ScanGear-Software: maximaler Bildzoom und Farbkorrektureinstellungen

5.2.2 Abfotografieren des Filmmaterials

Anstatt das Filmmaterial zur Digitalisierung über den Flachbettscanner zu schicken, bietet sich auch eine Kameralösung an. Fotofreunde, die ihre Diasammlung auf die CD bringen wollen, greifen mit der digitalen Spiegelreflex und einem Vorsatz, dem Diaduplikator, zum einfachen Hilfsmittel. Sie sind aber auch erfinderisch, wenn es um die Automatisierung geht. Der Diaprojektor wird zur Transportmaschine und zum Lichtgeber umgebaut. Beim Abfotografieren hat man das Formatproblem. Die Kleinbilddias liegen mit dem Formatverhältnis 3 : 2 vor, das quadratische Mittelformat hat ein Seitenverhältnis von 1 : 1. Das Format der Digitalkamera von 4 : 3 muss die Fläche aufnehmen und bringt daher nicht die volle Auflösung.

Mit Reproständer oder Stativ und Hintergrundbeleuchtung kommt eine weitere Lösung zur Anwendung. Brauchen wir eigentlich noch die Spiegelreflex? Unsere Smartphone-Kamera hat eine Auflösung von 5120 × 3480 Pixeln und eine extrem kurze Fokusdistanz von nur wenigen Zentimetern. Dazu ist das Smartphone leicht und benötigt kein schweres Stativ zur Halterung. Ein Kleinbild geht dabei mit einer Auflösung von ca. 3200 dpi ins Rennen. Das ist besser als die Abschätzung in Abschnitt 5.2.1 mit dem Flachbettscanner.

Was wird außer dem Smartphone noch benötigt? Ein kleines Tischstativ, eine Handy-Stativhalterung, ein LED-Lightpad, die bereits angesprochene Glasscheibe mit Randabdeckung und ggf. noch ein schwarzer Karton zur Maskierung der Bildvorlage sind notwendig (siehe Bild 5.7). Das Lightpad mit der kalt beleuchteten Fläche von 10 × 12 cm ist hinreichend. Die parallele Ausrichtung zwischen Bildvorlage und Kamera können Sie mit einer Libelle herstellen oder durch Anpassen einer Millimeterpapiervorlage ausrichten. Aufgrund der beabsichtigten Verwendung für Stereobilder brauchen wir hier Genauigkeit. Zur horizontalen Bildausrichtung wird natürlich das Lightpad unter der festen Kamera verschoben. Auch in der Höhe können Sie das kleine Lightpad durch Unterleger verschieben. Ein Klemmstativ, am Tisch befestigt, gibt ausreichende Stabilität. Unser Scanergebnis kann rechnerisch jedoch noch verfeinert werden. In Abschnitt 5.3.2 werden Sie noch der Bildentzerrung (Homography) und in Kapitel 6 der Verzeichnungskorrektur begegnen. Welche Kameraeinstellungen sind zu empfehlen? Zunächst einmal ist eine geringe ISO-Empfindlichkeit hilfreich, dann ein Einstellen des Timers auf 2 Sekunden Auslöseverzögerung und schließlich die Wahl der Funktion *High Dynamic Range* (HDR).

Bild 5.7 Digitalisieren mit der Kamera des Smartphones: Absolute Präzision bei der Ausrichtung ist nicht notwendig. Abweichungen werden rechnerisch korrigiert.

5.3 Bildverbesserung und Umbildung

Ein gescanntes Bild wird nicht immer sofort allen Anforderungen genügen. Der Benutzer wird Einfluss auf die Farbwerte (radiometrische Korrektur) und die Bildgeometrie nehmen. Scanprogramme und Bildbearbeitungsprogramme haben teilweise ein unterschiedliches Repertoire an Bearbeitungsfunktionen, und der Benutzer hat gewisse Vorlieben für seine Applikation. Eine schrittweise Anleitung für die Handhabung der Benutzeroberflächen ist daher kaum anzugeben. Die Unterschiede in der Vorgehensweise sind aber nur marginal.

5.3.1 Radiometrische Bildverbesserung

Das digital gespeicherte Bild wird bei der Bildschirmbearbeitung üblicherweise mit seinen RGB-Werten abgespeichert. Das RGB-Farbmodell ist ein additives Modell. Werden alle Grundfarben übereinander dargestellt, ergeben sie auf dem dunklen Bildschirm Weiß. Eine anderes Modell ist der HSV-Farbraum. H steht für den Farbwert (engl. *Hue*), einen Winkel auf dem Farbkreis. S steht für die Farbsättigung (engl. *Saturation*), also wie blass oder kräftig sich eine Farbe darstellt. Die Werte reichen von 0 bis 1. Das V steht für den Helligkeitswert (engl. *Value*), einen Wert von 0 bis 100 %. Die Werte der Farbräume sind mit einfachen Formeln wechselseitig gegeneinander umzurechnen.

Schauen wir auf ein Bild, das mit der Software IrfanView verbessert werden soll. Das Histogramm gibt Auskunft über die internen Daten und den Helligkeitsverlauf. Auf der x-Achse befindet sich der Index bzw. Wert einer Farbe und auf der y-Achse die Häufigkeit seines Auftretens. Sofern sich am unteren oder oberen Ende Ausschläge zeigen, liegen über- bzw. unterbelichtete Bereiche vor (siehe Bild 5.8).

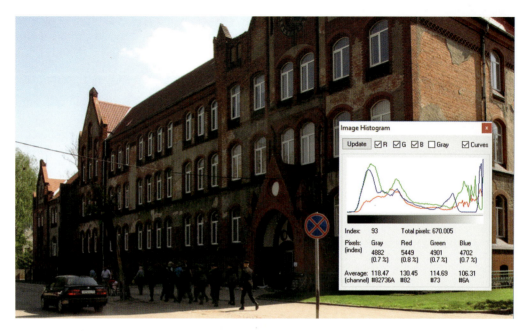

Bild 5.8 IrfanView – Histogrammkurven für RGB

Bewegen Sie im Histogramm die Maus entlang der *x*-Achse, werden die Häufigkeiten der Farbwerte angezeigt. Für die Manipulation des Bildes rufen Sie die Funktion IMAGE > COLOR CORRECTIONS auf. Der obere Schieberegler auf der linken Seite ist mit *Brightness* bezeichnet, das Helligkeitsempfinden wird durch die Farbwerte beeinflusst. Sie können für das gesamte Bild den Regler bedienen oder die einzelnen Farbkanäle verändern. Auf der rechten Seite des Panels befinden sich die Regler für den Kontrast und die Sättigung. Der Kontrast beschreibt den Intensitätsunterschied zwischen den hellsten (Lichter) und den dunkelsten Elementen (Tiefen) eines Bildes. Man spricht auch vom Dynamikumfang. Nach links bewegt, haben wir eine graue Fläche, nach rechts bewegt, verschwinden Bildinformationen.

Was bewirkt nun eine Gamma-Korrektur? In der Bildbearbeitung wird eine Gamma-Korrektur benutzt, um zu helle Bildteile abzudunkeln und zu dunkle Bildbereiche aufzuhellen. Der Gamma-Wert ist das Verhältnis zwischen den Farbwerten einer gespeicherten Grafik und den Farbwerten, die ein Ausgabegerät wiedergibt. Ideal wäre 1 : 1, also linear. Die Korrektur erfolgt auf zwei Ebenen, auf der Hardwareebene und der Grafikebene. Auf der Hardwareebene wird bewirkt, dass die Darstellung dem menschlichen Empfinden angepasst ist. Bei Eingriff in die Grafik hellt ein Wert > 1 die mittleren Töne auf. Bei einem Wert < 1 werden diese abgedunkelt. Insgesamt lassen sich mit der Gamma-Korrektur bessere Ergebnisse erzielen als mit Einstellen der Helligkeit. In unserem Beispiel in Bild 5.9 treten die marschierenden Soldaten etwas aus dem Schatten, der Himmel bleibt aber ziemlich unverändert.

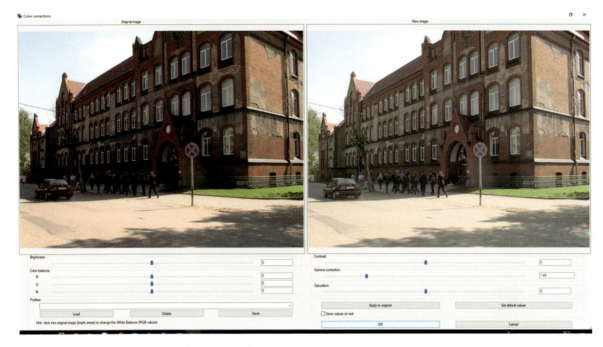

Bild 5.9 Bildverbesserung mit der Gamma-Korrektur

5.3.2 Geometrische Umbildung

Abweichungen von der idealen Kamerahaltung gegenüber einer Ebene sind die Drehungen der Kameraachse: Neigung, Richtung und Kantung. Der Pilot nennt es Roll, Nick und Gier bzw. im Englischen *roll*, *pitch* und *yaw*. Roll entspricht der Drehung um die Längsachse des Flugzeugs, Nicken ist die Neigung um die Querachse und Gieren beschreibt die Bewegung um die Vertikalachse. Diese Rotationen machen sich bemerkbar, indem bei Architekturaufnahmen parallele Linien als stürzende Linien erscheinen oder Rechtecke sich als unregelmäßige Vierecke abbilden. Wir haben es mit perspektivischen Verzerrungen zu tun.

Andere Ursachen haben die optischen Abbildungsfehler: Objektivverzeichnung, sphärische Aberration und Vignettierung. Die sphärische Aberration bewirkt einen Versatz der Farbkanäle, während die Vignettierung einen Helligkeitsabfall zu den Bildrändern hin nach sich zieht. Beide Fehlereinflüsse sind hier eher von untergeordneter Bedeutung. Letzterer wird manchmal sogar als bildgestaltender Effekt nachträglich überhöht den Bildern angefügt.

Die Objektivverzeichnung äußert sich besonders bei Weitwinkelaufnahmen in einer tonnenförmigen Verzeichnung des Originalbildes, bei Objektiven mit langer Brennweite eher in einer kissenförmigen Verzeichnung. Die Objektivverzeichnung kann bedeutende Größenordnungen annehmen. Unterbleibt eine Korrektur dieses Einflusses, erscheint eine ebene Fläche im Stereobild gekrümmt. Gerade Linien an den Bildrändern fallen als gebogen auf. Den Fehlereinflüssen wird in professionellen Programmen Rechnung getragen. In modernen digitalen Kameras sind Korrekturfaktoren bereits in der Firmware vorgesehen. Auch online existieren Tools zur Bildverbesserung mit entsprechenden Kameraprofilen.

Objektivverzeichnungen haben radialsymmetrische Eigenschaften, das heißt, im Mittelpunkt eines Bildes ist die Verzeichnung null und wird mit Abstand zum Mittelpunkt größer. Korrigiert man die Werte, dann ist die Korrektur immer auf das gesamte Bild zu beziehen, das heißt, der Bildmittelpunkt muss bekannt sein.

Die Korrektur oben genannter Einflüsse wird häufig in Softwarekomponenten zusammengefasst. Schon länger bekannt ist die Freeware ShiftN, außerdem hat das Bildbearbeitungstool Zoner Photo Studio die Funktionen integriert und auch für Photoshop existieren Plug-ins. Neuere Programme sind auch für Fisheye-Korrekturen geeignet. Zu letzteren gehören DxO View Point 3, PTLens oder auch das Fisheye-Hemi-Plug-in für Photoshop, um nur einige zu nennen. Hinzu kommt die selbstgebaute Lösung mit OpenCV und Python.

> **Python 2.7 und Notepad++**
>
> Zur Ausführung von Python-Skripts benötigen Sie eine Installation des Interpreters und der Bibliotheken. Das Komplettpaket in der Version 2.7.10 erhalten Sie unter *https://python-xy.github.io/downloads.html*.
>
> Download und Installation erfolgen mit wenigen Mausklicks. Eine Entwicklungsumgebung brauchen Sie nicht, doch der Notepad++-Editor von *https://notepad-plus-plus.org* bietet sich für die Bearbeitung von Quellcode an.

Gehen wir einmal davon aus, dass die Digitalisierung eines Stereobildes mit Scanner oder Kamera zwei Halbbilder lieferte, an denen noch Drehung und Skalierung vorzunehmen sind. Das Bild lag etwas schief auf dem Scanner oder die Lage zur Kamera war nicht parallel ausgerichtet. Man spricht auch vom Ist-Zustand vor der Korrektur. Die Soll-Figur (hier ein Rechteck) bekommen Sie aus den Abmessungen bzw. dem Verhältnis der Bildränder. Die Vermessung der Kamera (in meinem Fall Duplex Super 120) ergibt die Abmessungen von 23,0 mm × 24,8 mm für beide Halbbilder. Somit haben wir eine Referenz für die im Scan zu digitalisierenden Eckpunkte und können die Bilder rechnerisch korrigieren. Das Ergebnis ist ein korrekt ausgerichtetes Bildpaar mit identischer Skalierung. Das Stereobild kann fehlerfrei montiert werden.

Wenn Sie die Berechnung mit eigenen Bildern nachvollziehen wollen, müssen Sie das ZIP-Archiv[4] installieren. Einen Auszug des Programmcodes zeigt Listing 5.1. Modifizieren Sie die Definition der Variablen `source` und `target` sowie den Pfad zu Ihren Bildern. Passen Sie `dx` und `dy` dem Bildformat der benutzten Kamera an. Das Zielsystem der Transformation ist mit `pts2` bezeichnet, die gemessenen Daten (das Soll-System) haben die Bezeichnung `pts1`. Über den Aufruf `getPerspectiveTransform()` wird die Transforma-

---

[4] ZIP-Archiv zum Download: *http://3D.imagefact.de/support/pythonScripts.zip*

tionsmatrix geliefert und mit `warpPerspective()` wird das Bild umgerechnet. Starten Sie projektiv.py und schließen Sie nach Programmende das Grafikfenster für einen Neulauf (siehe Bild 5.10).

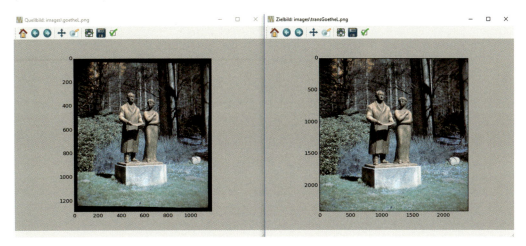

Bild 5.10 Projektive Transformation eines digitalisierten Halbbildes

Naturgemäß werden die Bildecken auf dem Film unscharf abgebildet. Man kann das Programm ergänzen, indem man jeweils zwei Punkte auf den Bildrändern scannt und die Schnittpunkte berechnet. Wir begnügen uns aber mit der Schätzung des Eckpunktes.

Listing 5.1 Python-Skript `projektiv.py`

```
import cv2, numpy as np, matplotlib.pyplot as plt, time
source = 'images\\goehteL.png'      # Quellbild deklarieren
target = 'images\\transGoetheL.png' # Zielbild deklarieren
img = cv2.imread (source)
# Referenzpunkte des Bildformats
dx = 2176 # meine Duplex 23,0 x 24,8mm
dy = 2344 # 2400 dpi
pts2 = np.float32([[0,0],[dx,0],[dx, dy],[0,dy]])
print '4 Punkte klicken: Oben links, Uhrzeigersinn Ist-Werte'
plt.imshow (img)
x = plt.ginput(4) # Eingabe der Punkte im Scan
plt.close()
time.sleep(1)
x1,y1 = x[0]; x2,y2 = x[1]
x3,y3 = x[2];x4,y4 = x[3]
pts1 = np.float32([[x1,y1],[x2,y2 ],[x3,y3 ],[x4,y4 ]])
M    = cv2.getPerspectiveTransform(pts1,pts2)
dst  = cv2.warpPerspective(img,M,(dx,dy))
cv2.imwrite(target,dst)
# Befehle zur Bildschirmanzeige
plt.figure('Quellbild: ' +source)
plt.imshow(img)
plt.figure('Zielbild: ' +target)
cv2.imwrite(target,dst)
plt.imshow(dst)
plt.show()
```

Bild 5.11 Goethe und Ulrike von Levetzow am Marienbader Goethewanderweg (analoges, digitalisiertes Stereobild)

Das Verfahren der projektiven Transformation setzen wir auch für eine Umbildung des Bildinhaltes an. Allgemein spricht man von der Korrektur stürzender Linien. Vier Kontrollpunkte bzw. ein Rechteck oder paralleles Linienpaar werden als Referenz in den gängigen Programmen wie Zoner Photo Studio oder den Photoshop-Plug-ins benötigt. Von den zahlreich verfügbaren Lösungen ist das freie Photoshop-Plug-in Perspective Transformations eine einfach zu handhabende Lösung. Martin Vicanek bietet das Programm zum Download[5] auf seiner Website an. Im Bild sind zwei vertikale Linien oder das Abbild eines Vierecks zu markieren. Über vier Punkte, Endpunkte zweier Linien oder Eckpunkte des Rechtecks, werden die Koeffizienten der perspektiven Transformation bestimmt, die im Quellbild zu markieren sind, werden die Koeffizienten der perspektiven Transformation bestimmt, mit denen das in Photoshop geladene Quellbild in das Zielbild umgerechnet wird.

---

[5] Photoshop-Plug-in: *http://vicanek.de/imageprocessing/perspective.htm*

Bild 5.12 Photoshop-Plug-in Perspective Transformations

Im Hintergrund von Bild 5.12 ist die Photoshop-Oberfläche mit dem Originalbild zu erkennen. Im Vordergrund sehen Sie die Benutzeroberfläche des Plug-ins mit der Vorschau zur Entzerrung. Nach der Entzerrung liefert das Ergebnis zwar keine Korrektur der Perspektive, stellt jedoch die Kameraaufnahmerichtung orthogonal zur Entzerrungsebene. Objekte mit größeren Abständen zur Ebene werden jedoch verfälscht dargestellt. Wie Sie Bild 5.13 entnehmen können, ist das kreisförmige Relief trotz der geneigten Kameraachse im Stereobildpaar wieder ein Kreis und keine Ellipse. Die Mauerfugen sind wie in der natürlichen Ausrichtung horizontal bzw. senkrecht orientiert.

Bild 5.13 Perspektiv korrigiertes Relief

Eine Kombination von automatischer Erkennung paralleler Linien und Verzeichnungskorrektur wird mit dem Software-Werkzeug ShiftN[6] durchgeführt. Die Software von Marcus Hebel ist schon seit einiger Zeit als Freeware zu beziehen. Derzeit ist die Version 4.0 aktuell. Im Anschluss an die automatische Bildkorrektur kann der Benutzer noch individuell eingreifen und an den Parametern schrauben. Im Screenshot von ShiftN (Bild 5.14) ist rechts noch das Originalbild mit Verzeichnung und den automatisch gefundenen senkrechten Linien zu erkennen. Links befindet sich das korrigierte Bild mit den Möglichkeiten zur weiteren manuellen Nachbearbeitung.

Bild 5.14 Korrektur stürzender Linien mit ShiftN

■ 5.4 Auflichtbetrachtung

In Verbindung mit der rein analogen Stereofotografie hatten wir die Bildpräsentation auf Durchlichtbetrachtung und Diaprojektion beschränkt. Den Weg in die Dunkelkammer zur Filmentwicklung und zum Abzug von Positiven wollten wir uns sparen. Dem digital gespeicherten 3D-Foto öffnet sich nunmehr eine breite Palette an Möglichkeiten der Betrachtung, Präsentation und Publikation. An vorderster Stelle steht der Computer (lokal und vernetzt), auch mit seinen mobilen Varianten Smartphone, Tablet und Notebook.

---

[6] Website von Marcus Hebel: *http://www.shiftn.de*

Nicht zu vergessen ist die Distribution über Fotocommunitys, Internet und Cloud. Als Betrachtungsmethoden kommen das freiäugige Sehen, Anaglyphendarstellungen, Shutter-Technik und Polfilterverfahren infrage. Die Auflichtbetrachtung mit Stereoskop oder Lorgnette für die Side-by-Side-Formate ist weiterhin aktuell. Obwohl sie nicht so weit verbreitet ist, ist auch die Wiedergabe auf dem 3D-TV angesagt. Bei ausgewählten Smartphones und 3D-Kameras kommt die Lentikular-Technik zur Anwendung. Weniger häufig werden Sie die autostereoskopischen Displays mit größeren Formaten antreffen. Besondere Bedeutung für die Präsentation hat die Datenprojektion via Beamer erlangt, die das großformatige und gemeinsame Bilderlebnis zulässt. Überlegungen zu Datenprojektion und VR-Brillen kommen in Kapitel 9.1 und 9.2 zur Sprache. An dieser Stelle widmen wir uns zunächst der breiten Palette der Printmedien für die Wiedergabe von Stereobildern.

Das können die kleinen Formate für Stereoskopbetrachtungen sein, mittlere Formate im KMQ-Verfahren oder als Pidgeon-Methode und Großformate in Anaglyphentechnik. Die autostereoskopischen Formate in Lentikulartechnik findet man massenhaft als Postkarten oder Titelseiten von Büchern und Magazinen. Einzelne Lentikularexemplare findet man auch als Großexemplare auf Messepräsentationen. Von Bedeutung sind in diesem Zusammenhang auch die Fotoabzüge, die Sie online im Großlabor bestellen können.

Farbige und schwarzweiße Abbildungen im Format 6 × 10 cm in Nebeneinanderanordnung stellen im Buchdruck die Anforderungen an Fotoqualität. Bei älteren Publikationen findet man auch eingeklebte Fotoabzüge. Derartige Abbildungen sind mit einem Stereoskop oder einer Lorgnette zu betrachten. Das Format ist leider auf die kleine Größe beschränkt. Ergänzend fügt man daher auch größere Monobilder hinzu, z. B. in *Berlin wird Metropole*[7] oder *Front 14/18*.[8] Der Titel *Reise ins Land der 3. Dimension*[9] ist im rasterlosen Granolitho-Druck hergestellt. Selbst bei der Betrachtung mit vergrößernden Linsen entspricht die Reproduktion der Fotoqualität. Bei neueren Drucktechniken mit frequenzmoduliertem Raster wird das Druckraster kaum noch sichtbar, und man erhält auch bei vergrößerndem Lupeneinblick gute Bildqualität.

---

[7] *Bienert Michael C./Senf, Erhard:* Berlin wird Metropole, be.bar verlag, Berlin 2000
[8] *Jakop, Volker/Sagurna, Stefan:* Front 14/18. Der Erste Weltkrieg in 3D. Tecklenborg Verlag, Steinfurt 2016
[9] *Knuchel, Hans:* Reise ins Land der 3. Dimension. Tanner + Staehlin Verlag, Zürich 1983

Bild 5.15 Kunst im öffentlichen Raum – Farbanaglyphe

Größere Druckformate können in der Übereinanderanordnung mit der KMQ-Brille oder mit einer seitenrichtigen und einer seitenverkehrten Abbildung, der Pigeon-Methode, mit einem Spiegel angeschaut werden. Letzteres ist in der Publikation *Die Glyptothek in 3D*[10] (Wünsche 2010) zu finden. Beide Verfahren sind aber eher selten.

Sehr häufig greift man zu den Anaglyphen, ein frühes Verfahren der Stereoskopie. Eine Vielzahl von Buchveröffentlichungen mit 3D-Fotos ist im Anaglyphendruck erschienen. Seit die Rot-Cyan-Brillen zum Standard wurden, ist auch die farbige Wiedergabe mit Einschränkungen möglich, doch nicht immer ist die von der Drucktechnik abhängige Bildqualität durchgängig.

---

[10] *Wünsche, Raimund et. al.:* Die Glyptothek in 3D. Glyptos, München 2010

5.4.1 Parallelles Sehen mit Stereoskopen

Zur Betrachtung von Stereobildpaaren im Nebeneinanderformat (Side-by-Side-Format) benutzt man Stereoskope mit Sammellinsen im Augenabstand (siehe Bild 5.18 links). Somit ist die Bildgröße jedoch auf maximal 65 mm begrenzt. Komplexe Spiegelstereoskope, die größere Bildpaare akzeptieren, gehören nicht zu unserer Betrachtung. Durch die Brennweite von etwa 10 cm haben die Lupen der Stereoskope eine etwa zweifache Vergrößerung. In Bild 5.16 sehen Sie links das mit der russischen Sputnik-Kamera gelieferte Stereoskop für Mittelformatbilder (natürlich auch ein Nachbau der Zeiss-Konstruktion). Das mittlere Stereoskop ist mit einer Mikrometerschraube zur Bestimmung der Parallaxe für messtechnische Zwecke ausgestattet. Rechts im Bild sehen Sie ein Zeiss-Taschenstereoskop, das für ein Positivformat von 13 × 6 cm ausgelegt ist.

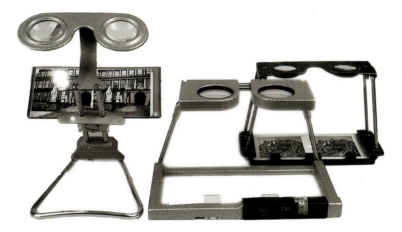

Bild 5.16 Stereoskope von Carl Zeiss

 Do-it-yourself-Stereoskop

Sie möchten sich selbst ein Stereoskop aus Karton oder mit dem 3D-Drucker bauen? Eine Bauanleitung finden Sie unter *3d.imagefact.de/support/bauanleitungStereoskop.pdf*. Die 3D-Daten finden Sie unter *http://www.3d.imagefact.de/support/stereoskop.skp*.

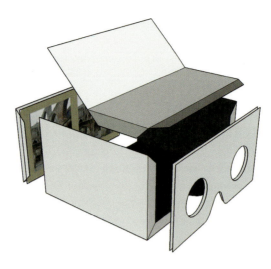

Bild 5.17 Montagezeichnung für das Do-it-yourself-Stereoskop

Größere Bildformate, deren Abstand den Augenabstand überschreitet, betrachtet man mit Keillinsen, die innen dünner geschliffen sind als außen und den Sehstrahl entsprechend ableiten (siehe Bild 5.18 rechts). Derartige Lorgnetten[11] gibt es als Plastikteile zum freihändigen Halten. Loreo bietet einen Betrachter aus Karton für Bildgrößen von 12 bis 18 cm an, der auch für die Bildschirmbetrachtung brauchbar ist (siehe Bild 5.19). Problematisch kann bei größerer Lupenbetrachtung das Druckraster bzw. der Gittereffekt bei niedrig aufgelösten Monitoren ausfallen. Moderne digitale Druckverfahren begegnen diesem Problem, und auch die hohe Auflösung neuer Smartphone-Displays ist für eine angenehme Lupenbetrachtung geeignet.

Bild 5.18 Strahlenverlauf bei Sammellinsen (links) und Keillinsen (rechts)

---

[11] Bezugsquelle für Stereozubehör: *http://perspektrum.de/*

Bild 5.19 Freihandbetrachter für Formate bis 18 cm

An dieser Stelle stellt sich natürlich die Frage, wie man aus den zwei Halbbildern ein Nebeneinanderformat für die Stereoskope zusammenbaut. Es muss nicht immer ein gewichtiger Foto-Editor sein. Wir greifen ganz rudimentär zu ImageMagick, zumal das Werkzeug auch noch für andere Aufgaben brauchbar sein wird und für den Stapelbetrieb geeignet ist.

5.4.2 Mit ImageMagick zum SbS-Format

ImageMagick IM[12] ist eine Software zum Editieren und Konvertieren von Bildern. Größenänderung, geometrische Transformationen, Verzeichnungen und Farbmanipulationen sind unter anderem mit IM auf Bitmaps anzuwenden. Die Funktionalität ist über die Command Shell (Konsole), über Skripte oder Software-Interfaces anzusteuern. IM ist plattformübergreifend für die Anwendung privater und kommerzieller Projekte frei verfügbar. Lizenzgeber ist ImageMagick Studio LLC, eine gemeinnützige Organisation.

Nach der Installation (bei mir die aktuelle Version *ImageMagick-7.0.7-11-Q16-HDRI-x64-static.exe* für Windows 64 Bit mit HDRI-Unterstützung) arbeiten Sie am besten in der Befehlszeilenoberfläche. Mit der Windows-Taste + R erhalten Sie die Befehlszeile. Geben Sie dort cmd ein, und die Konsole öffnet sich.

 Windows-Konsole

Die Windows-Konsole ist das Textfenster zur Eingabe von Befehlen. Aufgerufen wird die Konsole über die Windows-Taste + R und die Eingabe von cmd im Befehlsfenster. Mit Rechtsklick in die Titelzeile öffnet sich dessen Konfigurationsmenü. Dort können Sie das Erscheinungsbild des Fensters anpassen. Hinter dem Command-Prompt, aktuelles Verzeichniss gefolgt von >, geben Sie die Befehle ein. Help zeigt die Befehlsliste. Mit dir, chdir und cd navigieren Sie durch die Verzeichnisse.

---

[12] Website und Download von ImageMagick: *https://www.imagemagick.org*

In diesem Buch sind die Transformationen, die Korrektur bzw. das Anbringen von Objektivverzeichnung, die Anaglyphendarstellung oder auch die Montage von Halbbildern von besonderem Interesse. Gegenüber Bildbearbeitungsprogrammen mit GUI-Benutzeroberflächen wie Photoshop, Affinity Photo oder GIMP und den anderen kostenlosen Alternativen kommen Kommandozeilentools auch mit Vorteilen daher, beispielsweise in der Stapelverarbeitung und dem Scripting. Die Hauptbestandteile der ImageMagick-Software sind *magick* und *magick-script*. Darüber hinaus gibt es etliche weitere Werkzeuge, die unterstützt werden. Aufgerufen wird die Software mit Optionen, deren Werten sowie Angabe der Quell- und Zieldatei. Nach Installation und Aufnahme in den Pfad geben Sie in der Befehlszeile `magick` ein und bekommen den Hinweis auf fehlende Parameter. Mit `imdisplay` erhalten Sie ein Anzeigefenster für die Bilddaten. Navigieren Sie in der Konsole am besten in das Verzeichnis, in dem sich Ihre Bilder befinden. ImageMagick wird über die Pfadeintragung bei der Installation zugeordnet. Kontrollieren Sie mit `magick -version`, ob auch auf die aktuelle Version zugegriffen wird.

Wir steigen gleich mit einem Beispiel ein und montieren rechtes und linkes Halbbild im SbS-Format L-R und für den Kreuzblick R-L. Beides bringen wir dann in eine Stapeldatei. Die File-Referenzen der Bilder sind *koenige_l.jpg* und *koenige_r.jpg*.

```
magick montage -label "%f %h x %w" -pointsize 64 -font Arial koenige_l.jpg koenige_r.jpg
 -geometry +24+24 -background lightgray koenige_sbs.jpg
```

Mit der Option `label` werden der Dateiname und die Bildgröße angezeigt. Schriftgröße sind 64 Pixel, Zeichensatz Arial, jedes Bild bekommt einen Rand in Weite und Höhe von 24 Pixeln, die Hintergrundfarbe ist leichtes Grau. Die Variablen %f, %h und %w stehen für den Namen der Bilddatei, die Bildhöhe und Bildweite.

Nun wenden wir die gleiche Befehlszeile noch einmal für den Kreuzblick mit vertauschten Bildreferenzen an:

```
magick montage -label "%f %h x %w" -pointsize 64 -font Arial koenige_r.jpg koenige_l.jpg
 -geometry +24+24 -background lightgray koenige_crs.jpg
```

Wurden mit Notepad++ beide Kommandos zusammen in der Datei *sbs.bat* gespeichert, sieht es wie folgt aus:

```
magick montage -label "%%f %%h x %%w" -pointsize 64 -font Arial %1_l.jpg %1_r.jpg -geometry
 +24+24 -background lightgray %1_sbs.jpg
magick montage -label "%%f %%h x %%w" -pointsize 64 -font Arial %1_r.jpg %1_l.jpg -geometry
 +24+24 -background lightgray %1_crs.jpg
```

Bitte beachten Sie die doppelten Prozentzeichen. Mit %1 haben wir einen Platzhalter eingeschaltet. Der Aufruf muss dann lauten: `sbs` *koenige*. Das Ergebnis für den Kreuzblick ist in Bild 5.20 zu sehen. Es sind die Statuen von Königen aus der Zitadelle in Spandau.

Bild 5.20 Mit ImageMagick für den Kreuzblick montiertes Stereobild

5.4.3 Übereinandergedruckt – die Anaglyphentechnik

Mit dem Anaglyphenverfahren hat eine sehr alte Methode der Stereobildbetrachtung bis ins Computerzeitalter überlebt. Das Anaglyphenverfahren geht zurück auf Wilhelm Rollmann, der es 1853 vorstellte. Nachdem zunächst vor allem geometrische Zeichnungen für Rot-Blau-Brillen angefertigt wurden, kamen später die Stereofotos in Schwarzweiß hinzu. Rechtes und linkes Halbbild wurden in Komplementärfarben übereinandergedruckt und durch die entsprechenden Filter jeweils nur für das zugehörige Auge sichtbar gemacht. Schon kurz nach Kriegsende fertigte die Druckerei Dreyer & Co. aus Berlin Erinnerungsheftchen für Touristen, die Potsdam und andere Sehenswürdigkeiten besuchten. Die zugehörige Brille von 1946 können Sie in Bild 5.21 bestaunen.

Bild 5.21 Anaglyphenbrille aus dem Jahr 1946 für Plastostereoskop-Raumbilder von Dreyer & Co., Berlin

Irgendwie sind wir alle schon einmal mit den Rot-Blau- oder Rot-Grün-Brillen konfrontiert worden, sei es in Comic-Heften, frühen Kinofilmen, dem Fernsehen oder in der Kartografie beim Betrachten von Geländeformen. Das Hauptproblem der Anaglyphentechnik ist die mangelnde Filterung, die zu Ghosting-Effekten führt. Mit speziellen Verfahren wurde versucht, die Filterung zu optimieren. Farbige Druckpapiere fanden ebenso Anwendung wie spezielle Druckfarben. Heute können digitale Halbbilder beliebig manipuliert (gefiltert) werden. Mit den heute üblichen Rot-Cyan-Brillen kommt man auch zu farbigen Raumbildern. Alternative Farbkombinationen, die noch gängig sind, sind außerdem Gelb-Blau, Amber-Dunkelblau und Grün-Magenta.

Ein digitales Bild wird in den Grundfarben RGB gespeichert, für jede Farbe mit 256 Stufen, so dass ein Bildpunkt 24 Bit Speicherbedarf hat. Man kann nun ein Bildpaar so zerlegen, dass im rechten Bild nur die grünen sowie blauen Anteile vorkommen und im linken Bild nur die roten. Manuell geht das mit allen Bildbearbeitungsprogrammen, die eine Zerlegung der Bilder in Farbkanäle mitmachen. Programmgesteuert bieten sich auch Onlinelösungen an. Die Foto-Editoren sind mit grafischen Oberflächen und komfortablen Menüs ausgestattet.

Eric Dubois entwickelte 2001 ein Berechnungsverfahren für Rot-Cyan-Brillen, mit dem eine verbesserte Farbdarstellung erzielt wurde. Die dänische Firma Color Code 3D ließ sich ihr Verfahren für Amber-Dunkelblau-Brillen patentieren. Der Nachteil dieses Verfahrens liegt leider in der Patentbeschränkung und dem dunkleren Bild. Wer sich die Unterschiede ansehen möchte, sei auf die Webseite von Eric Dubois[13] verwiesen. Der Besuch lohnt sich! Weitere Alternativen sind die Halbtonverfahren, die mit einem Halbbild in Graustufen und einem Farbbild arbeiten. Auch die reinen Schwarzweißbilder haben weiterhin ihren Reiz. Je nach Farbinhalten der Bilder sind die unterschiedlichen Ansätze mehr oder weniger geeignet. Meistens sind die Unterschiede marginal. Bei der Handhabung der Brillen gilt jedoch stets: Rot ist links, wie in der Politik.

Anaglyphenfilm von Agfa

Agfa fertigte einen besonderen Anaglyphenfilm für die Wissenschaft an. Während unsere heutigen Anaglyphen RGB-Bilder sind, wurden früher Schwarzweißvorlagen in Komplementärfarben (Rot und Blaugrün) übereinandergedruckt. Das Agfa-Anaglyphenpapier diente dem Vergrößern der Negativpaare. Es war mit zwei übereinanderliegenden Bromsilber-Schichten begossen. Die rotempfindliche Schicht ergab das Rotbild, die andere Schicht das blaue Halbbild. Die Negative wurden mittels Passmarken nacheinander mit Zwischenschaltung von Farbfiltern auf das gleiche Blatt belichtet.

---

[13] Eric Dubois' Anaglyphen-Webseite: *http://www.site.uottawa.ca/~edubois/anaglyph*

Bild 5.22 Originalverpackung des Anaglyphenfilms von Agfa

Eine Anaglyphenbrille aus Karton ist für wenige Eurocent zu haben. Am Rechner, in der Projektion und im Printverfahren tun sie ihren Dienst. Beispiele heutiger Anaglyphenverfahren gibt es etliche. Bildbände vertreibt z. B. der Eichborn Verlag. Die Wanderausstellung des Landschaftsverbandes Westfalen-Lippe „Front 14/18" zeigte großformatige Anaglyphen. Die NASA[14] verbreitet auf ihrer Website Filme vom Mars in Anaglyphentechnik. Die alte Technik der Anaglyphen ist immer wieder präsent und aktuell. Ein Beispiel sehen Sie in Bild 5.23.

Es gibt auch sehr großformatige Anwendungen des Anaglyphendrucks – vom Poster bis zur Wandtapete. Sofern man bei Anaglyphen Kompromisse zur Theorie der Bildmontage eingeht, hat man eine wirkungsvolle Drucktechnik zur Hand. Mit der Reduzierung der Parallaxe, die man in den mittleren Tiefenbereich legt, ist das Motiv auch ohne Brille als 2D-Abbildung gut erkennbar. Ghosting-Effekte werden so ebenfalls minimiert.

---

[14] NASA-Material vom Mars in 3D: *https://mars.nasa.gov/mars3d/*

Bild 5.23 Aus dem Maschinenraum: Nehmen Sie eine Anaglyphenbrille zur Hand und verändern Sie den Betrachtungsabstand.

5.4.4 Online-Anaglyphen mit PHP

Auf der Webseite zum Buch ist ein serverseitiges PHP-Programm[15] zur Berechnung von Anaglyphenbildern aufrufbar. Dort ist ein niedrig aufgelöstes Musterbild hinterlegt, dessen Umrechnung in eine Farb- und Schwarzweißanaglyphe online verfolgt werden kann (siehe Bild 5.24 und Bild 5.25). PHP ist das Akronym für Hypertextpreprozessor. Die Sprache ist eine in den Webserver eingebettete Interpreter-Sprache. Anforderungen des Browsers an ein PHP-Dokument werden erst vom Server an den Interpreter umgeleitet und nach Interpretation als HTML-Ausgabe an den Client übermittelt. Es sind zwei Halbbilder und das Dokument mit PHP- und HTML-Anweisungen auf den Server hochgeladen.

Schauen wir nun auf die relevanten Programmanweisungen. Im Programmcode sind nach den üblichen Deklarationen die Filtermatrizen für das linke und rechte Bild zu definieren (Listing 5.2).

---

[15] Online-Anaglyphenberechnung: *http://www.imagefact.de/3D/anaglyph/test_anaglyph.php*

Listing 5.2 Filtermatrizen für Farbanaglyphen Rot-Cyan

```
// Filtermatrix linkes Bild Farbanaglyphe Rot-Cyan
$fl[0][0]= 1.0; $fl[0][1]= 0.0; $fl[0][2]= 0.0;
$fl[1][0]= 0.0; $fl[1][1]= 0.0; $fl[1][2]= 0.0;
$fl[2][0]= 0.0; $fl[2][1]= 0.0; $fl[2][2]= 0.0;
//
// Filtermatrix rechtes Bild Farbanaglyphe Rot-Cyan
$fr[0][0]= 0.0; $fr[0][1]= 0.0; $fr[0][2]= 0.0;
$fr[1][0]= 0.0; $fr[1][1]= 1.0; $fr[1][2]= 0.0;
$fr[2][0]= 0.0; $fr[2][1]= 0.0; $fr[2][2]= 1.0;
```

In zwei geschachtelten Schleifen sind für jedes Pixel des Ausgangsbildes die Farbwerte für das linke und rechte Bild zu berechnen und in das Zielbild einzutragen. In Listing 5.3 befindet sich der Quellcode für das linke Bild. Mit imagecolorat() wird die Farb-ID eines Pixels ermittelt. Für diese Farb-ID erhält man die RGB-Farbwerte mit imagecolorsforindex(). Mittels Aufruf von farbfilter() legt man jetzt den Farbfilter über die RGB-Werte. Mit imagecolorallocate() wird danach eine Farbe angelegt und mit imagesetcolor() in das Zielbild() geschrieben. Die aufgerufenen Funktionen sind Bestandteil der PHP-GD-Grafikbibliothek.

Listing 5.3 Farbwerte des linken Halbbildes berechnen

```
//  Farbwerte des linken Bildes berechnen
  for ($y = 0; $y < $size[1]; $y++){
    for ($x = 0 ; $x < $size[0]; $x++){
      $farb_id = imagecolorat ( $img , $x, $y);
      $rgb    = imagecolorsforindex($img , $farb_id );
      farbFilter ($fl,$rgb,3,3);
      $color   = imagecolorallocate($img,$rgb[red],$rgb[green],$rgb[blue]);
      imagesetpixel($img, $x, $y, $color);
  }
}
```

Nach erneutem Durchlauf der Schleifen für das rechte Bild sind die Halbbilder zusammenzuführen (siehe Listing 5.4). Wiederum in zwei geschachtelten Schleifen erfolgen die schon bekannten Prozeduraufrufe: Die Farb-ID wird aus dem linken Bild geholt und in RGB-Werte umgewandelt, das Gleiche wird für das rechte Bild ausgeführt. Die RGB-Werte der Halbbilder werden addiert, die Farb-ID geholt und das Pixel besetzt.

Listing 5.4 Merging der Halbbilder

```
for ($y = 0; $y < $size[1]; $y++){
 for ($x = 0 ; $x < $size[0]; $x++){
   $farb_id = imagecolorat ( $img_l, $x, $y);
   $rgb_l   = imagecolorsforindex($img_l, $farb_id);
   $farb_id = imagecolorat ( $img_r, $x, $y);
   $rgb_r   = imagecolorsforindex($img_r, $farb_id);
   $color   = imagecolorallocate($img,$rgb_l[red]+$rgb_r[red],
$rgb_l[green]+$rgb_r[green],$rgb_l[blue]+$rgb_r[blue]);
   imagesetpixel($img, $x, $y, $color);
 }
}
```

Bild 5.24 Farbanaglyphe: Halbbild in Rot, Halbbild in Cyan und RGB-Mix

Bild 5.25 Berechnung einer Schwarzweißanaglyphe mit PHP

Listing 5.5 Filtermatrizen für Schwarzweißanaglyphen

```
// Filtermatrix linkes Bild Graustufen
$fl[0][0]= 0299; $fl[0][1]= 0587; $fl[0][2]= 0114;
$fl[1][0]= 0.0;  $fl[1][1]= 0.0;  $fl[1][2]= 0.0;
$fl[2][0]= 0.0;  $fl[2][1]= 0.0;  $fl[2][2]= 0.0;
//
// Filtermatrix rechtes Bild Graustufen
$fr[0][0]= 0.0;  $fr[0][1]= 0.0;  $fr[0][2]= 0.0;
$fr[1][0]= 0299; $fr[1][1]= 0587; $fr[1][2]= 0114;
$fr[2][0]= 0299; $fr[2][1]= 0587; $fr[2][2]= 0114;
```

Die Erläuterung der Anaglyphenprozedur mag etwas komplex erscheinen. Man kann aber durch Änderung der Werte in den Farbmatrizen an der Justierschraube drehen. Somit hat eine alte Technik ein neues Gewand erhalten. Die Darstellung der Webseite übernimmt der Webbrowser aufgrund des eingebetteten HTML-Codes und der Stilvorlagen. Das Musterbild ist in diesem Fall auf dem Server fest verdrahtet. Wer mit anderen Bildern arbeiten möchte, kann PHP auch lokal zur Ausführung bringen.

Um nun zu zeigen, dass es auch einfacher geht, bemühen wir wiederum ImageMagick, den Alleskönner. Wir bauen ein Rot-Cyan-Anaglyphenbild aus einem RGB-Bildpaar (siehe Bild 5.26). Dazu dient das Kommando convert mit der Option channel – hier für den roten Kanal, der separiert wird. Diesem Kanal werden aus dem rechten Bild der blaue und grüne Kanal hinzugefügt.

Listing 5.6 Anaglyphenbild mit ImageMagick erzeugen

```
magick convert allstedtVorburg_l.jpg -channel r -separate (+channel allstedtVorburg_r.jpg
-separate) -combine allstedtVorburg_anac.jpg
```

Aus der obigen Befehlszeile kann man die Syntax von ImageMagick verifizieren. Dem Befehl `convert` folgen der Name des einzulesenden Bildes und die Operationen, die auf das Bild anzuwenden sind, bevor es im Ziel-File gespeichert wird. Die Option `-channel R -separate` entnimmt den roten Farbkanal. Mit `+channel` in der runden Klammer werden die noch fehlenden Kanäle aus dem rechten Bild hinzugefügt. Mit `combine` folgt die Zusammensetzung.

Dies hätten wir auch mit dem Befehl `composite` geschafft:

```
magick composite -stereo 0 allstedtVorburg_l.jpg allstedtVorburg_r.jpg anaglyph.jpg
```

Bild 5.26 Anaglyphenmontage aus zwei Farbbildern

In einigen Fällen werden `settings` vor dem Einlesen einer Datei benötigt. Dann haben wir es mit Operatoren zu tun. Image-Stack-Operatoren in runden Klammern () beeinflussen die interne Bearbeitung der Bilder.

Mit dem Bild 5.26 zeige ich die Montage durch das Kommando `mount` innerhalb einer Stapeldatei. Sie können Anordnungen vertikal und horizontal vornehmen. Mit der Option `-label` wird die Beschriftung definiert. Es folgen die Textattribute. Das Präfix aller Dateien ist in diesem Fall *allstedtVorburg*. Eindeutige Dateireferenzen entstehen durch die unterschiedlichen Endungen. Die Stapeldatei enthält nur zwei Zeilen, die wie folgt codiert sind:

```
REM Aufruf mount Dateipräfix Dateien _l, _r, anc
magick montage -label "%%f %%h x %%w" -pointsize 48 -fill blue -font Arial %1_r.jpg %1_l.jpg
%1_anc.jpg -geometry +24+24 -background lightgray %1_mount.jpg
imdisplay %1_mount.jpg
```

Die Ergebnisdatei wird gespeichert und im Grafikfenster IMDisplay angezeigt. Das Fenster muss wieder geschlossen werden, um die Stapelprozedur zu beenden.

Das Problem der Anaglyphen ist die Löschung der Teilbilder, da es sonst zum Ghosting kommt. In der Schrifteinblendung von Bild 5.27 tritt das Problem durch den weißen Hintergrund und besonders bei der kleineren Schriftgröße auf. Die Verzeichnung des Weitwinkelobjektivs wurde als Gestaltungsmerkmal bewusst beibehalten.

Bild 5.27 Audimax der TU Charlottenburg, aufgenommen mit einer Action Cam

Nehmen wir uns nun eine Schwarzweißanaglyphe vor. Auszugehen ist wiederum von einem rechten und einem linken Halbbild, diese nun aber in Schwarzweiß, ohne Farbinformationen. Die Bilder sollen jedoch im RGB-Modus verarbeitet werden (siehe Bild 5.28). Um sicherzugehen, wandeln wir um: Das linke Bild wird nach Rot konvertiert, das rechte nach Cyan und in Gray-Anaglyphe ausgegeben. Alle Kommandos sind in der Batchdatei für die Stapelverarbeitung zusammengefasst (siehe Listing 5.7). Der Aufruf ist `runAna` *lechner*.

Listing 5.7 Stapelverarbeitung Graustufenanaglyphe

```
ListingREM Gray Anaglyph 5.8.
echo off
cls
echo ***** runAna.Bat
echo ***** Image Magick command line application
echo ***** computes from file_l.jpg and file_r.jpg echo gray anaglyph red-cyan file_ana.png
echo ***** montage sbs L/R and R/L
if [%1] == [] (
  echo WARNING: Missing parameter
  echo WARNING: Call runAna filename without suffix -l.jpg, _r.jpg
  goto:done
)

echo IMAGE %1 stand by…
echo on
magick convert %1_l.jpg -colorspace Gray -normalize tmp_l.png
magick convert  %1_r.jpg -colorspace Gray -normalize tmp_r.png
magick convert -set colorspace RGB -channel R tmp_l.png -separate r.png
magick convert -set colorspace RGB -channel G tmp_r.png -separate g.png
magick convert -set colorspace RGB -channel B tmp_r.png -separate b.png
magick r.png b.png g.png -set colorspace RGB -combine -gamma 0.7%1_ana.png
imdisplay %1_ana.png
echo off
del r.png
del g.png
del b.png
del tmp_l.png
del tmp_r.png
:done
echo Program terminated
```

Bild 5.28 Graustufenanaglyphe, berechnet mit ImageMagick

5.4.5 In Streifen zerlegt – Lentikularbilder

Wer kennt sie nicht, die *Wackelbilder* aus den Cornflakes-Packungen? Für die einen sind es Gimmicks, für die anderen autostereoskopische Displays, denen das Prinzip der Lentikulartechnik zugrunde liegt. Die Ausgangsbilder werden in sehr dünne Bildstreifen zerlegt und alternierend zum Gesamtbild zusammengefügt. Die Betrachtung erfolgt durch ein Linsenraster, dessen Oberfläche durch die sehr engen Linsenabstände (70 lpi) entsprechende Bildstreifen vor dem Auge des Beobachters verbirgt und so die Einzelbilder je nach Haltung des Bildes wieder sichtbar macht (siehe Bild 5.29). Im Unterschied zu den Folien kennt man bei Bildschirmen die linsenfreie Technik. Dabei werden die Linsen durch Masken ersetzt, die durch ihre Sichtbarrieren den Augen nur das zugehörige Bild freigeben.

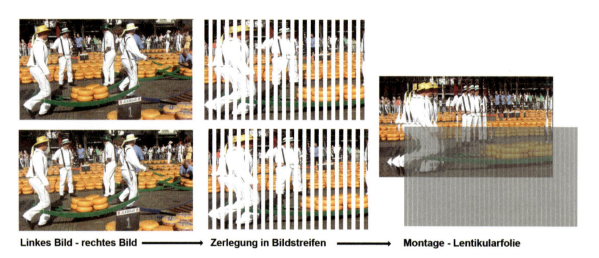

Bild 5.29 Entstehung eines Lentikularbildes

Zu unterscheiden sind die Flip-Bilder mit nur zwei Ausgangsbildern und Animationen mit bis zu 400 Ausgangsbildern. 3D-Bilder werden nicht immer mit der konventionellen Stereoaufnahmeanordnung aufgenommen. Man bewegt die Kamera vor dem Objekt auf einer Linie von A nach B mit leicht konvergenten Aufnahmerichtungen. Die Linien des Linsenrasters laufen im Gegensatz zur horizontalen Ausrichtung der Flip-Bilder und Animationen senkrecht, was einer Trennung der Bilder für beide Augen entspricht. Für die Massenproduktion werden Bildkarten oder Postkarten zu günstigen Preisen hergestellt. In Publikationen findet man die Lentikularbilder als besondere Abbildungen auf den Titelseiten. Auf Messen sind auch großformatige, rückseitig beleuchtete Präsentationen anzutreffen. Fuji bot für die Bilder der Real-3D-Kamera einen Printservice an, der mittlerweile jedoch eingestellt wurde. Im Internet finden Sie Fotolabore, die den Service anbieten. Die Preise sind nicht ganz ohne. Man kann auch entsprechende Folien für die Selbstherstellung erwerben.

Smartphones, Spielekonsolen, Notebooks sowie Computer- und TV-Monitore waren mit autostereoskopischen Displays ausgestattet, konnten sich wohl aufgrund der geringen Auflösung und mangelnder Bildqualität jedoch nicht durchsetzen. Weltpremieren für 3D ohne Brille fanden jedenfalls zahlreich statt. Als Zubehör für die Real 3D hatte Fuji einen 8 Zoll-3D-PhotoFrame mit $2 \times 400 \times 600$ Pixeln im Handel, der um die 500 € kostete. Wer seine 3D-Aufnahmen ohne Brille auf dem Fuji-Kameradisplay anschauen möchte, kann eine MPO-Datei erzeugen und die 3 Zoll große Bildfläche der Kamera nutzen.

5.5 3D-Foto-Editoren

Im Anschluss an die 3D-Fotografie, die Filmentwicklung und den Digitalisierungsvorgang sind die digitalen Halbbilder zum Stereobildpaar zu montieren. Software, mit der man 3D-Fotos montiert, findet man in vielen Varianten.

Die Plattformen der Programme sind Windows, Linux, Mac OS und die Apps für Smartphones. Letztere kommen in diversen Varianten daher und integrieren häufig die unmittelbare Aufnahme mit der Montage. Auch der Begriff 3D wird bei den Apps unterschiedlich ausgelegt. Wir wollen uns auf die Windows-Software konzentrieren, die in der Regel eher zugänglich ist als Lösungen für Linux und Mac.

Einfache Programme sind auf die Montage korrekt ausgerichteter Bildpaare beschränkt und bieten die horizontale Verschiebung mit Side-by-Side-Formaten oder Anaglyphen mit unterschiedlichen Farbfiltern an. Höhere Ansprüche werden erfüllt, wenn die Bilder auch mit unterschiedlichen Auflösungen und gegeneinander rotiert eingebracht werden können. Die automatische Bildjustierung ist dann mehr oder weniger notwendig. Die Vorstellung der Windows-Programme wird deshalb in Anaglyphenprogramme, den StereoPhoto Maker, das Schweizer Taschenmesser der Stereoskopie, und 3DCombine unterteilt. 3DCombine wartet mit Besonderheiten für moderne Kameras auf.

5.5.1 Anaglyphensoftware

Grundsätzlich kann man mit fast jedem Bildbearbeitungsprogramm Anaglyphenbilder erstellen. Man muss lediglich die Farbkanäle trennen. Dem linken Bild wird der rote Farbkanal entnommen und mit dem roten Farbkanal im rechten Bild ausgetauscht. Die Montage erfolgt händisch durch Verschiebung der Ebenen. Es muss nicht unbedingt Photoshop sein, die Prozedur läuft auf gleiche Weise auch mit GIMP und anderen Programmen.

Eine Sonderstellung unter den Bildbearbeitungstools nimmt Zoner Photo Studio[16] ein. Das Programm ist in einer 30-Tage-Testversion erhältlich. Danach wird die Gebühr für ein Jahresabo fällig. Als umfangreiches Bildverwaltungs- und -bearbeitungswerkzeug ist zumindest ein Probelauf zu empfehlen. Zoner zeigt den Inhalt eines Ordners an. Wählen Sie dort die beiden Halbbilder und links oben MENÜ > ERSTELLEN > 3D-BILDER aus. Das gewählte Bildpaar wird jetzt mit den automatisch gefundenen Verknüpfungspunkten angezeigt und zur Bearbeitung angeboten (siehe Bild 5.30). Gehen Sie auf WEITER, und wählen Sie den Bildtyp: Anaglyphe, MPO oder JPS. Nehmen Sie die gewünschten Farbeinstellungen und die Verschiebung zum Scheinfenster vor (siehe Bild 5.31). Das Bild wird gespeichert oder unmittelbar im Editor geöffnet.

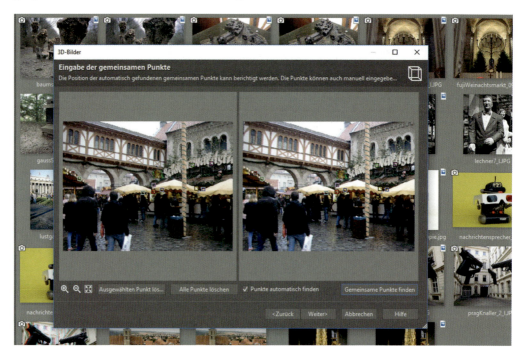

Bild 5.30 Automatische Erkennung der Verknüpfungspunkte mit Zoner Photo Studio

---

[16] Webseite von Zoner Photo Studio: *https://www.zoner.com/de/photo-studio*

5.5 3D-Foto-Editoren

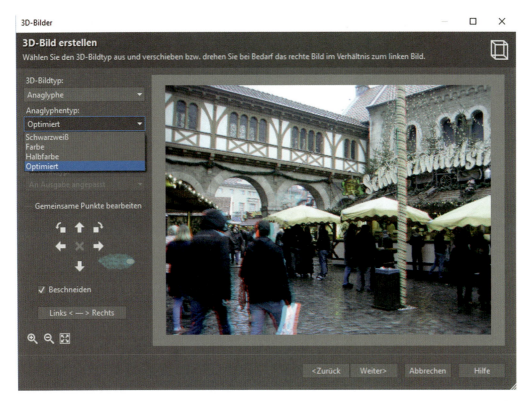

Bild 5.31 3D-Bild bearbeiten mit Zoner Photo Studio: Bildtyp, Farbeinstellung, Scheinfenster und Beschnitt

Kommen wir nun zu Anaglyph Maker, einer Freeware von Takashi Sekitani. Aktuell ist Version 1.08[17] unter Windows verfügbar. Das Programm ermöglicht über die Tastatur ein vertikales und horizontales Verschieben der Halbbilder gegeneinander und bietet nur wenige Speicherformate an. Man sieht an dem sparsamen Interface, dass lediglich Basisfunktionen bedient werden. Die Software ist aus dem Jahre 2004 (siehe Bild 5.32).

---

[17] Anaglyph Maker zum Download: *http://www.stereoeye.jp/software/index_e.html*

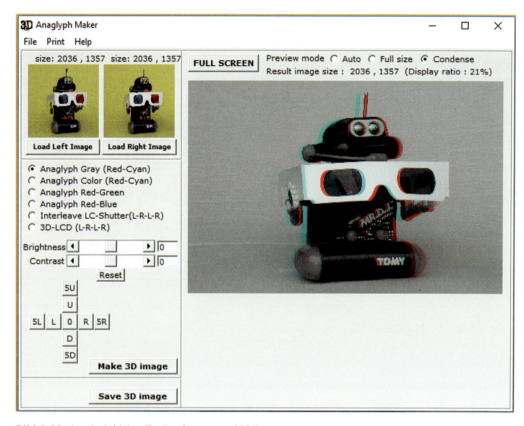

Bild 5.32 Anaglyph Maker (Basissoftware von 2004)

Das Programm 3D-Easy SPACE 5 ist eine kommerzielle Software, die in den Editionen *Home*, *Standard* und *Professionell* angeboten wird (siehe Bild 5.33). Ich konnte die Demoversion[18] aus dem Jahre 2017 testen. Die Ausgabeformate sind für Anaglyphen und Linsenraster ausgelegt. Eingebunden sind Funktionen zur manuellen Montage und Farbkorrekturen. Der Arbeitsablauf ermöglicht das Einladen mehrerer Bilder und die Auswahl von Kombinationen der Bildpaare aus der Liste. Die Entwicklung der Software begann im Jahre 2003 und wurde auch unter dem Label 3D-Photo-Show von Buhl-Data vertrieben.

---

[18] 3D-Easy SPACE 5 (Testversion) zum Download: *http://www.3d-easy.de/Download/download.html*

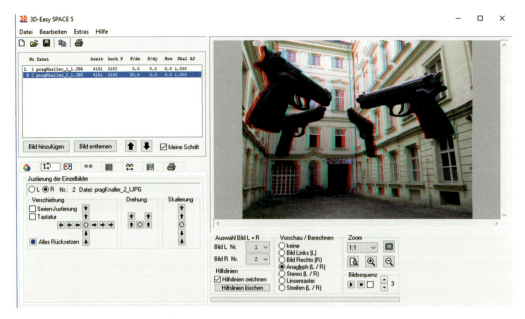

Bild 5.33 3D-Easy SPACE 5 –: Anaglyphen- und Lentikularsoftware

Der Anaglyph Workshop[19] von Sandy Knoll, LCC, hebt sich etwas von der üblichen Software ab. Vorhanden sind Funktionen zur Konvertierung von 2D nach 3D, zur 3D-Bild-Erstellung aus Einzelbild und Tiefenmatrix, zur 3D-Bild-Erstellung aus zwei Halbbildern und zur Anfertigung der Holmes Cards. Eingabeformate sind die üblichen Bildformate als Einzelbilder, als Side-by-Side-Format oder als MPO-Datei. Gespeichert wird als Anaglyphe, Side-by-Side- und Top-Bottom-Format. Nach der Montage erfolgt die Wahl des Bildausschnitts. Gegen eine kleine Gebühr kann man die Software registrieren und dadurch die Einblendung *unregistered* vermeiden. Die Software ist seit Juni 2017 in Versionen für Mac und Windows erhältlich.

5.5.2 StereoPhoto Maker

In der Kategorie „Freeware" ist der StereoPhoto Maker (SPM)[20] von Matsuji Suto zu finden. SPM ist mehr oder weniger das 3D-Standardprogramm für Windows und läuft unter einer Emulation auch auf dem Mac. Aktuell ist derzeit die Version 5.10. Das Programm läuft ohne Installation als portable Applikation und stellt fast alle Lösungen für die 3D-Fotografie bereit.

---

[19] Anaglyph Wokshop zum Download: *http://tabberer.com/sandyknoll/more/3dmaker/anaglyph-software.html*
[20] StereoPhoto Maker zum Download: *http://stereo.jpn.org/ger/stphmkr/index.html*

Im *File*-Menü von SPM können Sie die Stereoformate SbS und MPO (Multiple Photo Objects) oder linkes und rechtes Einzelbild separat laden. Auch Bilderlisten für die Stapelverarbeitung sind zu laden. Gleichermaßen flexibel sind die Speicherformate der Bilddaten. Ein gelesenes MPO-Format kann somit auch wieder in seine Einzelbilder zerlegt werden.

Die gängigsten Bildformate

In der 3D-Fotografie ist zwischen zwei Arten von Formaten zu unterscheiden. Während das eine Format die Anordnung der Bilder beschreibt, dient das andere Format der Datenspeicherung und Codierung.

Das gängigste Bildformat ist JPEG. Das Format wurde für die Darstellung von fotografischen Aufnahmen von der Joint Photographics Experts Group mit dem Ziel der verlustbehafteten und verlustfreien Datenreduktion entwickelt. Die JPEG-Norm beschreibt die Verfahren der Datenreduktion, nicht aber die Speicherung der Bilddaten selbst. Eine Methode der Datenspeicherung ist das im Web verbreitete JFIF-Grafikformat. Gegenüber der normalen (sequenziellen) Speicherung erlaubt die progressive Speicherung die schrittweise Verfeinerung des Bildaufbaus. Die Segmente einer JPEG-Datei beginnen mit einem Marker zur Unterscheidung der Art der Folgedaten bzw. zur Trennung von Metadaten und Bilddaten.

Werden die beiden Halbbilder eines Stereobildes in einer JPEG-Datei gespeichert, dann gilt hierfür die Bezeichnung JPS, ein Datencontainer, unabhängig von der Bildanordnung. Die gebräuchlichste Anordnung ist aber SbS L-R.

Das MPO-Format (Multiple Picture Object) wurde im Jahre 2009 von der Camera & Imaging Products Association standardisiert. Es stellt ebenfalls einen Datencontainer dar, der sich intern nicht von JPEG/JFIF unterscheidet, aber mehrere Objekte aufnehmen kann. Einige Kamerahersteller haben das Format in ihren Standard aufgenommen.[21]

Die Justierung eines Stereobildpaares erfolgt automatisch oder manuell, sowohl geometrisch als auch für Farbkorrekturen. Darstellbar sind alle üblichen Ausgabeformate wie Side-by-Side-, Over-and-under-Format, Anaglyphen und Formate für Shutter-Verfahren.

Mit der manuellen Justierung hat der Benutzer die Möglichkeit, Drehung und Bildgröße zu ändern, Verzeichnung und die horizontale bzw. vertikale Perspektive zu korrigieren. Mit Schiebereglern werden die horizontale und vertikale Position der Bilder gegeneinander bestimmt. Mithilfe eines einblendbaren Gitters wird die Horizontierung der Bilder unterstützt. Der geometrischen Justierung stehen alle notwendigen Feineinstellschrauben zur Verfügung (siehe Bild 5.34).

Auch oder gerade die manuelle Farbjustierung spielt bei der Gestaltung des Stereobildes mit. Gedreht werden kann an den Gamma-Werten, dem Farbton, der Sättigung und der Helligkeit des Bildes bei Echtzeitvorschau (siehe Bild 5.35).

---
[21] *Pomaska, Günter:* Bildbasierte 3D-Modellierung. Wichmann VDE Verlag, Offenbach 2016, S. 103 ff.

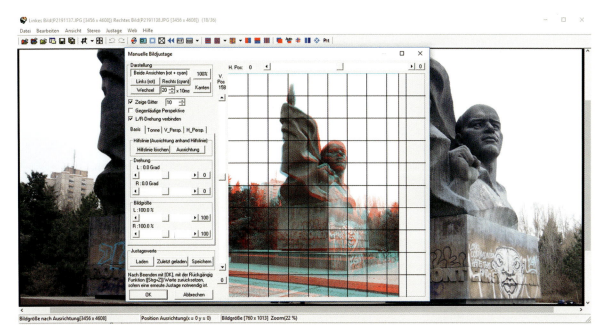

Bild 5.34 SPM – manuelle Eingriffsmöglichkeiten bei der geometrischen Justierung eines Bildpaares

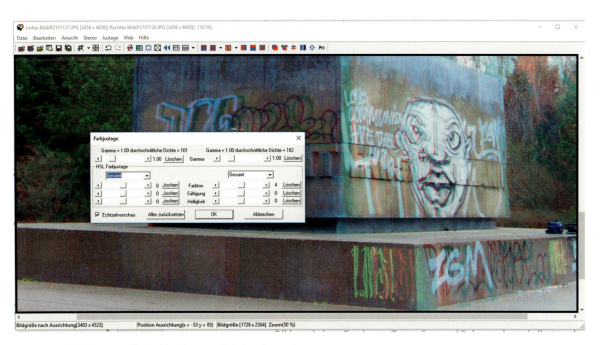

Bild 5.35 SPM – manuelle Farbjustierung mit Echtzeitvorschau

Die Abarbeitung einer Stereomontage folgt folgenden Schritten: Bild laden, geometrische Justierung und automatische oder manuelle Farbjustierung. Zur Nachbearbeitung werden weitere Prozesse unterstützt. Hierzu gehört die Festlegung des Bildausschnitts, die Zugabe von Texten, Logo und Rahmen oder auch die Ausgabe als klassische Stereokarte. In das Stereobild können Overlays eingeblendet werden und auch die Bildmontage mit schwebendem Fenster wird unterstützt. Weitere Gimmicks wie Mosaikbildung, Kantendetektion und die Ausgabe von animierten GIFs sind ebenfalls vorhanden. Hat man jedoch ein Anaglyphenbild gespeichert, dann darf man im Nachhinein nicht mehr groß eingreifen, da sonst Qualitätsverlust droht. Zuletzt werden die Stereoformate gewählt und gespeichert. In einem eigenen Menü werden Funktionen für die Ausgabe im Web (eingebettet in HTML) angeboten.

Das Programm StereoPhoto Maker können Sie an Ihre Taskleiste zum schnellen Zugriff anheften. Aufgrund der deutschen Menütexte und der Internethilfe ist es mit den vielfältigen Funktionen für jedermann einfach zu bedienen. Fast alle 3D-Bilder dieses Buches sind mit SPM montiert.

Im Folgenden werden die Einzelschritte für die Montage in einem schwebenden Fenster an einem Beispiel (siehe Bild 5.36) erklärt. Klicken Sie als Erstes auf DATEI > LINKES/RECHTES BILD ÖFFNEN. Die Bilder sind freihändig aufgenommen, das Motiv des Kopfes hat leicht abweichende Dimensionen, die bei der automatischen Justierung ausgeglichen werden. Über JUSTAGE > AUTOMATISCHE BILDJUSTAGE können Sie Korrekturen vornehmen. Das Scheinfenster können Sie jetzt mit den Cursortasten verschieben. Hier ist es in den Hintergrund gelegt. Mit BEARBEITEN > ZUSCHNITT > FREIER ZUSCHNITT wird ein 1:1-Ausschnitt gewählt, der an allen Seiten das Scheinfenster verletzt. Diese Verletzung soll durch ein symmetrisch schwebendes Fenster aufgehoben werden. Farben und Abstände für die Randgestaltung setzen Sie unter BEARBEITEN > SYMMETRISCH SCHWEBENDES FENSTER > EINSTELLUNGEN. Der äußere Rand ist weiß, der innere schwarz und der mittlere dünne Rand grau. Nach Aufruf von BEARBEITEN > SYMMETRISCH SCHWEBENDES FENSTER liegt das Ergebnis entsprechend Bild 5.36 vor, hier einmal mit gekreuzter Anordnung als Screenshot der SPM-Applikation.

Bild 5.36 SPM – Screenshot eines schwebenden Scheinfensters (hier als Kreuzblick)

Unter BEARBEITEN > EINSTELLUNGEN > JUSTAGE finden Sie eine Checkbox zur Entfernung der Tonnenverzeichnung vor der Justierung. Wenn diese markiert und der entsprechende Parameter eingetragen ist, können Sie auch Action Cam-Bilder zusammenfügen.

Die aktuelle englische Version von StereoPhoto Maker ist 5.23a und hat die Unterstützung für 3D-Panoramen, aufgenommen mit 360-Grad-Kameras, an Bord. Darauf gehe ich in Kapitel 6.5.3 näher ein.

5.5.3 3DCombine

Der stereoskopische Editor 3DCombine wartet mit einer etwas anderen Philosophie auf (siehe Bild 5.37). Alle Aktionen werden in einer Filterliste aufgezeichnet und können schrittweise widerrufen oder editiert werden. 3DCombine unterstützt auch VR-Formate. In der Eingabe sind das die Kameras LucidCam, eine 180-Grad-3D-Kamera, und die Vuze 3D 360 VR, eine Panoramakamera mit mehreren Objektiven. Für das Ausgabeformat können Sie auch VR-Brillen anwählen.

Bild 5.37 3DCombine mit Ausgabe für das Cardboard-Format

3DCombine[22] wird in einer 15-Tage-Testversion vertrieben und danach gegen eine Lizenzgebühr freigeschaltet.

Literatur

Altman, Ralph: Fotografieren in 3D. In: c't Digitale Fotografie, Heft 02/11, Heise Zeitschriftenverlag 2011
Bienert Michael C./Senf, Erhard: Berlin wird Metropole, be.bar verlag, Berlin 2000
Hornung, Walter: Handbuch der Agfa-Photopapiere. Karl Knapp Verlag, Düsseldorf 1955
Jakop, Volker/Sagurna, Stefan: Front 14/18. Der Erste Weltkrieg in 3D. Tecklenborg Verlag, Steinfurt 2016
Knuchel, Hans: Reise ins Land der 3. Dimension. Tanner + Staehlin Verlag, Zürich 1983
Pomaska, Günter: Bildbasierte 3D-Modellierung. Wichmann VDE Verlag, Offenbach 2016, S. 103 ff.
Schmelzer, Janis/Stein, Eberhard: Geschichte der VEB Filmfabrik Wolfen. Verlag Tribüne, Berlin 1969
Tillmanns, Urs: Der Film lebt weiter! Welche Filme gibt es noch? Eine Marktübersicht. *https://www.fotointern.ch/archiv/2016/07/17/der-film-lebt-weiter-welche-filme-gibt-es-noch-eine-marktuebersicht*
Wagner, Patrick: Canon-Durchlichtscanner. *http://www.filmscanner.info/CanonCanoScan9000FMark2.html*
Wünsche, Raimund et. al.: Die Glyptothek in 3D. Glyptos, München 2010

---

[22] Website/Download von 3D Combine: *http://www.3dcombine.com*

6 Digitale 3D-Fotografie

Nimmt man eine digitale Monokamera (eine Kamera mit nur einem Objektiv) für die 3D-Fotografie zur Hand, so besteht im Vergleich zu den Lösungen der analogen Fotografie bei der Aufnahme zunächst einmal kein großer Unterschied. Eine Basis zwischen dem linken und rechten Halbbild kann freihändig (Cha-Cha-Methode), von bewegter Plattform, mit einer Stereoschiene oder von zwei Standpunkten aus mit Positionswechsel bei zeitversetzter Auslösung aufgebaut werden. Mit Strahlenteiler und Makrovorsatz für den Nahbereich wird die digitale Monokamera zu einer Stereokamera. Man hat eine ähnliche Ausstattung wie bei der analogen Fotografie zur Verfügung.

Unterschiede zur analogen Fotografie liegen in den typisch digitalen Aufnahme- und Verarbeitungsmethoden: Aufnahmeserien sowie Fokus- und Belichtungsreihen, die auch als *Bracketing* bezeichnet werden. Bei der Verarbeitung kommt das sogenannte *Stacking* zur Anwendung, ein Zusammenfügen von Bildreihen. Beim Stacking können bewegte Objekte aus der Serienaufnahme entfernt oder auch nachträglich eingefügt werden. Kamerabewegung, wie etwa beim analogen Filmtransport, gibt es nicht. Man kann zwischen zwei Aufnahmen präzise auf einer Stereobar verschieben. Die Möglichkeiten der Fernbedienung bis hin zum Live-Bild auf dem externen Smartphone kommen zum Tragen.

Auch das 3D-Video wird nun zum Thema, da jede Digitalkamera mit einer hochauflösenden Videofunktion aufwartet. Aus der Bildsequenz eines Videoclips kann man die Halbbilder extrahieren und gelangt bei bewegter Kamera zu zeitversetzten Einzelbildern mit Basisabstand von 2D nach 3D.

Abgesehen von den üblichen Bildbearbeitungsfunktionen kommen Computer Vision-Algorithmen ins Spiel. Durch moderne Kalibrierungsmethoden und Funktionen zur Bildkorrektur ist man in der Lage, auch die Fischaugenkameras in der Stereoskopie einzusetzen. Mit dem Begriff Rektifizierung wird die Rückführung einer stereoskopischen Aufnahme auf den Normalfall bezeichnet. Zwei freihändig aufgenommene Bilder werden durch mathematische Umrechnung in einer gemeinsamen Ebene ausgerichtet. Das Verfahren arbeitet mit automatisch erkennbaren Merkmalen und wird auch zur Beschleunigung interner Suchabfragen angewandt. Man ist also nicht mehr an die mechanisch präzise Stereoanordnung gebunden. Der Normalfall der Stereoskopie wird rechnerisch wiederhergestellt. Ferner kann man auch Umrechnungen an der Objektabbildung vornehmen. Trapezförmige Transformationen an Ebenen korrigieren stürzende Linien und werden unter anderem auch bei Aufnahmen mit Spiegelvorrichtungen eingesetzt. In diesem Kapitel wird das Augenmerk auf Besonderheiten der digitalen 3D-Fotografie mit Mono- und Stereokameras gelegt. Das Fotografieren wird dadurch komfortabler, der analoge Charme geht dabei jedoch verloren.

6.1 Das algorithmische Bild

Computer können sehen. Algorithmen erkennen Kanten, Muster und Merkmale in digitalen Bildern. Somit wird es möglich, vor der Verarbeitung Bildfehler (Aberrationen) automatisch zu eliminieren. Damit sind keine radiometrischen Korrekturen gemeint, sondern der Eingriff in die Bildgeometrie. Sofern das noch nicht in der Kamera erfolgt ist, ist die Objektivverzeichnung zu berücksichtigen. Aus Fischaugenaufnahmen werden wieder Normalabbildungen, Stereobildpaare sind automatisch zu orientieren, und am Ende der Verarbeitungskette steht sogar die automatische Ableitung von fotorealistischen 3D-Modellen. Es gibt daher hinreichend Gründe, in der Stereoskopie mit den digitalen Knipsen von Smartphones bis hin zu Action Cams zu experimentieren.

6.1.1 Kamerakalibrierung

Das ideale Kameramodell entspricht dem einer Lochkamera. Wir haben es bei Objektiven jedoch mit Abweichungen vom idealen Strahlenverlauf zu tun, der sogenannten Objektivverzeichnung. Diese zeigt sich als tonnenförmige oder kissenförmige Abweichung, radialsymmetrisch bezogen auf die optische Achse. Die mathematische Beschreibung folgt je nach Kameramodell einer Polynomfunktion höheren Grades. Im Falle eines geradlinigen Objektivs gilt für die Tonnenverzeichnung:

$$r_u = r_d \left(1 + k * r_d^2\right) \tag{6.1}$$

Darin ist *r* der Radialabstand, *d* steht für verzeichnet (*distorted*), *k* ist der Polynomkoeffizient, und *u* bedeutet korrigierter Wert (*undistorted*).

Angepasst an die Genauigkeitsanforderungen werden die Bildfehler mit unterschiedlichen Ansätzen und Anteilen modelliert. Dies wollen wir hier jedoch nicht vertieft behandeln. Aus praktischer Sicht stellen sich folgende Fragen: Woher bekommt man die Parameter? Wie kann man die Bilder verbessern? Es können drei Verfahren angeboten werden:

- Korrektur in der Firmware der Kamera
- empirische Korrektur durch Testbildvergleich
- Kamerakalibrierung per Software

Moderne digitale Kameras liefern das Bild bereits verzeichnungsfrei an. In den Kameraeinstellungen kann der Benutzer das entsprechende Häkchen setzen.

Die zweite Variante der Bestimmung erfolgt empirisch und rein visuell. In den diversen Softwarepaketen greift man zum Schieberegler und stellt bei einer Testaufnahme den nicht verzerrten Verlauf gerader Linien wieder her, prüft die Linie und verbessert bei Bedarf.

Bei den Fischaugen der Action Cams haben wir es mit entsprechend großer Verzeichnung zu tun, die vorzugsweise a priori zu kompensieren ist. Bild 6.1 zeigt im rechten Teil die Aufnahme eines Testfeldes mit der für diese Objektive typischen tonnenförmigen Verzeichnung. Den Einfluss der Verzeichnung kann man optisch verifizieren und als Korrektur vor der Montage anbringen. Im Bild links befindet sich ein Screenshot der Software PTlens.[1] Im Beispiel des VTIN-Fischauges wurde ein Wert von 94 angesetzt. Die Software PTLens kennt so ziemlich alle Kamera- und Objektivkombinationen, was auch der Grund zur Erhebung einer kleinen Lizenzgebühr ist. Bei der Korrektur ist zwischen den normalen Objektiven und Fischaugen zu unterscheiden, was dem Programm über die Markierung einer Checkbox mitgeteilt wird.

Bild 6.1 Korrektur der tonnenförmigen Verzeichnung eines Fischaugenobjektivs mit PTLens (Radiobutton *Fisheye* markiert)

---

[1] Webseite von PTLens: *http://www.epaperpress.com/ptlens*

Wenn sie häufig mit Fischaugenobjektiven zu tun haben, ist die Software DxO Viewpoint zu empfehlen. Sie können sie 31 Tage lang kostenfrei testen.[2] Doch auch etliche weitere Softwaretools wie Hugin oder ImageMagick bieten ihre Dienste zur Korrektur an.

Radial-symmetrische Verzeichnung

Objektivverzeichnung tritt durch geringe Unzulänglichkeiten der Linsensysteme auf und hat ihre Auswirkung im Versatz der Bildpunkte von der Ideallage. Gerade Linien werden als Bögen wiedergegeben. Eine tonnenförmige Verzeichnung tritt bei Weitwinkelobjektiven auf und ist mit einem negativen Wert zu korrigieren. Die kissenförmige Verzeichnung findet man dagegen bei Teleobjektiven, sie ist mit einem positiven Wert zu korrigieren. Der Betrag der kissen- oder tonnenförmigen Verzeichnung wird unter anderem auch als Verhältniszahl in Prozent vom Radialabstand der Bildpunkte angegeben.

Sollten Sie Benutzer von StereoPhoto Maker sein, gehen Sie auf BEARBEITEN > EINSTELLUNGEN > KARTEIKARTE JUSTAGE und setzen das Häkchen bei TONNENFÖRMIGE VERZEICHNUNG VOR AUTOJUSTAGE KORRIGIEREN. Nun wird nach dem Korrekturwert gefragt. In den Einstellungen zur manuellen Justierung können Sie ebenfalls die Verzeichnungskorrektur über einen Schieberegler beeinflussen. Meist ist die empirische Schätzung des Verzeichnungsanteils für die 3D-Fotografie ausreichend. Sofern man es genauer haben möchte, geht man iterativ vor, prüft nach Korrektur die geraden Linien und verbessert den Korrekturwert wiederholt.

Etwas problematischer als die visuelle Schätzung ist die mathematische Bestimmung der Verzeichnungsparameter. Hierbei legt man zunächst ein Kameramodell fest. Die ideale Kamera ohne Verzeichnung ist die Lochkamera. Dann haben wir es mit kissenförmiger oder tonnenförmiger Verzeichnung zu tun, den radial-symmetrischen Anteilen. Weiter kommen wir zum sogenannten Brown'schen Modell mit den Parametern für Hauptpunktlage und den Polynomkoeffizienten, die auch tangential-asymmetrische Anteile berücksichtigen. Sie merken schon – nun wird es mathematisch anspruchsvoll.

Schauen wir uns einmal eine Prozedur zur rechnerischen Ermittlung aller internen Kameraparameter aus den OpenCV-Tutorials[3] (das „CV" steht für „Computer Vision") an. Das Ausgangsmuster ist üblicherweise ein Schachbrett von $n * m$ Spielfeldern. Es werden etwa neun Bilder aus unterschiedlichen Richtungen aufgenommen (siehe Bild 6.2). Durch die Schrägaufnahmen wird ein räumliches Testfeld simuliert. Die Bilder stellen Sie in ein Verzeichnis und lassen über dieses Verzeichnis die Kalibrierungsprozedur laufen. Den Pfad tragen Sie manuell in das Skript ein. Die Software erkennt die Eckpunkte des Mus-

---

[2] Geometrische Bildkorrekturen: *http://www.dxo.com/de/fotografie/foto-software/dxo-viewpoint*
[3] OpenCV-Tutorial zur Kamerakalibrierung: *http://opencv-python-tutroals.readthedocs.io/en/latest/py_tutorials/py_calib3d/py_calibration/py_calibration.html*

ters und liefert unterstützt durch die Routinen aus der OpenCV-Bibliothek die Parameter des Kameramodells. In diesem Beispiel sind wir an den drei Koeffizienten *k1*, *k2* und *k3* interessiert. Je besser die räumliche Konfiguration und die Formatausnutzung der Bilder sind, desto zuverlässiger werden auch die Ergebnisse. In Bild 6.3 sehen Sie links (durch farbige Linien markiert) den Verlauf der automatisch gefundenen Punkte und rechts das verbesserte Bild.

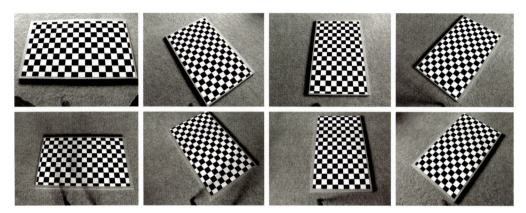

Bild 6.2 Kalibrierungsaufnahmen

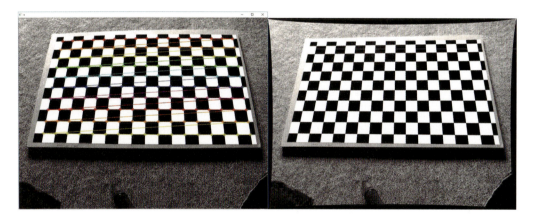

Bild 6.3 Punkterkennung (links) und Bildverbesserung (rechts

Der gefundene Parametersatz wird am Bildschirm angezeigt und in das Ergebnisprotokoll geschrieben. Nach dem Programmlauf können Sie die Koeffizienten auch zur Korrektur der Bilder mit ImageMagick nutzen. Der Befehl convert bringt die Option -distort mit, die wie folgt aufzurufen ist:

```
magick convert source.jpg -distort barrel "-0.0197041 0.0338814 -0.0439172" target.jpg
```

Den hier benutzten Datensatz und das Python-Script können Sie sich auf der Webseite zum Buch herunterladen.[4] Probieren Sie das Script einfach einmal mit einem eigenen Testfeld aus. Die Variablen-Deklarationen sind selbsterklärend. In den Internetquellen findet man auch häufig die Anwendung mit fester Kamera und frei bewegtem Testfeld.

Was bringt uns nun aus Sicht der Stereoskopie die Verzeichnungskorrektur? Zunächst einmal haben wir gerade Linien des Objekts auch im Bild. Zweitens ist der Raumeindruck nicht gestört. Für den Einsatz der Fischaugen spricht doch einiges, wie die folgenden zwei Motive in Bild 6.4 und Bild 6.5 zeigen.

Bild 6.4 Stereobildpaar Torhaus mit 170 Grad-Fisheye VTIN

Mit dem Torhaus aus Bild 6.4 liegt ein freihändig aufgenommenes Bildpaar in sehr eingeschränkter Räumlichkeit vor. Nur mit einem extremen Weitwinkel ist hier etwas zu machen. A priori wurde mit der Software PTLens die Verzeichnung im Stapelbetrieb für ein gesamtes Verzeichnis durchgeführt. Mit der hohen Bildauflösung hat man auch hinreichend Spielraum für den Zuschnitt des Bildes. Ohne die Möglichkeit einer rechnerischen Verzeichnungskorrektur wäre der Einsatz einer Action Cam für 3D-Aufnahmen in diesem Umfeld ungünstig. Der Nahbereich derartiger Kameras beginnt schon nach wenigen Zentimetern. Auch hierdurch ergeben sich besondere Gestaltungsmöglichkeiten. Voraussetzung für gelungene Aufnahmen sind jedoch gute Lichtverhältnisse.

---

[4] Datensatz zum Download *http://3d.imagefact.de/support/camcalibration.zip*

Bild 6.5 Stereobildpaar, montiert nach „digitaler Nothilfe"

Bild 6.5 ist unterschrieben mit „digitaler Nothilfe". Aus einem „Katastrophenbild" konnte durch digitale Bildverbesserung ein noch brauchbares Stereobildpaar entstehen. Die Aufnahme entstand mit der Action Cam im durch Bäume abgeschatteten Bereich. Zuerst musste eine Belichtungskorrektur her. Anschließend erfolgte die Eliminierung der Objektivverzeichnung. Mit der Einzelbildentzerrung waren die stürzenden Linien zu kompensieren. Derart vorbereitet, wurde das Bildmaterial mit StereoPhoto Maker (SPM) montiert und quadratisch zugeschnitten. Mit 1960 × 1960 Pixeln verblieb noch eine ordentliche Bildauflösung.

Man kann also auch mit extremen Weitwinkelkameras 3D-Fotografie betreiben. In Bild 6.6 ist der Versuch mit einer 360-Grad-Kamera vorzufinden. Die Kamera wurde unmittelbar vor dem Zaun auf einer Stereoschiene positioniert. Den Stativkopf am unteren Bildrand wird man sicher nicht zur Deckung bringen können. Reizvoll ist die grafische Darstellung der Kugel im 180-Grad-Modus allemal. Jedoch wird man bei 360-Grad-Kameras die Verzeichnung nicht mehr, wie zuvor diskutiert, handhaben. Es geht in die Richtung Panorama, das Ihnen in Abschnitt 6.5 begegnet.

Bild 6.6 Stereoskopische Spielerei mit einer 360-Grad-Kamera (SbS-Format)

6.1.2 Präzision ohne Basis

Nach der Faustformel für die Basislänge einer Stereoaufnahme benötigt man für eine Nahdistanz von 90 m einen Kameraabstand von 3 m. Ein Stereoschlitten dieser Länge scheint absurd. Mit rein analogen Methoden ist eine beliebig erweiterbare Stereobasis auch nur schwer zu realisieren. Gleiche Kamerahöhe und parallele Ausrichtung sind bei einigen Metern Basis nur näherungsweise zu erzielen. Die Bedingungen an den Stereonormalfall sind bei digitaler Aufnahme deutlich lockerer. Anfallende Abweichungen der Kamerapositionen vom Idealfall kann man digital korrigieren.

Zur Verdeutlichung der digitalen Möglichkeiten betrachten wir hier exemplarisch den Fall der Bildrektifizierung, nicht zu verwechseln mit der Ebenenentzerrung (*Homography*). Der Programmierer weiß die Funktionen der OpenCV-Bibliothek zu schätzen. Dort sind die Algorithmen mit Bindungen an verschiedene Programmiersprachen implementiert. Computer Vision liegt zwar außerhalb der Thematik dieses Buches, dennoch soll an dieser Stelle einmal die Rektifizierung eines Bildpaares erörtert werden.

 Epipolargeometrie

Die Epipolargeometrie stellt die geometrischen Beziehungen zwischen Bildern dar. Mit dem automatischen Sehen gewann die Epipolargeometrie an Bedeutung und ist in Algorithmen zur automatischen Bildorientierung und Objektmodellierung implementiert. Unter Rektifizierung versteht man die Umbildung nicht planarer Bildpaare (graue Bildflächen) in eine Ebene (blaue Bildflächen), die dann rechnerisch dem stereoskopischen Normalfall entspricht.

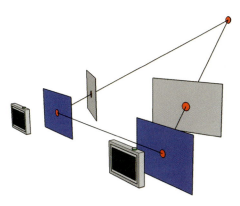

Bild 6.7 Prinzipskizze zur Rektifizierung eines Bildpaares

In der Zweibildgeometrie liegt der stereoskopische Normalfall vor, wenn die Kamerabilder in einer Ebene liegen, die Objektive gleiche Brennweiten aufweisen und verzeichnungsfrei sind. Bei freihändiger Aufnahme kann das nur näherungsweise der Fall sein. Mithilfe der Epipolargeometrie lassen sich die Abhängigkeiten korrespondierender Bildpunkte, das sind die Abbilder eines Objektpunktes in beiden Kamerabildern, beschreiben. Die Rückführung der Kamerapositionen auf den Normalfall wird mit Rektifizierung bezeichnet. Die Epipolarebene wird durch die beiden Zentren zweier Kameras und einen Punkt im Objektraum gebildet. Der Schnitt dieser Ebene mit den Bildebenen wird als Epipolarlinie bezeichnet. Die Verbindungslinie der Kamerazentren schneidet die Bildebenen in den Epipolen. Der Normalfall liegt vor, wenn die Epipolarlinien horizontal im Bild verlaufen. Wir haben mit diesem Berechnungsschritt eine für weitergehende Algorithmen benötigte Optimierung vollzogen und befreien unsere freihändigen Stereobildpaare von ungewünschten Vertikalparallaxen.

Folgende Einzelschritte sind auszuführen:

- automatische Suche von diskreten Punkten mit einem Operator
- Zugehörigkeit der Punkte ermitteln (matchen)
- Transformationsmatrizen für die Umrechnung ermitteln
- Bilder umrechnen
- Das ursprüngliche Bildpaar, hier bewusst vom stereoskopischen Normalfall abweichend, mit der Eintragung von Epipolarlinien sehen Sie in Bild 6.8. Die eingetragenen Epipolarlinien verlaufen aufgrund der nicht parallelen Bildebenen auch nicht horizontal. Nach der Rektifizierung nehmen die Linien einen zum Bildrand parallelen Verlauf an (siehe Bild 6.9). Ausgehend von einer horizontalen Kameraorientierung sind die entzerrten Bilder dann nur noch hinsichtlich der Parallaxe auf das Scheinfenster zu verschieben. Bei der Rektifizierung ist der kalibrierte und nicht kalibrierte Fall zu unterscheiden. Ersterer berücksichtigt die inneren Kameradaten, die Ergebnisse der Kalibrierung. Im nicht kalibrierten Fall werden nur die relativen Positionen der Kameras zueinander benutzt.

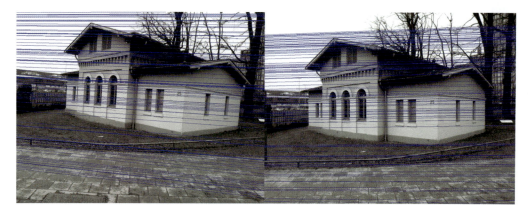

Bild 6.8 Epipolarlinien im nicht rektifizierten Bildpaar

Bild 6.9 Rektifiziertes Bildpaar (Format: SbS L-R)

Bild 6.7 wurde auf die notwendigsten Eintragungen reduziert. So konnte hoffentlich etwas Hintergrundwissen vermittelt werden. Ich wollte auch die Aussage belegen, warum bei freihändiger Aufnahme und erweiterter Basis in der digitalen 3D-Fotografie nicht unbedingt die höchste Präzision in der Kamerapositionierung erreicht werden muss.

Kommen wir nun wieder zurück zu den realen Verhältnissen. Sehen Sie sich die Aufnahmesituation der Kaiserpfalz (Goslar) in Bild 6.10 an. Das Gebäude hat eine Ausdehnung von ca. 80 m Länge, die Tiefe des Objekts beträgt bis zu den Reiterdenkmalen von Barbarossa und Kaiser Wilhelm im Vordergrund etwa 40 m. Aus Sicht der Bildgestaltung ist die Frontalaufnahme nicht von besonderem Reiz. Es sollte jedoch ein ausgedehntes Stereobild angefertigt werden, in dem man am Monitor ein- und auszoomen kann. Bei etwa 4600 Pixeln Bildbreite beträgt die Objektauflösung ca. 2 cm. Bild 6.10 mit einem Bildmaßstab von etwa 1 : 1600 kann im kleinformatigen Druck nur einen Überblick geben. Stereoskopisch reizvoller sind sicher die Reiterstandbilder (siehe Bild 6.11 und Bild 6.12). Mit der Schrägaufnahme kommt echte Tiefe auch schon ohne stereoskopische Betrachtung ins Bild.

Bild 6.10 Kaiserpfalz Goslar: mittlere Aufnahmeentfernung ca. 60 m, Stereobasis ca. 2 m

Aufnahmekamera ist eine Olympus Pen, Zuiko 14–42 mm. Bei Anwendung des Weitwinkels mit 14 mm (Cropfaktor 2) beträgt die mittlere Aufnahmeentfernung für ein formatfüllendes Bild etwa 60 m. Nach der Daumenregel 1/30 der mittleren Objektentfernung kommen wir auf eine Stereobasis von 2–3 m. Die Kameraachse wurde horizontal ausgerichtet. Somit entstehen an der Fassade keine stürzenden Linien. Die Aufnahmen wurden von einem Stativ unterstützt, die Basis kann man gut mit einem Zollstock markieren, der auch zur orthogonalen Ausrichtung der zweiten Aufnahmeachse gegenüber der Basis hilfreich ist. Die Horizontierung der Aufnahmeachse überprüfen Sie mit der Kameralibelle und dem Raster im Live-Bild. Man hat auch hier das Problem der Standpunkthöhen, wie bei den meisten Architekturaufnahmen. Die Kamera befindet sich etwa 1,6 m über Bodenhöhe. Bei horizontaler Ausrichtung und ansteigendem Gelände ist nur die obere Bildhälfte vom eigentlichen Objekt abgedeckt. Gleiche Standpunkthöhen sind bei der Stativaufstellung zu beachten. Die Korrektur der Objektivverzeichnung erfolgt kameraintern in der Firmware.

Bild 6.11 Ausschnitt aus der Gesamtansicht bei Zoomfaktor 4

Mit dem Stereobasisrechner berechnet man eine Basis um 3,40 m, doch man muss die maximal zulässige Parallaxe nicht ausnutzen. Die Bildauflösung von 4600 × 3400 Pixeln bietet auch noch Freiräume für Ausschnittvergrößerungen und Beschnitt. Für eine gute Bildgestaltung gilt die Empfehlung: Vordergrund, Hauptmotiv, Hintergrund. Im Falle von Bild 6.12 benutzt die Schrägaufnahme für die gesamte Tiefenstaffelung das Hauptmotiv und zeigt die Überlegenheit gegenüber der Frontalaufnahme.

Bild 6.12 Betonung der Tiefe durch Schrägaufnahme

Während das Motiv aus Bild 6.12 mit zeitnahen Einzelaufnahmen bei Standpunktwechsel belichtet werden konnte, dienen Intervallaufnahmen von bewegten Plattformen wie Flugzeug, Eisenbahn oder Schiff auch der Erzeugung einer erweiterten Basis. Die Kamera wird orthogonal zur Fortbewegungsrichtung gehalten und in Serie ausgelöst. Die Intervallzeit richtet sich nach der Geschwindigkeit und dem Abstand des Objekts. Bei einer Geschwindigkeit von 11 kn (20 km/h) eines Fahrgastschiffes werden in einer Sekunde 5,55 m zurückgelegt. Nehmen wir eine längere Brennweite von 75 mm, dann liegt der Stereobereich nach 1 Sekunde bereits bei etwa 350 m, ausgewiesen durch den Basisrechner. Seien Sie also nicht zu großzügig mit dem Zeitintervall. Nehmen Sie kurze Intervallzeiten über einen längeren Weg, oder entscheiden Sie sich vielleicht sogar für das hochaufgelöste Video. Zur Aufnahmen von Wolkenformationen oder für entfernte Landschaftsobjekte ist die Intervallmethode gut geeignet.

6.1.3 Fokus-Stacking

Die Schärfentiefe (synonym mit Tiefenschärfe) ist der Bereich des Objekts, der auf dem Foto scharf abgebildet wird. Mit Tiefe wird dabei der Abstand weg vom Objektiv bezeichnet. Einen großen Bereich Tiefenschärfe erzielt man mit weitwinkligen Objektiven und kleiner Blende, einen kleinen Bereich mit längeren Brennweiten und großer Blende. Vom Objektiv aus gesehen, wird ein Lichtkegel auf die Filmebene projiziert, dessen Spitze bei korrekter Fokussierung mit der Filmebene zusammenfällt. Ist das nicht der Fall, entsteht ein Zerstreuungskreis, der ab einer gewissen Größe als Unschärfe gesehen wird. Im Vergleich zur Lochkamera, bei der der Abstand zwischen Lochblende und Bildebene konstant ist und der Zerstreuungskreis durch die Größe der Öffnung bestimmt ist, kann der Abstand zwischen Bildebene und Objektiv bei einem Linsensystem verändert und so der Objektentfernung angepasst werden.

Am Beispiel von Bild 6.13 wird der Vorgang ersichtlich. Das Bild ist auf die vordere Taste V der Computertastatur fokussiert. Der weiße Rahmen markiert den Fokusbereich. Die Tasten im Hintergrund sind unscharf. Im mittleren Teil von Bild 6.13 ist auf die Taste G fokussiert, der vordere Bereich ist nunmehr unscharf. Im rechten Teil ist die Tastatur im Vordergrund unscharf, fokussiert wurde auf die Taste 6. Eine derartige Fokusserienaufnahmen kann man je nach Kameramodell manuell oder automatisch anfertigen und zum Ergebnisbild zusammenfügen. Bei der hier benutzten Olympus Pen EP-5 ist die Größe des Bildausschnitts für den Autofokus wählbar. Auf dem Touchscreen ist dieser über den Bildbereich zu verschieben. Manuell wird eine Aufnahmeserie mit variabler Bildebene bei fester Brennweite ausgelöst. Natürlich gilt das nur für statische Motive mit Stativ und Kabelauslöser, bzw. Zeitauslöser.

Bild 6.13 Tiefenschärfe am Beispiel der Fokussierung auf eine Tastatur

In Bild 6.14 haben wir es mit einem klassischen Magnetspielzeug zu tun. Die Tänzerin, die sich vor dem Spiegel drehen kann, ist etwa 6 cm groß. Bei einer Aufnahmeentfernung von etwa 20 cm ist ein Tiefenbereich von ca. 8 cm zu erfassen. Das ist die eigentliche Figur im Vordergrund, das Spiegelbild, der Spiegel selbst und ggf. der Hintergrund im Spiegel. Mit sechs bis neun Aufnahmen kommen Sie zu einem guten Ergebnis.

Für das Stacking benötigen Sie Softwareunterstützung. Das Problem löst Picolay[5] von Heribert Cypionka, eine Freeware für Windows. Der Download liefert eine ausführbare Datei und einen Beispieldatensatz, mit dem man experimentieren kann. Die Bedienung der Programmoberfläche ist denkbar einfach. Sie laden eine Bilderserie und starten den Stacking-Prozess. Am Ende der Prozedur wird das Ergebnisbild gespeichert. Über die Parametereinstellungen können Sie bei Bedarf noch etwas an den Stellschrauben drehen. Alternativ bieten sich professionelle Lösungen oder Bildbearbeitungsprogramme an. Meine Erfahrungen mit Picolay sind mehr als zufriedenstellend. Wichtig bei der Aufnahme ist eine stabile Kameraaufstellung, verbunden mit dem Stereoschlitten für die kleine Basis.

Bild 6.14 Tänzerin vor dem Spiegel (Höhe der Figur: 6 cm)

Eine weitere Anwendung des Fokus-Stackings ist die Aufnahme der Musikkapelle, die wiederum in ein Bildpaar einer vorhandenen Straßensituation hineinmontiert wurde (siehe Bild 6.15). Die Kameraorientierungen beider Aufnahmen müssen dabei in etwa übereinstimmen. Mit horizontaler Kamera müssen wir die Richtung einigermaßen hinbe-

---

[5] Picolay-Software: *http://www.picolay.de*

kommen. Die Größenanpassung bei der Montage ist nicht das hauptsächliche Problem. Soll die Aufgabe nicht näherungsweise, sondern präzise durchgeführt werden, dann ist die Lösung nicht trivial.

Bild 6.15 Die Blasmusik kommt! (Stereobildmontage)

Ebenfalls mit einer kurzen Basis wurden die Aufnahmen der Treppensteiger auf der Computerplatine erstellt (siehe Bild 6.16). Die Figuren von Preiser im Maßstab 1:87 eignen sich gut für Table-Top-Aufnahmen. Auch in diesem Fall kam die Olympus Pen zum Einsatz.

Bild 6.16 Table-Top-Aufnahme mit der Olympus Pen EP 5 (Monokamera mit Basisverschiebung)

6.1.4 High Dynamic Range (HDR)

In der Fotografie gilt der Dynamikbereich als Quotient zwischen dem größten und kleinsten Helligkeitswert und wird in Blendenstufen angegeben. Die Kombination aus Blende, Belichtungszeit und Empfindlichkeit (ISO-Wert) ist der Lichtwert. Während sich das Auge in der Natur den Lichtwerten dynamisch anpassen kann, können Kamerasensoren nur einen geringeren Dynamikumfang abbilden. Zwischen nächtlicher Dunkelheit und hellem Sonnenschein liegen etwa 20 Lichtwerte, Kameras sind auf etwa acht Lichtwerte beschränkt. Zur Erhöhung des Dynamikumfangs eines Sensors bedient man sich der HDR-Fotografie. High Dynamic Range ist die Aufnahme einer Bildserie mit einer erweiterten Berechnung des Lichtwertebereichs. Ohne Verlust von Details oder Natürlichkeit werden dunkle Stellen aufgehellt, helle Stellen abgedunkelt. Diese Berechnung kann unmittelbar in der Kamera erfolgen. Beim Smartphone sind in extrem kurzer Zeit Mehrfachbelichtungen möglich.

Für die manuelle Bearbeitung benötigen Sie einen festen Standpunkt, von dem aus Sie eine Bildserie aus fünf bis sieben Bildern bei fester Blendeneinstellung mit in Stufen variierenden Belichtungszeiten (EV-Stufen) anfertigen. Die Bilder werden im RAW-Format gespeichert. Software zur Auswertung der HDR-Serienbilder ist weit verbreitet. Sie haben die Wahl zwischen Freeware und lizensierten Programmen. Die Programme arbeiten immer in zwei Stufen, der Bestimmung des größten Kontrastumfangs und dem anschließenden Tonemapping. Letzteres reduziert den Kontrastumfang für das Ausgabegerät. Immer beliebter werden dabei auch künstlerische Effekte mit dramatischen Strukturen. Professionelle Programme lösen parallel dazu auch das Problem des Ghostings, die Entfernung sich bewegender Objekte. Es besteht jedoch auch der Wunsch nach dem Umkehreffekt, also Personen mit Bewegungsunschärfe bewusst einzurechnen.

Bild 6.17 Bild mit surrealem Effekt und Benutzeroberfläche von HDR Projects: Menü *Voreinstellungen* (links), *Tonemapping* und *Post Processing* (rechts)

Es würde ausufern, hier die Details einzelner Softwareapplikationen zu erläutern. Ich zitiere aus dem Ranking der Website Gizmo's Freeware:[6] Am einfachsten zu bedienen (insbesondere für Anfänger) ist Picturenaut. Wer sich etwas mehr mit seinen Bildern beschäftigen möchte, wählt Fusion Q. Mein persönlicher Favorit ist HDR Projects aus dem Franzis Verlag, das für einen moderaten Lizenzbetrag erhältlich ist (siehe Bild 6.17). Zu den voreingestellten Effekten kann man das Tonemapping mit eigenen Einstellungen anwenden und bekommt etliche Postprocessing-Funktionen, einschließlich der Linsenkorrektur, angeboten. Man benötigt keine Bildserie, es geht schon mit einem Bild los. Inwieweit die künstlerischen bzw. künstlichen Effekte das Raumbild manipulieren, mag der Betrachter entscheiden. In Bild 6.18 sehen Sie eine etwas dramatische Aufnahme vom Schlossplatz in Braunschweig (für den Kreuzblick geeignet).

Bild 6.18 Schlossplatz in Braunschweig: Stereobild für den Kreuzblick mit leicht dramatischem Effekt

6.1.5 Serienaufnahmen ohne Geister

Im Museum oder bei Außenaufnahmen wird immer jemand durch das Bild laufen. Sollen bewegte Objekte aus den Bildern entfernt werden, gibt es eine Software- und eine fotografische Hardwarelösung. Im letzteren Fall schalten Sie einen Neutraldichtefilter (ND-Filter) vor die Kamera und belichten mit Langzeitauslösung. Durch den Filter werden Objekte, die sich vor der Kamera bewegen, nicht erfasst. Wie bei allen Serien und Langzeitaufnahmen ist das stabile Stativ notwendig.

Die wohl einfachere Softwarelösung benötigt ebenfalls eine stabile Kameraaufstellung und möglichst einen Fernauslöser für erschütterungsfreie Aufnahmen. Die Aufnahme-

---

[6] Website mit Informationen zu freier Software: *https://www.techsupportalert.com*

technik gilt immer bei Serienaufnahmen, trotz der softwareseitigen Kompensation kleiner Bewegungen. Zur Anwendung kommt eine spiegellose, auf einer Stereoschiene montierte Canon G10 mit Funkfernauslöser. Bild 6.19 zeigt aus der Serienaufnahme jeweils zwei Bilder mit bewegten Objekten, die zu entfernen sind. Oder man versucht den Effekt auszunutzen und bringt die Elemente bewusst ins Bild. Schauen Sie sich die Einzelbilder einmal mit der Anaglyphenbrille an.

Bild 6.19 Bewegte Objekte in einer Bildserie

Das Stereobild vom Stadtmarkt in Wolfenbüttel mit dem Herzog-August-Denkmal wurde mit der Software Neat Projects (wie HDR Projects aus dem Franzis Verlag) bearbeitet. In einer Fotoserie werden mehrere Aufnahmen des gleichen Objekts vom linken und rechten Standpunkt einer Stereobasis aufgenommen. Die Bilderserien laden Sie in das Programm, und die Bewegungen werden unmittelbar automatisch herausgerechnet. Das automatisch gewonnene Ergebnis kann an Fehlstellen noch nachbearbeitet werden. Benutzereinstellungen für die Feinjustierung sind zahlreich möglich. Die Bildserie mit jeweils ca. zehn Aufnahmen von beiden Standpunkten aus ist nicht am Sonntag in der Frühe aufgenommen, sondern bei belebter Szenerie, aber dennoch von den bewegten Objekten befreit (siehe Bild 6.20).

Bild 6.20 Herzog-August-Denkmal am Stadtmarkt in Wolfenbüttel ohne störende Nebenobjekte

Zu Bild 6.20 ist noch einiges anzumerken. Die filigranen Strukturen der Dachziegel und des Straßenpflasters neigen zu Moiré-Effekten. Sofern diese auftreten, kann die Bildbearbeitung ggf. mit einem Weichzeichner aushelfen. Bildstörungen finden sich auch in der Anaglyphendarstellung. Man kann die Bilder aber nicht beliebig manipulieren, da man sonst die Parallaxen verfälscht. Auch ist das Postprocessing, wie es in Bild 6.17 probiert wurde, für die Stereowiedergabe nicht immer das probate Mittel. Also lassen Sie bitte etwas Vorsicht beim Postprocessing und den künstlerischen bzw. künstlichen Eingriffen walten.

6.2 Twin-Sets oder Gespanne

Der Begriff Gespanne ist schon bei den analogen Kameras, verbunden durch Doppeldrahtauslöser, aufgetreten. Schicker hört sich der Begriff Twin-Set an. Damit assoziiert man gleichzeitig die digitale Welt. In diesem Abschnitt werden zwei Varianten von Twin-Sets vorgestellt. Bereits länger bekannt sind die Lösungen mit Canon-Kameras und der Software StereoData Maker (SDM). Mit den zahlreichen Modellvarianten der Kompakten und DSLRs haben sich die 3D-Fotografen ihre Systeme zusammengebaut. Eine neu zu diskutierende Lösung besteht aus zwei Action Cams, obwohl diese jeweils ein extrem verzeichnendes Weitwinkelobjektiv (bis zu 170 Grad) mitbringen. Die professionelle Lösung kommt von der Firma GoPro. Im Folgenden wird eine namenlose Variante mit 2,4 GHz Remote Control ausprobiert.

6.2.1 Digitale Kompakte

Mit dem Aufkommen digitaler Kompaktkameras in den Jahren ab etwa 2000 wurden auch die digitalen Gespanne interessant. Es existierte nun eine kostengünstige Alternative gegenüber den Spiegelreflexkameras. Aufgrund der kompakten Bauweise dieser digitalen Winzlinge sind Basisabstände um 65 mm problemlos zu montieren. Die Anordnung im Porträtformat zur Verringerung der Basis ist nicht zwingend notwendig. Eine Z-Schiene sorgt für den Zugang zu den Kameraschnittstellen auf beiden Seiten des Gespanns und das Aneinanderrücken der Objektive.

Für Canon-Kameras kam die Software Canon Hacker Development Kit (CHDK), eine alternative Firmware, als Open-Source-Projekt ins Internet, mit der die Apparate unabhängig von der originären Firmware manipuliert werden konnten. Auf der Basis von CHDK wurde die kostenfreie Software StereoData Maker (SDM) abgeleitet. Der Einsteiger kann mit kleinem Budget ein digitales Gespann zusammenstellen und ist damit in jeder Aufnahmesituation schussbereit für 3D-Fotos. Ich empfehle, zunächst Erfahrungen mit einem preiswerten Gespann zu sammeln, bevor man in die Profiklasse wechselt. Anstelle der DSLR-Boliden greift man dann vielleicht zu den spiegellosen Systemkameras. Neben der ausgezeichneten technischen Qualität kommt bei den Spiegellosen leider die Eigenschaft „hochpreisig" hinzu.

Für das hier vorzustellende Gespann bedienen wir uns zweier Canon Ixus 70 von der eBay-Plattform, die derzeit jeweils für unter 50 € zu haben sind (siehe Bild 6.21). Die Entwicklung der Canon-Kompaktkameras begann 1996 mit den IXUS-Modellen, andere Label waren Powershot, Digital Elph und Ixy. Aktuelle Modelle sind IXUS 190 und die Kompakten der Powershot-Reihe.

Den Synchronauslöser für die USB-Schnittstelle kann man nach Anleitung der Webseite[7] selber bauen oder im Internet ein fertiges Exemplar bei Digi-dat[8] erwerben. Mit diesem Auslöser ist eine hohe Synchronisierung, unter 1/16 000 s, beider Aufnahmen realisiert. Eine einfache Blitzschiene für 10 € koppelt die Kameras. Doch da mittlerweile der 3D-Druck den Siegeszug angetreten hat, konstruieren Sie vielleicht auch Ihr eigenes Exemplar. Meine Lösung hat eine mit GoPro vergleichbare Stativaufnahme und die Möglichkeit, die Basis ab 65 mm bis etwa 170 mm zu erweitern. Wasserwaage bzw. Dosenlibelle und ein handelsüblicher Handgriff ergänzen das DIY-Projekt. Diese Kamerahalterung können Sie für eigene Modifikationen als Sketchup-Datei im Internet herunterladen. Zum 3D-Drucken wird auch das STL-Format angeboten.[9]

Bild 6.21 Canon Ixus 70-Gespann mit DIY-Z-Stereoschiene

---

[7] Anleitung zum Bau eines Synchronauslösers: *http://sdm.camera/sdm/documentation/Remote-switch.pdf*
[8] Dienstleistungen für Medientechnik: *http://www.digi-dat.de/*
[9] Kamerahalterung für IXUS70 bei Sketchfab (*https://sketchfab.com/models/fb05b24fa664412d98f58187df91152c*) und bei i.Materialise (*https://i.materialise.com/shop/designer/guenter-pomaska*)

StereoDataMaker (SDM) basiert auf dem Canon Hacker Development Kit (CHDK), einem Firmwareaufsatz, der als Open-Source-Projekt über die Website *http://chdk.wikia.com/wiki/CHDK* zu erreichen ist. Die Entwicklung von CHDK wurde 2006 von einem Programmierer namens VitalyB eingeleitet. Zu den Entwicklern von SDM gehört David Sykes. Download und Support erhalten Sie unter *http://sdm.camera/index.htm*.

SDM muss für jedes Kameramodell individuell auf einer SD-Karte installiert werden. Die Installation erfolgt auf dem PC mit dem Programm Assist von David Mitchell. Assist[10] steht zum Download als ZIP-Archiv auch in deutscher Sprache bereit. Nach Entpacken des Archivs starten Sie unter Windows das Befehlsskript mit *assistx.cmd* aus dem Dateiexplorer heraus. Zur Identifikation der Kamera und zum Download der Firmware benötigen Sie ein beliebiges mit der Kamera aufgenommenes Bild. Dieses ziehen Sie per Drag & Drop in die Applikation und folgen den weiteren Anweisungen des Dialogs. Wenn Sie es mit älteren Kameras zu tun haben, kann die OS-Version variieren. Machen Sie mit jeder Kamera ein Referenzbild, und benutzen Sie das entsprechende Bild zur Vorbereitung der SD-Karte. Sofern etwas nicht kompatibel ist, streikt die Kamera beim Einschalten. Nach Entnahme aus dem PC-Laufwerk aktivieren Sie den Schreibschutz der Karte, die jetzt erstmalig in der Kamera verwendet werden kann.

SDM meldet sich nach erstmaligem Einschalten (Booten) der Kamera mit einer Informationsseite, die Sie mit dem DOWN-KEY der Kameranavigationstaste durchblättern oder mit der MENÜ-Taste verlassen. Danach erscheint ein kleines Menü mit der Frage nach rechter oder linker Kamera eines Stereogespanns. Beantwortet wird mit der FUNC.SET-Taste. Die Kamera zeigt jetzt im Display den normalen Aufnahmemodus mit an. Mit einem kurzen Druck auf die MENÜ-Taste schalten Sie in den sogenannten Alt-Modus, ein längerer Druck danach ruft das SDM-Hauptmenü auf. Hier haben Sie die Wahl zwischen EasyModes und EasySettings. Bestätigen Sie die EasyModes mit FUNC.SET. Mit den Richtungstasten UP/DOWN können Sie weitere voreingestellte Kamerafunktionen wählen und gelangen nach Auswahl zurück in den Alt-Modus. Hier ist auf die Anweisungen des Softwaredialogs zu achten.

---

[10] Automatic Simple SDM Installation Setup Tool: *http://www.zenoshrdlu.com/assist/de/assist.html*

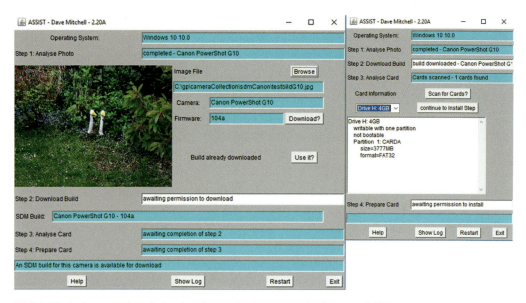

Bild 6.22 Assistent zur Installation bootfähiger SD-Karten mit der Software SDM

Von den Skripten im Menü *EasyModes* sind für die 3D-Fotografie die Modi *3D*, *TimeLaps*, *Timer*, *Sports* und *Event* vorbereitet. Die Skripte sind als Textdateien gespeichert und editierbar. Die Programmierung soll jedoch nicht Gegenstand der Betrachtungen werden.

Der kompakte Zwerg IXUS 70 kann sich natürlich nicht mit den Spiegelreflex-Boliden messen, zeigt aber mit dem optisch-digitalen Zoom eine erstaunlich gute Bildqualität bei einer Auflösung von 3072 × 2304 Pixeln. Die Kamera arbeitet mit Autoexposure, das heißt, bei Antippen der Auslösetaste werden der Weißabgleich bestimmt, fokussiert und die Belichtung gemessen.

Das Twin-Set ist jetzt einsatzbereit. Zuvor ist aber noch die Kalibrierung der Kamerahalterung zu testen. Sind die Kameras parallel ausgerichtet? Ist der Höhenversatz akzeptabel? Wir fertigen ein einfaches Testbild an: zwei senkrechte schwarze Linien im Abstand der Kamerabasis und zwei horizontale Linien, wie in Bild 6.23 links zu erkennen. Befestigen Sie das Testmuster horizontiert ausgerichtet an einer Wand. Stellen Sie nun die Kamera orthogonal dazu auf, und machen Sie ein Stereobild. Bei Bedarf ist noch die Objektivverzeichnung zu eliminieren. Die Kameraausrichtung kann durch Perspektivkorrektur verbessert werden. Erläutert wird die Prozedur in Kapitel 5 am Beispiel eines Python-Skripts. Nun laden wir beide Halbbilder in ein Bildbearbeitungsprogramm. Jedes Bild wird einzeln verschoben. Im linken Bild befindet sich die linke schwarze Linie in der Mitte. Analog wird im rechten Bild die rechte Linie in die Mitte verlegt. Danach werden beide Bilder mit 50 % Transparenz überlagert und die Ebenen werden zusammengeführt. Sie sollten dann von den drei senkrechten schwarzen Linien die mittlere als tief schwarze Linie erkennen, die anderen beiden Linien nur mit 50 % Deckkraft. Die roten Linien laufen im

Idealfall durch das gesamte Bild. Ein Versatz in der Höhe wirkt sich als Vertikalparallaxe aus. Sofern möglich, justieren Sie an der Kamerahalterung. Zur Parallelausrichtung ist ein Anschlag vorgesehen. Die Höhen wurden sorgfältig ausgemessen. Den Pixelwert notieren Sie und können ihn ggf. in einer Stapelverarbeitung korrigieren oder mit in die spätere Anwendung einbringen. Rechts in Bild 6.23 ist das Ergebnis einer justierten Kamerahaltung erkennbar. Bei Abweichungen muss nicht immer die Kamerahalterung die Ursache sein. Es kann auch an der Montage der Sensoren in der Kamera liegen. Ist der Sensor in beiden Kameras auch in der erwarteten Lage?

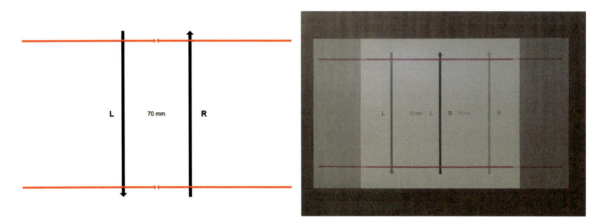

Bild 6.23 Muster zur Kalibrierung der Stereohalterung (links), Übereinstimmung der Kamerajustierung (rechts)

Nun geht es endlich mit dem neuen Gespann ins Feld. Ein mehr oder weniger statisches Motiv wie in Bild 6.24, eine Aufnahme der Wasserburg Heldrungen mit erweiterter Basis von 125 mm, sollte kein Problem darstellen. Wie bei allen Automatiken drückt man den Auslöser zuerst leicht an und anschließend durch.

Bei Sportaufnahmen benötigt man eine kurze Belichtungszeit. In diesem Fall ist die ISO-Einstellung auf HI oder manuell zu setzen. Doch Vorsicht bei zu hohen ISO-Werten, das Bildrauschen ist dann häufig nicht mehr tragbar. Zum Fokussieren richten Sie die Kamera auf einen gleich weit entfernten Punkt des später interessierenden Objekts. Den halb gedrückten Auslöser halten Sie in dieser Position und drücken ihn erst bei der Aufnahme ganz durch. Den Vorgang können Sie komfortabler mit dem 3DEvent-Skript von SDM ausführen. Nach dem ersten Auslösen ist die Kamera vorbereitet. Die Displays schalten auf dunkel und warten auf die zweite Auslösung.

Das IXUS-Gespann wurde auf die Pferderennbahn nach Hoppegarten geschickt. Bild 6.25 zeigt Reiter und Pferd auf dem Weg vom Führring zum Start. Die Synchronisation der Kameras ist auch hier bei normal bewegten Motiven kein Problem. Jedoch wird dieses Gespann nicht alle Ansprüche an die Sportfotografie lösen können. Erst wenn es in den Galopp geht, muss sich die Kamera beweisen.

Bild 6.24 Wasserburg Helldrungen (mit erweiterter Basis aufgenommen)

Bild 6.25 Synchronisation bei Sportaufnahmen

Zu erwähnen ist noch eine Variante zur SDM-Synchronisation, der gemeinsame Start zweier Kameras über einen LANC-Shepherd Controller. Das LANC-Kommunikationsprotokoll ist eine Entwicklung von Sony und gestattet nicht nur die Synchronisation, sondern auch Fokus und Zoom. Die LANC-Kommunikation wird häufig in der Videotechnik eingesetzt.

6.2.2 Action Cams

Action-Kameras sind seit etwa 2006 auf dem Markt. Konzeptionell sind sie hauptsächlich für Sportaufnahmen, besonders für Extremsportler wie Fallschirmspringer oder Motorradrennfahrer, geeignet. Sie sind extrem robust und wasserdicht. Die Entwicklung dieser Kameras geht im Wesentlichen auf die US-Firma GoPro zurück. Seit etwa 2006 liefert GoPro Action Cams mit einer Videoauflösung von 1080 p und Frameraten von 30 fps aus. 2015 entwickelte GoPro eine eigene Drohne mit der Bezeichnung Karma. Die neuen

Modelle der Kameras zeichnen Videos mit 4K und mit 12 MP für Einzelbilder auf. Wenig überraschend sind zeitnah Varianten und Kopien aus chinesischer Produktion zu wesentlich geringeren Preisen aufgetaucht. Im Internet findet man untereinander identische Modelle mit verschiedenen Produktbezeichnungen und Variationen bei Verpackung und Befestigungszubehör, meist auch mit Unterwassergehäuse nach Art der GoPro. Das ist sicher auch ein Grund dafür, dass GoPro seine Modellpolitik geändert hat und nur noch im High-End-Bereich anbietet. Als ernst zu nehmender Konkurrent ist der Hersteller Yi Technology mit seiner Yi 4K in Betracht zu ziehen. Die Yi ist mit einem Sony-Bildsensor ausgestattet und verfügt über gute Leistungsmerkmale. Dazu gehören unter anderem der Ambarella-Chip, die Glaslinsen des Weitwinkelobjektivs f/2,8/155 mm, der 2" Touchscreen, die Spracheingabekommandos und mehr. Der Hersteller Yi wird manchmal mit Xiaomi verwechselt, der die Yi nur vertreibt und andere Billigprodukte im Angebot hat, z. B. die Xiaomi Mi. Es ist erstaunlich, was diese schwarzen Zwerge leisten können.

Die Yi 4K ist sicherlich eine Empfehlung. Ich versuche es im Folgenden aber einmal mit der Low-Cost-Abteilung. Hat man Gefallen an den Kameras gefunden, kann man jederzeit hochrüsten. Zufriedenstellende Ergebnisse erzielt man unter anderem mit der VTIN Eypro Sport Camera, möglicherweise identisch mit SJCAM 4000 WiFi. Das Gerät mit den Abmessungen 59 × 41 × 30 mm hat mit Batterie ein Gewicht von 58 g. Der Sensor ist ein 1/3" CMOS mit 5,63 mm Weite für das Einzelbild im Format 4 : 3. Damit liegt die Brennweite bei einem angegebenen Bildwinkel von 170 Grad bei etwa 3 mm. Videos mit 1080 p bei 30 fps und Einzelbilder bis zu 12 MP werden auf einer MicroSD-Card aufgezeichnet. Für den Stereofotografen sind das 2"-LTPS-Display und die Handy-Steuerung bei integrierter WLAN-Funktion nicht uninteressant.

LTPS-Display

Low Temperature Poly Silicon sind Displays für Mobilgeräte, die sich durch eine geringe Leistungsaufnahme auszeichnen. Aufgrund der kleinen Pixel werden höhere Auflösungen möglich, die im Vergleich zu anderen Technologien eine größere Helligkeit liefern.

Mit der Smartphone-App FinalCam ist die Kamera per Fernbedienung kontrollierbar. Daten von der SD-Karte sind in das Smartphone drahtlos übertragbar. Im Setup der Kamera sind weitgehend alle gängigen Aufnahmeparameter wie EV-Wert, ISO-Wert, Weißabgleich und Zeitraffer einstellbar. Ansonsten bleibt die Kamera ein Zeitautomat mit fester Blendeneinstellung.

Die typischen Merkmale von Action Cams sind die auf das Minimum reduzierten Bedienungselemente. Nicht immer, aber meistens dabei sind ein Display, Wi-Fi-Modus und Bedienung über eine Smartphone-App. Weniger häufig ist die 2,4 G Funkfernauslösung. Letztere wird für ein Gespann zur Synchronisation benötigt. Mit den Displays hat man nicht nur einen Sucherersatz, sondern kann die Bildpaare auch noch stereoskopisch anschauen. Action Cams der genannten Kategorie sind mit den entsprechenden Qualitätsmerkmalen im Preisbereich ab etwa 50 € erhältlich. Wenn Sie um 80 € pro Kamera investieren, kommen Sie schon zu recht brauchbaren Geräten. Das Befestigungsmaterial mit Unterwassergehäuse und allen möglichen Clips gehört mit zum Lieferumfang. Alle Action Cams zeigen eine extreme Verzeichnung aufgrund des Fischaugenobjektivs, die aber digital korrigierbar ist.

Wie kommt man nun zu einer komfortablen zeitgleichen Auslösung der Kameras? Zur Synchronisierung von zwei GoPro-Kameras bietet die Firma das Doppelgehäuse GoPro Dual Hero mit dem WiFi BacPac Synchro an. Zwei Kameras, davon eine umgekehrt in Z-Anordnung, sind untereinander durch Aufsteckmodule gekoppelt. Beide Kameras werden separat eingeschaltet, aber nur über einen Schalter synchron ausgelöst. Videos und Bilder werden auf getrennten SD-Karten aufgezeichnet. Die getrennten Dateien werden mit Unterstützung der GoPro Studio-Software in ein 3D-Format konvertiert. Mit zwei GoPros und dem Dual Head liegt ein Stereosystem vor, das aber eher am äußeren Rand des Budgetbereichs eines Hobbyfotografen liegt. Da kann man sich schon einmal eine alternative Lösung anschauen, zumal die Produktpalette von GoPro 2016 bereinigt wurde und sich die aktuellen Kameras, die Hero 5 Black und Session, jetzt im hochpreisigen Segment befinden.

Für das Twin-Set in Bild 6.26 muss ein 4K-Modell mit der Bezeichnung Eletecpro herhalten. Die Kamera nimmt Einzelbilder mit 16K Auflösung auf. Das sind 4608 × 3456 Pixel. Die Festbrennweite ist 2,28 mm. Montiert sind zwei Kameras auf einer L-Schiene mit den Standardkomponenten des Zubehörs – eine schnelle und provisorische Lösung. Als Griff bei Freihandaufnahmen eignet sich ein Selfiestick. Über die aufgesteckte Kameralibelle kann man die horizontale Haltung kontrollieren und vermeidet so die Vertikalparallaxen. Zusammengebaut schaut es etwas rudimentär aus, ist aber schon praxisbewährt. Mit der Aufnahme einer Stoppuhr[11] konnte die Synchronauslösung getestet werden. Bild 6.27 gibt das Ergebnis der Zeitmessung wieder. Die Zeitdifferenz liegt bei 5/100 s. Ein nicht zu schnell laufender Passant könnte da gerade noch in einem 3D-Bild „eingefangen" werden.

---

[11] Webseite mit der benutzten Stoppuhr: *https://www.timeanddate.de/stoppuhr*

Bild 6.26 Twin-Set mit Action Cams und 2,4-GHz-Fernauslöser, Stereohalterung als Versuchsaufbau

Bild 6.27 Synchronauslösung mit der Fernbedienung (Zeitdifferenz hier 5/100 s)

Mit den beiden folgenden Aufnahmen möchte ich für die Action Cams in der Stereofotografie plädieren. Bild 6.28, die Volkswagen Arena in Wolfsburg, wurde mit der Entfernung bewegter Objekte und der Verzeichnungskorrektur mit einem Faktor von 70 % für die Stereomontage vorbereitet. Aufgrund der Größe des Bauwerkes konnte das Bildformat kaum beschnitten werden. Die Details im Bild benötigen ein größeres Format, hier als optimierte Farbanaglyphe Rot-Cyan.

Bild 6.28 Farbanaglyphe der Volkswagen Arena in Wolfsburg

Bild 6.29 zeigt einen Ausschnitt von Exponaten aus der Ausstellung deutscher Denkmale in der Zitadelle Spandau. Die räumliche Situation bot nur einen sehr geringen Aufnahmeabstand. Das Bild wurde nicht weiterbearbeitet, sondern nur beschnitten.

Bild 6.29 3D-Foto mit der Action Cam (hier ohne Bildverbesserung)

Ob mit oder ohne Verzeichnungskorrektur, mit Action Cams kann man interessante Raumbildeffekte erzielen. Bei der hohen Auflösung gibt es genügend Spielraum für den Bildzuschnitt. Obwohl man mit den Action Cams bei fester Brennweite und Blende und automatischer Belichtung kaum Möglichkeiten der Interaktion hat, sollten Sie sich einmal mit der Hardware auseinandersetzen. Aufgrund der extremen Kompaktheit und der Weitwinkelcharakteristik ist man besonders in Innenräumen und bei sehr ausgedehnten Motiven äußerst flexibel in der Standpunktwahl (siehe Bild 6.30 und Bild 6.31).

Bild 6.30 Quadriga-Gegenüberstellung von Farb- und Schwarzweißanaglyphe (Kamera: Action Cam, Bildausschnitt nach Verzeichnungskorrektur)

Bild 6.31 Der Burgplatz in Braunschweig (etwas verfälscht in den Farben, aufgenommen mit der Action Cam)

6.2.3 Eine Himbeere mit zwei Augen

Mit dem Raspberry Pi und dessen Kameramodul begeben wir uns nun ganz tief in die Maker-Szene. Ab jetzt besteht Suchtgefahr für Bastler und Programmierer. Der Einplatinencomputer Raspberry Pi ist ein vollständiger Linux-Rechner im Scheckkartenformat. Das Modell A ist mit einem Arm-Prozessor mit 700 MHz Taktfrequenz und 512 MB RAM-Speicher ausgerüstet. An Schnittstellen zum Anschluss von Peripherie mangelt es nicht. Der externe Monitor wird über HDMI-Kabel versorgt. Die Einbindung in ein Netzwerk erfolgt über WLAN mittels eines USB-WLAN-Adapters oder per Kabel über den integrierten Ethernet-Port. Über ein Micro-USB-Ladegerät wird der Rechner mit Strom versorgt. Netzunabhängig ist man mit einer Powerbank. Kompaktheit, geringer Stromverbrauch und der Kostenfaktor machen den Raspberry Pi für Bastler interessant. Mittlerweile ist der Rechnerzwerg bereits in der dritten Generation erhältlich.

Das Betriebssystem erhält man über die offizielle Seite der Raspberry Pi Foundation.[12] Raspbian ist die Linux-Distribution des offiziell unterstützten Betriebssystems, das auf einer SD-Karte gespeichert wird. Sie können Raspbian über NOOBS (New out of the Box Software) auf einfache Weise von der Website installieren.

Von besonderem Interesse ist hier natürlich das Raspberry Pi-Kamera-Board mit einem 5 MP Sensor und der maximalen Auflösung von 2592 × 1944 Pixeln. Die Fokussierung ist von etwa 1 m bis unendlich fest eingestellt. Die Sensorgröße beträgt 3,76 × 2,74 mm, der Pixelpitch ist 0,0014 mm. Die Platine hat eine Größe von 25 × 20 × 9 mm und wiegt ca. 3 g. Über ein Flachbandkabel wird die Verbindung zur CSI-Schnittstelle (Camera Serial Interface) mit dem Rechner hergestellt. Mit einer Brennweite von 3,7 mm beträgt der horizontale Bildwinkel 53,5 Grad und der vertikale Bildwinkel 41,4 Grad. Ein Upgrade der Kamera auf Version 2.1 kommt mit 8 MP und einem Sony-Imagesensor daher.

In meinem Buch *Bildbasierte 3D-Modellierung*[13] wird dem Einsteiger eine Einführung in Linux, Python und die Beschreibung der Kamerasteuerung angeboten. Auch über das Internet wird man hinreichend mit Wissen versorgt. Hinsichtlich des Kameramoduls sind die Seiten über Dokumentation und Programmierung zu empfehlen.

Die Kamera kann über die Befehlszeile der Shell mit Kommandos versorgt werden, was ideal für Testaufnahmen ist. Für den Gebrauch entscheiden wir uns jedoch für ein flexibleres selbst „gebrautes" Python-Script. Dem Stereofotografen können hier drei Varianten der Aufnahmetechnik angeboten werden. Die Aufnahme mit einem Rechner und einer Kamera mit der Cha-Cha-Methode, eine Koppelung zweier Kameras mit einem Multi-Camera-Modul oder die Synchronisation zweier Rechner mit jeweils angeschlossener Kamera durch Triggern der GPIO-Pins.

---

[12] Raspberry Pi Foundation: *https://www.raspberrypi.org*
[13] *Pomaska, Günter:* Bildbasierte 3D-Modellierung. Wichmann VDE Verlag, Offenbach 2016

Tastatur und Bildschirm sind vor Ort entbehrlich, wenn wir den Rechner als Headless-System[14] betreiben (siehe Bild 6.32). Eine Powerbank liefert ausreichend Strom für einige Betriebsstunden. Der Desktop des Raspberry Pi wird über einen VNC-Server auf das Handy gelegt. Neuere Versionen des Raspian-Betriebssystems haben den RealVNC-Server[15] bereits mit an Bord. Auf dem Handy muss ein VNC-Viewer installiert sein. Die Verbindung zwischen Smartphone und Raspberry Pi wird über die WLAN-Hotspot-Funktion des Smartphones realisiert. Der VNC-Server muss beim Hochfahren des Raspberry Pi aktiviert sein (im Startmenü des Raspberry Pi: PREFERENCES RASPI CONFIG > INTERFACES > VNC ENABLED). Beim Verbinden mit dem VNC-Viewer wird das Kennwort des Raspberry Pi-Benutzers benötigt. Die Kameraapplikation kann man mit in das Startmenü eintragen oder als Icon auf den Desktop legen.

Bild 6.32 Raspberry Pi mit Kameramodul als Headless-Prototyp im Versuch

Für die Konfiguration des WLAN-Sticks wurde der NetworkManager mit `sudo apt install network-manager` nachinstalliert. In der Shell wird die Verbindung zum Hotspot wie folgt hergestellt:

```
nmcli device wifi connect ssid password Passwort
```

Der Network-Manager trägt das Profil in /etc/NetworkManager/system-connections ein. Bei Neustart wird automatisch nach der Verbindung gesucht.

---

[14] Headless bedeutet keine Kommunikationshardware, also ohne Tastatur und Bildschirm.
[15] VNC (Virtual Network Computing): *https://www.realvnc.com/de*

Listing 6.1 Raspberry Pi-WLAN-Konfiguration etc/NetworkManager/system-connections/HUAWEIP10

```
[connection]
id=HUAWEIP10
uuid=a573ebb2-8a0e-4858-8420-928a5cdbedec
type=wifi
permissions=

[wifi]
mac-address=74:DA:38:00:6D:47
mac-address-blacklist=
mode=infrastructure
ssid=HUAWEIP10

[wifi-security]
auth-alg=open
key-mgmt=wpa-psk
psk=Passwort

[ipv4]
dns-search=
```

Mit der Cha-Cha-Methode wird eine statische Szene durch Kameraverschiebung aufgenommen. Das System in Bild 6.32 hat noch keine Karosserie, entsprechend ist die Handhabung der Fotografie. Das Raumbild eines Testbildes kann man mit Kreuzblick in Bild 6.33 betrachten.

3D-Fotografie nur mit Standpunktwechsel wäre allerdings ein bisschen wenig für den Raspberry Pi. Der Strahlenteiler vom Handy fällt einem da ein. Nein, eine zweite Kamera soll her und die CSI-Schnittstelle muss aufgebohrt werden. Das Multi-Camera-Adaptermodul[16] für den Raspberry Pi von ArduCAM verbindet bis zu vier Kameras mit dem Rechner. Die Module sind steckbar, maximal können 16 Kameras mit vier Modulen bedient werden. Das Modul wird auf die GPIO-Pins aufgesteckt und mit der CSI-Schnittstelle verbunden. Konfiguriert werden die Anschlüsse über die Dip-Switches auf dem Board. Bei einem aufgesteckten Board sind die Switches 1 und 5 auf „on" gesetzt (siehe Bild 6.34).

Bild 6.33 3D-Testbild mit dem Raspberry-Pi-Headless-System

---

[16] Technische Details zum Multi Camera Adapter: *http://www.arducam.com/multi-camera-adapter-module-raspberry-pi*

Die Kameras lösen jedoch nicht synchron aus, sondern seriell. Die Verbindung CSI mit GPIO-Pin wird softwaretechnisch umgestaltet. Zwischen zwei Aufnahmen liegen also eine Belichtungszeit und die Dauer der Verarbeitung des Videostreams. Insofern sind die Aufgaben etwas limitiert. Bild 6.34 illustriert den ersten Prototyp dieser Konfiguration. Für die Versuche wurden drei 5 MP Joy-IT-Kameras mit Basisabständen von 4 cm und 8 cm eingebaut. In den Kamera-Settings kann die Konfiguration gewählt werden. Ein Kameratest prüft die angeschlossenen Kameras und liefert für jeden Sensor ein Testbild.

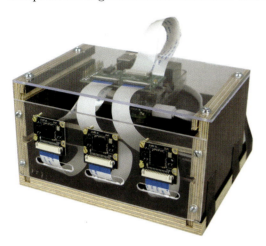 

Bild 6.34 Erste Versuchseinrichtung der Raspi-Stereokamera (rechts im Bild: Raspberry Pi mit aufgestecktem Multi-Camera-Modul)

Im Folgenden werfen wir einen Blick auf die Komponenten des Python-Scripts cameraStereoBeta.py (Listing 6.2). Bei Aufruf wird die Oberfläche gestaltet und das kleine Menü der Bedienung aufbereitet. In der grafischen Oberfläche gibt es den *Shoot*-Button, mit dem die Kameraparameter gesetzt werden und die Kameraauslösung erfolgt. Mit der Funktion selectArducam() werden die GPIO Pins 7, 11 und 12 für die Kameras 1 bis 4 gesetzt. Im Falle der Stereoaufnahme ist die Funktion cameraStereoShoot() aufzurufen, mit der die Auslösung für beide Kameras seriell durch zweimaligen Aufruf von cameraShoot() durchgeführt wird. In einer optimierten Version werden getrennte Streams für die linke und rechte Kamera aufgerufen. Anschließend werden beide Halbbilder angezeigt und gespeichert. Die nächste Aufnahme kann erfolgen.

Listing 6.2 Komponenten von cameraStereoBeta.py für Python 2.7 (auszugsweise)

```
def selectArducam(cameraNR)
    global cameraNumber
    cameraNumber = cameraNR
    if cameraNR==1:
#set GPIO Pins to first Camera
        gp.output(7, False)
        gp.output(11, False)
        gp.output(12, True)
        print "Debug: selecting Camera 1"
```

```python
#Kameras 2 und 4 werden hier nicht ausgewaehlt
    if cameraNR==3:
#set GPIO Pins to third Camera
        gp.output(7, False)
        gp.output(11, True)
        gp.output(12, False)
        print "Debug: selecting Camera 3"
    return
def cameraStereoShoot():
    selectArducam(1)
    cameraShoot()
    selectArducam(3)
    cameraShoot()
#   zeigt das Stereobild auf dem Desktop
    return
def cameraShoot():
    global lfdNr
    lfdNr += 1
# Create the in-memory stream
    stream = io.BytesIO()
    with picamera.PiCamera() as camera:    #CameraSettings
        # camera.brightness    = brightness
        camera.meter_mode    = meter_mode
        camera.exposure_mode = exposure_mode
        camera.resolution    = resolution
        # kein Preview und Time Stamp für Stereobilder
        camera.capture(stream,format='jpeg')
        # "Rewind" the stream
    stream.seek(0)
    bild = Image.open(stream)
    camFile  = BASEDIR +'img'+str(lfdNr) +'.jpg'
    bild.save(camFile)
    return
def main():
    global root, lfdNr
    # Aufnahme von zwei Halbbildern Einzelbilder, Ablage
    # im Verzeichnis camTest unter img +lfdNr +'.jpg'
    lfdNr = listImageFiles(BASEDIR)
    ref    = BASEDIR +'img'+str(lfdNr) +'.jpg'
    #Referenz fuer das aufzunehmende Bild
    # GUI-Menue
    m = Frame(root)
    set= Button(frame1, text='Check Cams', width=6,
    bg='blue', fg='red', command=checkCameras)
    set.pack(side = 'left')
    set= Button(frame1, text='Settings', width=6,
    bg='blue', fg='white', command=cameraSettings)
    set.pack(side = 'left')
    click= Button(m, text='Shoot', width=6, bg='blue',
    fg='white', command=cameraStereoShoot)
    click.pack(side = 'left')
    w = Button(m, text='Exit', width=6, bg='red',
    fg='white', command=closeWindow)
    w.pack(side='right')
    m.pack()
    root.mainloop()
main()
```

Eine Besonderheit des Raspberry Pi gegenüber anderen Computern bietet die GPIO-Stiftleiste (**G**eneral **P**urpose **I**nput **O**utput). Hierüber kann Hardware, wie z. B. ein Tastschalter, direkt angeschlossen werden. Durch Auslesen der Pin-Zustände kann man die Steuerung anstatt per Mausklick auch mit einem Taster durchführen. Bevor man eine Platine lötet, benutzt man für die ersten Tests am besten ein Steckbrett (Breadboard). Eine Lösung mit zwei Rechnern und hoher Synchronisationsrate wurde von Masood[17] vorgeschlagen. Zwei GPIO-Pins der Rechner werden mit einem zwischengeschalteten Widerstand und einem Tastschalter verbunden. Da die gleichen Pins belegt sind, ist es unbedeutend, welcher Schalter gedrückt wird. Bei Tastendruck und somit auftretender Spannungsänderung wird das Signal zur Auslösung der Kameras an die Software, die parallel auf beiden Rechnern läuft, gesendet. Wenn Sie letztere Lösung angehen wollen, ist ein wenig mehr Bastelaufwand erforderlich. Zwei Rechner mit zwei Akkus, das Steckbrett und die Kameras sollten für mobile Anwendungen stabil montiert sein.

 Den Fortgang meines Raspberry Pi-Stereokameraprojekts können Sie auf der Webseite zum Buch (*http://www.3D.imagefact.de*) verfolgen. Es existiert auch schon ein erstes Case Modding mit einem Kodak-Hawk-Eye-Gehäuse, einer Boxkamera von 1930.

■ 6.3 3D-Fotografie mit der digitalen Zweiäugigen

2010 war ein Jahr des 3D-Hypes. Die komplette Bild-Zeitung erschien am 28. August 2010 im Anaglyphendruck mit 3D-Brille. Auch Walt Disney konnte sich dem mit einem Micky-Maus-Heft nicht entziehen. Spiele der Fußball-WM 2010 in Südafrika wurden von britischen Pay-TV-Sendern in 3D übertragen. Die Hersteller der Fernseher konkurrierten mit 3D-Bildschirmen in Polfilter- und Shutter-Technik. Das 3D-Kino war wieder da, nicht nur in 3D, sondern auch in 5D für die totale Immersion mit Gerüchen und Wettersimulationen. Die Video- und Kameraindustrie machte mit und brachte Qualität und Gimmicks auf den Markt. Geblieben ist nicht sehr viel, das Interesse der Industrie hat sich beruhigt. Treiber der neuen 3D-Welle ist Virtual Reality (VR).

---

[17] *https://stanford.edu/class/ee367/Winter2016/Masood_Report.pdf*

6.3.1 Fuji Finepix Real 3D

Nach der Vorstellung eines Prototyps auf der Fotokina 2008 erschien die doppeläugige Fuji Finepix Real 3D im September 2009. Zwei Zoomobjektive von 35 bis 105 mm bilden das Motiv auf zwei 1/2,3" 10 MP-Sensoren ab. Der Basisabstand der Objektive beträgt 77 mm, Aufnahmemodi sind Simultanaufnahme, Intervallaufnahme, zeitversetzte Einzelbilder, Videoclips oder zwei 2D-Aufnahmen mit unterschiedlicher Brennweite bzw. ISO-Einstellung. Die Bilder werden als JPEG oder im MPO-Format gespeichert. Das 7,1 cm Lentikulardisplay zeigt die Bilder ohne Brille im 3D-Modus mit einer Auflösung von 320 × 240 Pixeln. Mit der W3 wurde schnell ein Nachfolger auf den Markt gebracht. Die W1 erhält man auf dem Gebrauchtwarenmarkt für ca. 300 €, bei der W3 liegt der Neupreis immerhin noch bei ca. 600 €.

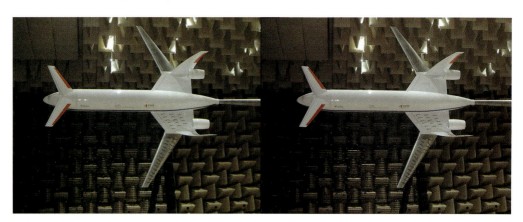

Bild 6.35 Mit der Fuji Real 3D im Windkanal

Vergleichbare Kameramodelle wurden von Panasonic (DMC 3D1 2012) und Sony (MHS-FS3 in 2011) produziert. Weitere Produkte, unter anderem 3DinLife 2010, wohl auch identisch mit Rollei Powerflex 2011, sind eher dem Einsteigersektor oder der Fun-Fotografie zuzuordnen. Aus der Sicht eines Fotografen hat das Design der Fuji nicht die klassische Kameraform, doch auch die Mitbewerber haben ein ähnliches Design und eine ähnliche Ausstattung gewählt (siehe Bild 6.36).

Bild 6.36 Fuji Finepix Real 3D W1 – dem klassischen Kameradesign entfremdet, aber funktionell mit hoher Qualität

Schauen wir uns die Aufnahmetechnik mit der Finepix Real 3D einmal etwas näher an. Die Einstellungen *Auto*, *Manuell*, *Blendenautomat* oder *Zeitautomat* und *Systemprogramme*, wie man sie von digitalen Kameras her kennt, gelten sowohl für den 2D- als auch für den 3D-Modus. Im normalen 3D-Modus werden die Aufnahmen synchron ausgelöst. Der *Advanced 3D*-Modus liefert Intervallaufnahmen in wählbaren Zeitabständen, ausgelöst zwischen kürzester Zeit, 1 und 10 Sekunden, oder Einzelaufnahmen mit zwei Auslösungen. In diesen Modi werden beide Bilder mit dem linken Objektiv aufgenommen.

Die Intervallversion ermöglicht eine vergrößerte Aufnahmebasis von bewegten Plattformen. Bei Intervallaufnahmen ist der *Advanced 3D*-Modus aber nicht zwingend. Man bekommt ihn auch manuell hin, der Vorteil liegt im einmaligen Klick und der Speicherung im MPO-Format.

In der Einzelversion benutzt man ggf. eine Stereoschiene für die präzise Ausrichtung. 3D-Aufnahmen im normalen Makromodus der Kamera, mit Abstand zum Objekt ab 8 cm, sind in der Einzelversion geeignet, um sie von einer festen Aufnahmeposition aus mit einer Stereoschiene auszulösen.

Die Kamera ist leicht zu bedienen, und der Dialog sowie die Menüführung machen keine Probleme. Bei Freihandaufnahmen muss man jedoch beachten, dass die Hände nicht den Objektivbereich verdecken. Empfehlenswert ist als Zusatz ein Handgriff oder auch ein Ministativ. Ebenso kann man einen LCD-Sucher mit Augenmuschel aufstecken, der auch bei Sonneneinstrahlung die Kamerabedienung ermöglicht (siehe Bild 6.36). Die LCD-Schutzblenden für 3"-Displays sind keine Lösung.

Die Halbbilder eines Bildpaares mit jeweils 3648 × 2736 Pixeln werden im MPO-(Multi Picture Object-)Format gespeichert. Optional wird ein Bild als JPEG-Format gespeichert. Das MPO-Format kann mit den Fuji-Kameratools oder StereoPhoto Maker gelesen und dann auch in separaten Einzelbildern gespeichert werden. IrfanView ab Version 4.3 unterstützt das Bildformat über ein Plug-in ebenfalls.

Die nachfolgenden Bildbeispiele zeigen einen Blick auf die verschiedenen Kameramodi in der Anwendung. Da ist zunächst einmal die Kamera von Robert Moser. Der Maschinist kam beim Zeppelin-Unglück LZ 129 ums Leben. Seine zerstörte Kamera fand man unter dem Wrack des Luftschiffes. Die Kamera wird in einer Vitrine im Zeppelin-Museum in Friedrichshafen ausgestellt. In der Enge des Besucherbetriebs hilft der *Advanced 3D*-Modus mit zwei Einzelauslösungen und normaler Makroeinstellung, ein einigermaßen brauchbares 3D-Foto bei freihändiger Aufnahme einzufangen. Nach der ersten Auslösung überlagert die Folgeaufnahme das erste Bild zur Parallaxenkontrolle auf dem Display.

Bild 6.37 Einzelaufnahmen, mit *Advanced 3D* im Makromodus aufgenommen

Viel präziser kann man natürlich mit einer Stereoschiene arbeiten. Mit dem Makromodus der Fuji Real 3D sinkt die kürzeste Aufnahmeentfernung auf 8 cm ab. Das Bild der Laufwagenkamera GOMZ Fotokor (Baujahr 1928) ist mit einer Objektentfernung von etwa 10 cm gemacht, die Aufnahmebasis beträgt um 3 mm, nach Faustregel 1/30 zur Entfernung. Bild 6.38 ist nicht im Format beschnitten, sondern 1 : 1 vom Format 4 : 3 übernommen.

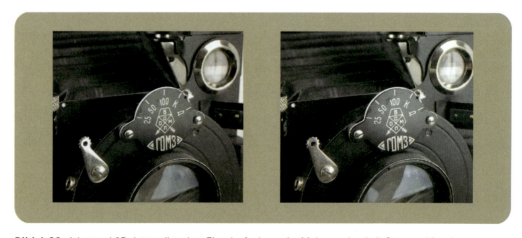

Bild 6.38 Advanced 3D, Intervallmodus: Einzelaufnahmen im Makromodus (mit Stereoschiene)

Wenn es schnell gehen muss, dann wird im Automodus mit Synchronauslösung geschossen. Bild 6.39 zeigt einen im Regen vorbeieilenden Fußgänger, der als Vordergrund für die Wassermühle dient. In so einem Moment heißt es: Motiv anvisieren, Auslöser leicht drücken für Fokus und Belichtungsmessung und dann durchdrücken. Vorsicht bei der Kamerahaltung! Die Finger sollten nicht vor den Objektiven sein. Vergessen Sie nicht das Ministativ als Handgriffersatz.

Bild 6.39 Beim Schnappschuss muss es schnell gehen: Auto 3D-Synchronauslösung mit einem Klick

Externe Sonneneinstrahlung auf das Kameradisplay kann zwar sehr störend sein, aber für den Sucheinsatz ist manchmal kaum Zeit.

Bild 6.40 Ein Trabant – entdeckt in Tangermünde (aufgenommen mit der Fuji Real 3D)

Mit der Fuji Real 3D hat man eine 3D-Digitalkamera vom Typ kompakt zur Hand, die jederzeit für 2D- und 3D-Fotografie einsetzbar ist. Auf dem 3D-Display kann man die Aufnahmen sofort räumlich anschauen oder extern Bildpaare auf die Speicherkarte bringen und die Kamera nur zur Betrachtung nutzen. Ein Kamerasucher wäre nicht schlecht, der fehlt den 2D-Kompakten aber in der Regel. Ich hatte bereits vom Mehrwert der 3D-Fotografie gesprochen. Wenn Sie sich Impressionen holen wollen, was man alles mit der Fuji Real 3D zu Bild bringen kann, dann schauen Sie sich einmal in den Flickr-Gruppen um. Gehen Sie auf *http://flickr.com* und suchen Sie nach „Fuji Finepix Real 3D". Lassen Sie sich inspirieren!

6.3.2 Nah dran mit Lumix 12.5

Panasonic bietet für seine digitalen DMC Micro Four Thirds-Kameras ein zweilinsiges Objektiv für die 3D-Fotografie, das 12,5 mm f/12 Lumix G 3D. Damit kann die Kamera 3D-Stereobilder im MPO- und JPEG-Format speichern. Die Auflösung der Bilder wird mit 1600 × 904 Pixeln für das SbS-Format angegeben. Aufgrund der ziemlich kleinen Festblende 12 benötigt das Objektiv einiges an Licht und fokussiert ab ca. 60 cm bis unendlich. Der Hersteller gibt für das Format 16 : 9 einen Öffnungswinkel von 65 Grad an. Mit der geringen Basislänge von nur 10 mm ist das kompakte Objektiv im Nahbereich einsetzbar. Ein guter Raumeindruck kommt erst bei der Großbildprojektion zur Geltung. Bei der Bildschirmbetrachtung hat man noch ausreichend Auflösung für einen hohen Zoomfaktor. Im Druck geht da einiges verloren, daher sollte das elektronische Medium zur Wiedergabe genutzt werden.

Bild 6.41 Olympus Pen mit Lumix-Objektiv 1 : 12 /12,5 mm G 3D für den Nahbereich (rechts: Kontakte abgedeckt)

Meine Olympus Pen EP5 kommt mit dem Objektiv zurecht. Bei normalem Gebrauch läuft nur der *3D Scene*-Modus. Ohne weitere Einstellmöglichkeiten gibt es die beiden Halbbilder im MPO-Format mit der Auflösung von 2 × 1824 × 1024 Pixeln für das Side-by-Side-Format und ein JPEG-File mit 1824 × 1024 Pixeln. Diesen Automatismus kann man umgehen, wenn man die Objektivkontakte mit Papier abdeckt. Ein Papierring mit einem äußeren Durchmesser von 3,8 und einem inneren Durchmesser von 2,7 mm, der in das Objektiv eingelegt wird, gibt die Funktionen der Kamera wieder frei (siehe Bild 6.41 rechts). Das gespeicherte Bild hat dann eine Auflösung von 4608 × 3456 Pixeln mit beiden Halbbildern. Die Testanordnung sehen Sie in Bild 6.42, links die Abbildung mit beiden Linsen, rechts eines der durch die Firmware gerechneten Halbbilder im Format 16 : 9. Der horizontale Bildwinkel einer Linse beträgt etwa 30 Grad und vertikal etwa 17 Grad.

Bild 6.42 Lumix 12.5 an der Olympus Pen EP5 (links: Kontakte abgedeckt, rechts: *3D Scene* fokussiert ab 60 cm)

Mein Testbild der Dampflok aus der „Serie 01" biete ich in Bild 6.43 für den Kreuzblick an. Bei der 10-mm-Basis ist nicht viel Tiefe in diesem Format zu finden. Wenn man die Dampflok im Detail als Schwarzweißanaglyphe aufbereitet, zeigt sich die Stärke des Objektivs (siehe Bild 6.44). Beide Bilder wurden in einer HDR-Serie aufgenommen. Zum Vergleich ist in Bild 6.45 ein Bild im 3D-Modus der Kamera zu sehen, abgeleitet von der MPO-Datei auf das Papier. An diesem Bild wurde der Rand nur geringfügig beschnitten. Aufgrund der Bildteilung am Rand bleibt nicht viel Platz übrig.

Bild 6.43 Mit 10-mm-Basis ist hier wenig auszurichten (Kreuzblick).

Bild 6.44 Nah dran und reingezoomt

Das kompakte zweilinsige 3D-Objektiv Lumix 12,5 mm ermöglicht hochwertige 3D-Aufnahmen im Nahbereich. Die Blende 1 : 12 liefert die Schärfentiefe für den gesamten 3D-Bereich ab 60 cm. Nachteilig wirkt sich der Bedarf an Helligkeit aus. Ein fester Standpunkt mit erschütterungsfreier Auslösung ist in fast allen Situationen gefragt. Das Motiv darf nicht zu schneller Bewegung unterliegen. In den entsprechenden Situationen (auch im Fall von Bild 6.46) ist das Objektiv ein durchaus in Erwägung zu ziehendes Zubehör für die Micro Four Thirds-Kameras.

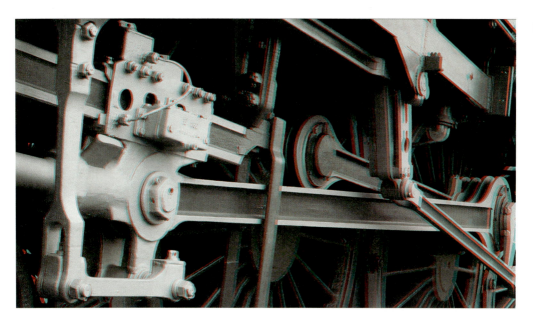

Bild 6.45 Mit der Kamera Olympus Pen und dem Lumix-Objektiv f12/12,5 mm im *3D Scene*-Modus aufgenommen

Bild 6.46 Der Bildhauer Magnus Kleine-Tebbe[18] bei der Arbeit (Kamera: Olympus Pen mit Lumix-Objektiv f12/12,5 mm, *3D Scene*-Modus)

---

[18] Lernen Sie den Künstler auf seiner Website kennen: *http://www.magnus-kleine-tebbe.de*

6.4 Generation Selfie – smart 3D

Obwohl das Mobiltelefon ursprünglich zum Telefonieren entwickelt wurde, ist die Telefonfunktion heutiger Smartphones für viele eher von untergeordneter Bedeutung, hat man doch einen mobilen Hochleistungscomputer in den Händen, der für Kommunikation und Information mit dem Internet verbunden ist. Die Kameratechnik eines Smartphones ersetzt digitale Kompaktkameras in Qualität und Anwendung und konkurriert bereits mit anspruchsvollen spiegellosen Systemkameras oder Spiegelreflexgeräten. Darüber hinaus ist die Kamera in Applikationen, wie z. B. Augmented Reality, integriert. Digitale Bilder können unmittelbar auf dem Gerät bearbeitet und mit anderen Benutzern geteilt werden.

Die Sensorik ist bei 16 MP und mehr mit einer Pixelgröße um ein Mikrometer angekommen. Samsung stellte 2014 einen CMOS-Sensor in der neu entwickelten ISOCELL-Technologie vor. Gegenüber bisherigen Entwicklungen ist eine erhöhte Lichtempfindlichkeit und effektivere Bildregistrierung zu verzeichnen. Die Technologie sorgt für höhere Farbtreue (auch bei ungünstigen Lichtverhältnissen). Die Pixelgröße beträgt nur 0,001 mm und hat trotz der geringen Größe wenig Einfluss auf das Bildrauschen. Bisher waren Smartphone-Kameras nur mit Hardwarezoom ausgestattet. In der Entwicklung befinden sich Geräte mit Zoomstufen und stufenlosem Zoom. Im Spritzgussverfahren werden die leistungsfähigen Objektive aus Kunststoff für den Massenmarkt hergestellt. Eine besondere Eigenschaft der miniaturisierten Linsen ist die kurze Nahbereichsentfernung von nur wenigen Zentimetern.

Kameraeinstellungen setzt man im Kameramenü auf dem Touchscreen. Dort sind alle notwendigen Funktionen, die man auch von digitalen Kompaktkameras kennt, vorhanden. Zoomeinstellungen werden durch Gestensteuerung ausgeführt. Bild 6.47 zeigt das übersichtliche Menü eines Samsung Galaxy S5. Dem Menü sind aktuell folgende Daten zu entnehmen: Die Bildgröße ist mit maximaler Auflösung für das Format 16 : 9 konfiguriert. Blitz und Selbstauslöser sind ausgeschaltet. Auf die Funktion des Selbstauslösers sollten Sie bei Stativaufnahmen nicht verzichten, da dieser bei entsprechenden Belichtungszeiten vor Erschütterungen der Kamera schützen kann. Empfindlichkeit und Weißabgleich arbeiten im Automodus. Der Belichtungswert (*Exposure Value*, EV) ist mit dem Wert 0 ohne Korrektur gesetzt. Der Autofokus ist leider nicht abschaltbar und die Blendeneinstellung ist fest. Die Fotos können geocodiert werden, das heißt, die GPS-Position wird in die Exif-Daten des Bildes aufgenommen. Unter den Aufnahmemodi findet man auch die Panoramafunktion und Einstellungen für HDR-Bildreihen.

Bild 6.47 Smartphone-Kameramenü (links) und Kamerazubehör (Ministativ mit Geräteklammer und Bluetooth-Auslöser, die Software 3D-Steroid und ein motorgesteuerter Panoramakopf)

Auf dem Markt ist jede Menge Zubehör für Handyfotografie erhältlich. Da sind zunächst die Kamerahalterungen wie Selfiestick, Klammern zur Stativbefestigung, Ministative oder motorisierte Panoramaköpfe zu erwähnen. Des Weiteren sind Kamerawagen (Dolly) und Schwebestative (Gimbal) für höhere Anforderungen an die Fotografie oder Videotechnik mit den kleinen Geräten verfügbar. Mehr oder weniger unentbehrlich ist der Bluetooth-Fernauslöser, wenn man nicht freihändig aufnimmt.

Für die Stereofotografie ist besonders der Strahlenteiler von Interesse, der einfach vor die Linse geklemmt wird – ein altes Prinzip im neuen Kleid. Auch an externen Objektiven für das Smartphone fehlt es nicht. Für wenige Euro sind Objektivsätze mit Weitwinkel, Nahlinse und Teleobjektiv zu haben. Auch die Fischaugen für das Smartphone finden ihre Käufer. Die Linsen werden einfach mit einer Klammer vor die Frontkamera gesteckt.

Man kann zusammenfassen: Mit professionellen Spiegelreflexsystemen können die Handy-Kameras noch nicht vollständig gleichziehen. Aufgrund der Kompaktheit, des umfangreichen Zubehörs und der Programmiermöglichkeiten, die der Anwender als Applikation nutzt, ist das Handy jedoch durchaus für den Einsatz in der Stereofotografie geeignet.

Statische Bildmotive können mit Basisverschiebung und aufeinanderfolgenden Aufnahmen aufgenommen werden. Hierbei ist die einfache Kamerafunktion hinreichend. Es bietet sich aber auch die Unterstützung durch eine stereoskopische App an. Bei den Apps ist eine Kontrolle der Bildparallaxe durch Überlagerung des zweiten Halbbildes mit dem ersten gegeben. Freihandaufnahmen gelingen mit Unterstützung durch die App besser, schwierig wird die Einstellung aber bei Einfluss von Sonnenlicht. Das Display bietet dann nicht immer die beste Orientierung.

Dynamische Motive müssen mit einem Strahlenteiler oder zwei parallel auslösenden Smartphones im Bild festgehalten werden. Für die letztere Variante wird die App Hyper3D-Phone im Google Play Store angeboten. Den Strahlenteiler nach klassischem Muster, wie er in Bild 6.48 zu sehen ist, gibt es für wenige Euro im Versandhandel.

Bild 6.48 Lupensatz und Stereovorsatz für das Smartphone

Alle Bilder dieses Abschnitts sind mit dem Samsung Galaxy S5 aufgenommen worden, ein schon betagtes Gerät. Mittlerweile sind wir beim S9, S9 plus, Google Pixel und weiteren Luxusgeräten angekommen. Das S5-Handy hat einen Kamerasensor im Format 16 : 9 mit einer Auflösung von 3264 × 1836 Pixeln. Im Format 4 : 3 beträgt die vertikale Auflösung 2448 Pixel. Die Pixelgröße ist mit 0,001 mm angegeben. Bei der kürzesten Brennweite von 3,3 mm beträgt der horizontale Bildwinkel etwa 62 Grad. Der kürzeste Abstand der Kamera zum Objekt liegt bei ca. 6 cm. Neuere Geräte kommen mit höherer Auflösung und verbesserter Abbildungsqualität daher, die Aufnahmetechnik und Handhabung bleibt aber unverändert. Es ist auch zu beobachten, dass immer mehr Gimmicks auf die Fotografie Einfluss nehmen, etwa die Panoramaaufnahme für Street View oder die Programme für Wackelbilder, die als 3D angepriesen werden.

6.4.1 Spiegel für dynamische Motive

Gegenüber den Strahlenteilern für analoge Kameras hat der Stereovorsatz für das Handy mehr oder weniger die gleichen Konstruktionsmerkmale. Ein Spiegelsystem teilt das Bild in rechtes und linkes Halbbild, somit ist auch die Bildauflösung des Sensors für das Raumbild reduziert. Hinzu kommt ein Verlust durch Abschattung in der Bildmitte. Horizontal wird das Raumbild daher unterhalb der halben Auflösung des Sensors landen. Für größere Stereoformate im Druck mit 300 dpi ist das noch eine komfortable Auflösung. Der Basisabstand des hier benutzten Strahlenteilers *Made in China* beträgt 45 mm. Wenn Sie Bild 6.49 betrachten, erkennen Sie mittig die durch den Strahlenteiler entstandene Abschattung. Das Bild wird als einzelnes Stereobild im JPEG-Format in den StereoPhoto Maker geladen. In der weiteren Bearbeitung besteht kein Unterschied zu einzeln importierten Halbbildern. Gespeichert werden die Einzelbilder. Für den Druck wird das Stereoformat mit 6 × 13 cm und einer Bildbreite von 5,2 cm bei einer Auflösung von 300 dpi umgerechnet.

Bild 6.49 Originalfoto mit Strahlenteiler

Bild 6.50 Nachbearbeitung der Sonnenanbeterin: Es geht einiges an Bildrand verloren.

Die Kirschblüten in Bild 6.51 gehören zu den dynamischen Motiven der Nahentfernung. Der stereoskopische Bereich des Strahlenteilers beginnt bei einer Aufnahmeentfernung von etwa 60 cm. Beim Blütenmotiv liegt eine leichte bis mittlere Bewegung durch Windeinfluss vor. Mit Einzelaufnahmen ist hier nichts mehr zu machen. Gleiches gilt für den Hintergrund der Sonnenanbeterin. Die Formatbegrenzung legt man zweckmäßig in der Anaglyphenansicht von SPM fest, und wechselt danach wieder zu den Nebeneinanderanordnungen.

Bild 6.51 Dynamisches Motiv im Nahbereich

6.4.2 Makro mit dem Handy

Makrofotografie ist ein Thema für sich. Einstellschlitten, Zwischenringe, Retroadapter, Nahlinsen, Makroobjektive und Makroboxen sind die Werkzeuge des Fotografen. Die Naheinstellgrenze muss verkürzt werden, und gute Abbildungsqualität ist gefragt. Bei statischen Objekten kann die 3D-Fotografie auf das gesamte Werkzeugrepertoire zurückgreifen. Wird es jedoch dynamisch, dann bieten sich Vorsatzlinsen, wie auch bei der analogen Fotografie, an. Für Spiegelreflexsysteme liefert Loreo diverse Optiken. Panasonic fertigt ein Objektiv für Micro Four Thirds-Objektivanschlüsse mit fester Blende und einer Scharfabbildung ab 60 cm. Die Sensorfläche müssen sich beide Halbbilder teilen.

Etliche Fotografen lösen das Problem mit einer Kamera und Spiegelsystemen, häufig mit DIY-Konstruktionen. Es gibt Vorrichtungen mit einem oder zwei Spiegeln, auch in kombinierter Anordnung. Bei der Anwendung von zwei Kameras muss man das Problem der kurzen Basis lösen. Hierzu bedient man sich eines Teilerspiegels (50 % Reflektion und 50 % Transparenz) den man diagonal zu den orthogonal angeordneten Kameras positioniert. Ein Halbbild entsteht durch Spiegelung, das zweite direkt mittels Durchlässigkeit. Die Stereobasis beginnt bei 0 mm. Eine große Hardwareausrüstung muss aber nicht zwingend vorhanden sein. Was kann das Handy? Mit dem Strahlenteiler kommt man nur bis auf etwa 60 cm an das Objekt heran (siehe Bild 6.48). Was kann das Makroobjektiv im Vergleich zum Normalobjektiv?

Aufgrund der extrem kurzen Nahentfernung von Handykameras sind diese ohne Weiteres auch für die Makrofotografie geeignet. In Bild 6.52 wird eine Figurine mit Abmessungen von 6 cm etwa 10 cm vor der Kamera aufgestellt. Die Basisverschiebung zwischen beiden Aufnahmen beträgt 5 mm (siehe Bild 6.52). Bei der maximalen Auflösung im Format 4 : 3 können wir am Bildschirm tief einzoomen. Auch kleinste Details, die dem Druckbereich verborgen bleiben, sind noch zu erkennen. Der EV-Wert ist aufgrund des schwarzen Hintergrundes auf −0,5 eingestellt.

Für eine alternative Aufnahme wird die Aufnahmeentfernung nochmals verkürzt. Der Abstand zwischen Kamera und Objekt beträgt jetzt nur noch wenige Zentimeter. Die Basisverschiebung liegt bei 2 mm. Bei fester Kamera kann man auch das Objekt verschieben und über Bluetooth auslösen. Beleuchtungsprobleme sind bei derartigen Motiven durch LED-Lampen trotz des engen Raumes zu lösen. Für diese Anwendung wurde ein zusammenklappbares Mini-Lichtzelt mit LED-Leuchtstreifen benutzt. Die Details des Pferdekopfes kommen nun auch in der Druckvariante zur Geltung. Betrachten wir die Objektauflösung, so ist in Bild 6.52 ein Bereich von 0,05 mm durch ein Pixel erfasst. In Bild 6.53 werden ca. 3 cm des Objekts mit 3000 Pixeln aufgezeichnet. Das entspricht einer Objektauflösung von 0,01 mm. Beide Abbildungen geben das Originalbild ohne Zuschnitt wieder.

Bild 6.52 Miniatur 0,05 mm Objektauflösung

Bild 6.53 Miniatur 0,01 mm Objektauflösung

Jetzt rücken wir das Objekt noch näher heran. Die Ausdehnung der Rändelschraube, dem Verschlussspanner einer alten Kamera, in Bild 6.54 beträgt um 5 mm. Aus einem einfachen Smartphone-Linsensatz wird das Makroobjektiv eingesetzt, wie es in Bild 6.48 zu sehen ist. Der Aufnahmeabstand beträgt etwa 1 cm. Eingeschränkt ist der Tiefenschärfebereich. Man muss bei der Stereoaufnahme die Kamera auch nicht immer verschieben. Fixiert man das Objekt auf einer verschiebbaren Ebene, kann man auch sehr präzise die Parallaxe herstellen. Es ist jedoch festzustellen, dass derartige Fotografie mit analogen Kameras oder digitalen SLRs erheblichen Geräteaufwand, etwa Balgen und Makroobjektiv, zumindest aber Zwischenringe, erforderlich gemacht hätte. Die Smartphone-Kamera präsentiert sich in diesen Fällen als Universalkönner.

Bild 6.54 Makroaufnahme einer 5 mm großen Rändelschraube

6.4.3 3DSteroid für Smartphones und Tablet-Computer

Das Smartphone kann, wie alle anderen Kameras auch, für die Stereofotografie mit zwei zeitversetzten Standpunkten genutzt werden. Stereoschiene und Stereowippe sind genauso einsetzbar wie Freihandmethoden und Aufnahmen mit erweiterter Basis. Bei Bedarf kann man auch eine 3D-Foto-App einsetzen. Besucht man den Google Play Store und gibt Suchbegriffe wie „3D-Foto" oder „3D-Kamera" ein, dann bekommt man Dutzende von Ergebnissen. Die Apps der Kategorie „Stereofotoaufnahme" unterscheiden sich nicht wesentlich voneinander. Den StereoPhoto Maker (SPM) kennen Sie ja schon. Die App 3DSteroid, die wir uns im Folgenden genauer ansehen werden, hat eine vergleichbare Ausstattung.

Mit der Android-App 3DSteroid von Masuji Suto, auch verfügbar für iOS-Hardware, wird die Aufnahme, Montage und Konvertierung von Stereoformaten ausgeführt. Vom gleichen Entwickler ist auch das Standardwerkzeug der Stereobildmontage für Windows-PC und Mac, der StereoPhoto Maker (SPM). 3DSteroid wird im Google Play Store in den Versionen Free und Pro angeboten. Mit 3DSteroid können statische Motive stereoskopisch aufgenommen werden. Die beiden Halbbilder werden nacheinander mit Standpunktveränderung aufgenommen. Nach Auslösung des ersten Halbbildes wird dieses vom Live-Bild des zweiten Halbbildes überlagert. Somit kann die Parallaxe unmittelbar visuell kontrolliert werden.

Der Eingangsbildschirm bietet das Dateimenü zum Öffnen, Speichern, Konvertieren, Teilen von Bildern und den Zugang zur Webgalerie an. Hinzu kommen das Menü für die Systemeinstellungen und der Link zur Webseite mit Hilfe-Funktionen.

Im Menü *Open File* werden standardmäßig drei Unterverzeichnisse des Datenverzeichnisses angeboten. Auf dem Android-Smartphone befinden sich die Ordner unter *Phone* >

3DSteroid. Es handelt sich um *Camera_org*, *Camera_saved* und *Send_image*. Eine 3D-Aufnahme wird als Originalbild mit linkem und rechtem Halbbild im Format JPEG unter *Camera_org* gespeichert. Der Dateiname wird aus dem Aufnahmedatum und der Aufnahmezeit gebildet. Dem ersten Halbbild ist eine Datei mit der Erweiterungsbezeichnung TXT zugeordnet, in der sich die Referenz auf das zweite Halbbild sowie einige Systemparameter befinden. Speichert man ein Raumbild, wird es im gewählten Stereoformat im Verzeichnis *Camera_saved* abgelegt. Gesendete Dateien werden im Verzeichnis *Send_image* gesichert.

Unter *Settings* befinden sich Checkboxen und Schieberegler für diverse Systemeinstellungen, Kontroll-Buttons und Mail-Modi. Besonders zu beachten die Bildschirmdarstellung mit einem Gitter, das Einblenden des Levels für Kameraneigung und Kantung sowie die JPEG-Qualität.

Im Hauptmenü kann man durch die Galerie seiner vorhandenen Bilder scrollen. Zur Auswahl stehen die Umschaltfunktion auf die interne Kamera und das *Edit*-Menü zum Bearbeiten vorhandener Bildpaare. Die Orientierung der Bilder kann um jeweils 90 Grad geändert werden, das rechte und das linke Halbbild können getauscht werden. Im Stereomodus stehen die Betrachtungsarten parallel oder gekreuzt, Anaglyphen, Anaglyphen Farbe und Dubois, *Blue-yellow*, gespiegelt, Einzelbild, der Modus *Over and Under* für KMQ-Brillen, der sogenannte *Wiggle*-Modus, der Parallaxeneffekt und eine Panoramafunktion zur Verfügung. Mit dem *Slideshow*-Button wird durch das Bildarchiv geblättert. Im *Edit*-Menü befinden sich die Funktionen zur Bildmontage: automatisch, horizontale und vertikale Verschiebung und Rotation sowie die Erstellung von Bildausschnitten.

Bild 6.55 zeigt das Kameradisplay vor der zweiten Aufnahme, das eigentliche Kernmodul der App. Das linke Bild ist bereits aufgenommen, befindet sich im Hintergrund und wird von der Live-Ansicht des rechten Bildes überlagert. Dies wird durch das Icon R oben rechts signalisiert. Blitz und Autofokus sind ausgeschaltet. In der Mitte unten sehen Sie die Schaltfläche zur Einstellung der Bildauflösung. Sie sollten unbedingt die höchst mögliche Auflösung wählen, sonst haben Sie später wenig Spiel beim Bildausschnitt. Die helle (rote) untere Linie stellt die elektronische Libelle dar und wird zur Kontrolle der Kantung benutzt. Die Linie verfärbt sich grün bei horizontaler Kamerahaltung. Der Neigungswinkel wird analog angezeigt (hier: 89). 90 ist horizontal. Bei Berührung des Icons unten rechts wird die Kamera ausgelöst. Entsprechend der Vorgaben kann unmittelbar das automatisch angeordnete Anaglyphenbild angezeigt werden. Für diesen Fall sollten Sie eine Rot-cyan-Brille dabeihaben. Der Kreuzblick ist auch nicht schlecht für eine schnelle Kontrolle.

Bild 6.55 3DSteroid im Kameramodus erwartet die zweite Aufnahme.

Wer auf Reisen oder beim Spazierengehen ein interessantes Objekt entdeckt und ohne Ausrüstung unterwegs ist, für den ist 3DSteroid auf dem Smartphone das passende Tool. Die hölzerne Skulptur in Bild 6.56 ist natürlich genau richtig für 3D aus Einzelaufnahmen – abwartend und statisch.

Bild 6.56 Skulptur in Kühlungsborn – eine typische Szene für Nacheinander-Aufnahmen: Anwendung von 3DSteroid, SbS-Format

6.5 Stereoskopisches Panorama

Im Jahr 1994 brachte die Firma Apple Quick Time VR auf den Markt. Seit dieser Zeit sind Panoramen auch für den Digitalfotografen von besonderem Interesse. Ursprünglich beschreiben Daten für VR computergenerierte Szenen. Mit Wiederentdeckung der HMDs durch Google, Oculus Rift u.a. werden auch die Rundumfotos existierender Szenen der virtuellen Realität zugeschrieben. Somit sind stereoskopische Panoramen heutzutage wieder hochaktuell.

Die *Stitching*-Funktion des Smartphones ist kinderleicht zu bedienen. Man bewegt einfach das Handy im Kreis und positioniert, bis automatisch ausgelöst wird. Ob immer ein gutes Ergebnis dabei herauskommt, sieht man in der Vergrößerung im Panoramaviewer. Die Aufnahme eines 3D-Panoramas ist im Vergleich dazu nicht so trivial, denn es soll ja ein fehlerfreies Panoramabild werden. Schauen wir uns aber zunächst einmal den monoskopischen Fall an.

Segmentierte Panoramaaufnahmen entstehen durch Rotation der Kamera um den parallaxenfreien Punkt (Nodalpunkt). Das ist etwa die Eintrittspupille des Objektivs. Man befestigt die Kamera im Hochformat auf einem Nodalpunktadapter, für den zuvor die Kamerajustierung bestimmt wurde. Die Genauigkeit der Justierung, das ist der Abstand des Nodalpunkts zur Drehachse des Adapters, liegt bei etwa 1,5 mm pro 1 m Nahentfernung. Zur Rotation um die Vertikalachse ist auf die präzise Horizontierung des Panoramakopfes zu achten. Nur mit korrekter Justierung sind fehlerfreie Panoramen zu erzielen. Bei der Rotation um die Objektivachse sind etwa 30-prozentige Überlappungen an den Bildrändern zu berücksichtigen. Der Rotator des Panoramakopfes rastet nach der Drehung an der korrekten Position wieder ein. Aus den 18 oder 24 Einzelbildern, je nach Objektivbrennweite, wird mit der geeigneten Software das Panorama zusammengefügt (= *Stitching*). Horizontal ist die volle Erfassung des Raumes mit 360 Grad kein Problem. Um aber auch vertikal vom Nadir bis zum Zenit den vollen Bereich von 180 Grad abzudecken, benötigt man ein mehrreihiges Panorama.

Naturgemäß kommt der Wunsch nach einem stereoskopischen Panorama auf. Bei normalen 3D-Aufnahmen benutzt man zwei Aufnahmepunkte. Vom Abstand der Objektive (Basis) und den Tiefenunterschieden im Objekt sind die Parallaxen abhängig, die den Tiefeneindruck hervorrufen. Rotiert man die Kameraeinrichtung, kommt der Tiefeneindruck im Panorama jedoch nur dann zur Geltung, wenn die Blickrichtung auch orthogonal zur Basis ist. Schaut man in Richtung bzw. Gegenrichtung der Basis, entsteht keine Parallaxe. Das Problem ist demnach nicht trivial und wurde schon in etlichen Publikationen diskutiert. Im Folgenden praktizieren wir eine Lösung mit rotierender Basis, zitieren die Einkameralösung und setzen eine 360-Grad-Kamera ein.

6.5.1 Rotierende Basis

Wir versuchen es zunächst einmal mit der rotierenden Basis, der eher konventionellen Aufnahmetechnik. Nutzt man zwei Monokameras für Panoramaaufnahmen, legt man den Nodalpunkt näherungsweise in die Mitte zwischen beide Objektivachsen (siehe Bild 6.57). Die Anzahl der Aufnahmen ist vom Öffnungswinkel des Objektivs abhängig. Man fügt die Einzelbilder des rechten und des linken Panoramas getrennt zusammen. Freie Panorama-Stitcher haben nicht immer die Leistungsfähigkeit von kommerziellen Lösungen. Eine automatische Lösung ist die Freeware Image Composite Editor[19] von Microsoft. Sie geht in vier einfachen Schritten vor: *Load Images*, *Stitch*, *Crop* und *Save*. Der Nutzer kann nicht eingreifen, da alles vollautomatisch läuft. Sortieren Sie die Einzelbilder am besten aufsteigend nummeriert im Porträtformat in einem eigenen Verzeichnis. Bereiten Sie Bildgröße, Farbverbesserung und Verzeichnungskorrektur in Kopien der Originaldateien vor.

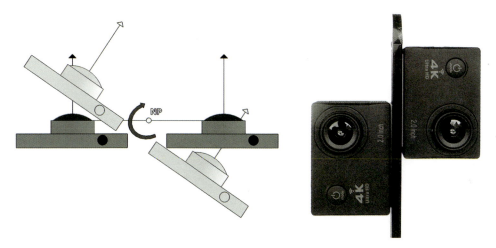

Bild 6.57 Prinzip der Panoramaaufnahme mit einem Twin-Set: NP stellt näherungsweise den Nodalpunkt dar (rechts als Hardware zwei Action Cams, gespiegelt auf einer L-Schiene)

Wer interaktiv in die Panoramaberechnung eingreifen möchte, der nimmt Hugin, eine ebenfalls freie Software. Es gibt noch viele andere Panorama-Stitcher zu nennen, etabliert sind auch PTGui und selbstverständlich Autopano Pro. Letztere sind allerdings Lizenzprodukte. Schauen Sie sich die Trial-Versionen an, dann können Sie nach ihren Anforderungen und Gewohnheiten entscheiden.

Im StereoPhoto Maker erfolgt im Nachhinein die Aufbereitung zum Anaglyphenbild. Sodann kann man einen Panoramaviewer aufrufen und mit der aufgesetzten Anaglyphenbrille räumlich durch die Szene navigieren. Ein geeigneter Viewer für lokale Anwendun-

---

[19] 64-Bit-Windows-Version von Image Composite Editor zum Download: *https://www.microsoft.com/en-us/download/details.aspx?id=52459*

gen ist das Panini Perspective Tool.[20] Da bislang kein 3D-Panoramaviewer für andere Stereoformate bekannt ist, wird man sich bis hierher auf das Anaglyphenformat beschränken. VR-Videos kommen noch in Kapitel 7 zur Sprache.

In der praktischen Umsetzung bringen wir zwei Action Cams im Hochformat in gespiegelter Anordnung zum Einsatz (siehe Bild 6.57). Der horizontale Bildwinkel ist nominell 170 Grad. Damit sollte der vertikale Bereich hinreichend abgedeckt sein. Unter den Billiglösungen entspricht die Angabe nicht immer dem realen Bildwinkel. Bei Internetkäufen kann man das leider nicht vorher überprüfen. Kameras mit einem 2-Zoll-Display sind gut zur visuellen Kontrolle der etwa 50 % horizontalen Überdeckung geeignet. Es bedarf keines speziellen Rotators. Das Stativ sollte aber stabil sein, und die Plattform, der Stativteller, auf dem gedreht wird, muss sorgfältig horizontiert sein. Mit einer Funkfernauslösung erreicht man die Synchronisation der Kameras unter 1/10 s und gelangt zur erschütterungsfreien Auslösung. Unser Panoramastativ, hier eine einfache Lösung mit L-Profilen, ist auf der Burg Warberg am Elm positioniert (siehe Bild 6.58). Eine vertikale Restparallaxe durch unpräzise Ausrichtung der Kameras gegeneinander können Sie noch im SPM korrigieren. Stitching-Fehler aufgrund der mangelnden Ausrichtung zum Nodalpunkt müssen Sie aber akzeptieren.

Bild 6.58 Burg Warberg am Elm: 3D-Panoramaaufnahme mit rotierender Basis

Gestitcht wurde das Panorama in der Software MS Image Composite Editor (siehe Bild 6.59 und Bild 6.60). Nicht jedes Panoramaprogramm mag die Fischaugenobjektive. Bereits vor dem Stitchen besteht die Möglichkeit, die extreme Objektivverzeichnung mit einem externen Programm zu korrigieren An dieser Stelle kam PTLens[21] zum Einsatz. Mit PTLens kann man ganze Verzeichnisse im Stapel bearbeiten. Doch auch hier gilt wieder die Vorliebe zur gewohnten Lösung. Im Datei-Explorer wird man noch die Drehung der Bilder angeben, einmal 90 Grad nach links und für das andere Panorama 90 Grad nach rechts. Radiometrische Korrekturen werden besser zuvor an den Einzelbildern vorgenommen. Bei einer 8 MB Auflösung der Einzelbilder gelangt das Anaglyphenbild im SPM zu einer

---

[20] Panini Perspective Tool zum Download: *https://sourceforge.net/projects/pvqt*
[21] Website von PTLens: *http://www.epaperpress.com/ptlens/*

Auflösung von etwa 18 000 × 3500 Pixeln. Das Resampling für eine geringere Auflösung sollten Sie aber nicht erst am Anaglyphenbild vornehmen.

Bild 6.59 Der Panorama-Stitcher MS Image Composite Editor – Bearbeitungsschritt 1: Import der Bilder

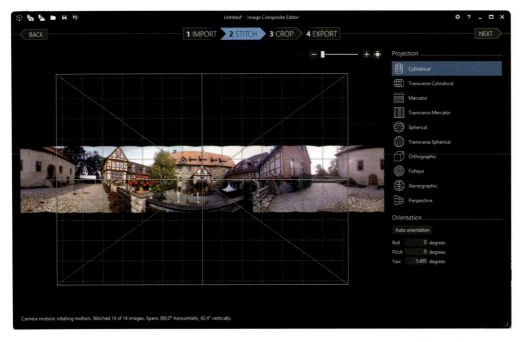

Bild 6.60 Der Panorama-Stitcher MS Image Composite Editor – Bearbeitungsschritt 2: *Stitch* mit Auswahl der Projektion und Orientierung (es folgen noch *Crop* und *Export*)

6.5.2 3D-Panorama mit einer Monokamera

Für ein Panorama, das den korrekten Stereoeindruck über die gesamte Ausdehnung eines Objekts mit variierenden Nahbereichen liefert, wurde der Begriff Omnistereo geprägt. Zum Ziel kommt man mit speziellen Kameraeinrichtungen oder einer geeigneten Softwarestrategie. Google stellt in seinem Projekt Jump[22] einen Kamerakopf mit 16 GoPro-Kameras vor, wobei anzumerken ist, dass die neueren Projekte immer auch auf Video und VR ausgerichtet sind. Man findet aber auch Lösungen, die mit weniger Kameras zurechtkommen. Die Kamera Vuze[23] bringt beispielsweise acht Objektive zur Synchronauslösung. Die Panono 360-Grad-Kamera oder der GoPro Omni Rig[24] (ohne Kameras für 1400 €) entsprechen noch nicht unseren Vorstellungen.

Wird nur mit einer Kamera gearbeitet, dann rotiert diese nicht im Nodalpunkt, sondern im Abstand von wenigen Zentimetern zur Rotationsachse. Es gibt in der Fachliteratur schon seit einigen Jahren Beiträge über die Berechnung von 3D-Panoramen aus nur einem Standpunkt.[25] Das Prinzip dieser Anordnungen liegt im Zusammenfügen von schmalen Bildstreifen aus den rechten und linken Randbereichen der Einzelbilder, die in dichter Folge aufgenommen werden. Somit sind letztlich auch ein linkes und ein rechtes Panorama vorhanden. Erweiterungen des Verfahrens berücksichtigen auch die Entfernung der Objekte zur Kamera und variieren den Abstand der Bildstreifen zur Bildmitte und somit die Parallaxe. Der Softwarehersteller ArcSoft bewirbt seine Algorithmen mit der patentierten Sim3D-Technologie und hat im Panorama Maker 6 eine Funktion für das räumliche Panorama eingebaut. Die Angebotspalette der Bildbearbeitung von ArcSoft ist deutlich auf Smartphones, Fischaugen und 360-Grad-Formate für VR ausgelegt und gibt den Trend vor. Offenbar steht aber bei ArcSoft nicht mehr der End-User im Blickpunkt, sondern die Bereitstellung der Technologie für Entwickler.

Nodal Ninja ist ein häufig verwendeter Panoramakopf. Im Nodal-Ninja-Forum wurde von Moderator Wim Koornneef das Tutorial[26] *How to create a 3D panorama with a single camera and a fisheye lens* vorgestellt. In 14 Arbeitsschritten mit PTGui Pro und SPM wird das 3D-Panorama berechnet. Eine automatisierte Lösung war unter der Bezeichnung PT3D von Thomas Sharplessangedacht, wurde aber nicht veröffentlicht.

---

[22] Professional VR Solutions: *https://vr.google.com/jump/*
[23] 360-Grad-Kamera Vuze: *https://vuze.camera/*
[24] GoPro Omni Rig: *https://www.camforpro.com/gopro-omni-rig-komplettset-fuer-360-grad-filme/*
[25] Bourke, Paul: Stereoscopic 3D Panoramic Images. Lecture Notes in Computer Science (LNCS), Volume 4270/2006. Springer, S. 147–155 (ISBN 978-3-54 0-46304-7). Siehe auch: *http://paulbourke.net/stereographics/stereopanoramic* (2002)
Peleg, Shmuel/Ben-Ezra, Moshe: Stereo Panorama with a Single Camera. 1999. *http://www.cs.huji.ac.il/~peleg/papers/cvpr99-stereopan.pdf*
[26] Tutorial 3D-Panorama: *http://www.nodalninja.com/forum/forum/general-discussions/tips-and-tricks/1023-tutorial-how-to-create-a-3d-panorama-with-a-single-camera-and-a-fisheye-lens*

Auf der SPM-Website wird die Lösung[27] mit einer rotierenden Videokamera vorgeschlagen. Der Videoclip einer vollen Kameradrehung wird in 360 Einzelbilder aufgeteilt. Aus diesen Einzelbildern sind jeweils ein Filmstreifen aus dem rechten Bild und ein Filmstreifen aus dem linken Bild zu entnehmen. Die Parallaxe resultiert aus dem Abstand der Filmstreifen in den Bildern und nach dem Versatz der Kamera aus der Rotationsachse.

Das Equipment besteht aus einem motorisierten Panoramakopf, einer einfachen Blitzschiene und einer Kamera. Der Abstand zum Rotationszentrum mag in etwa der Augenbasis entsprechen. Bei 60 fps und der Geschwindigkeit von einer Umdrehung pro Minute ist von 3600 Bildern auszugehen. Aus dem Clip werden 360 Bilder selektiert. Mit der *Slideshow List* werden die Stripes bestimmt, die mit der *Mosaic*-Funktion als linkes und rechtes Bild zusammengesetzt werden.

Beide Theorien scheinen mir mit zu viel händischer Arbeit verbunden zu sein. Die Lösung mit einer 360-Grad-Kamera scheint mir praktikabler zu sein, zumal diese in die VR-Umgebung eingebettet werden kann.

6.5.3 3D-Panorama mit einer 360-Grad-Kamera

Der im Folgenden vorgestellte Lösungsvorschlag kommt ebenfalls von StereoPhoto Maker.[28] Ab der englischen Version 5.20 findet man im *Edit*-Menü des StereoPhoto Maker die Möglichkeit zur Bearbeitung von 360-Grad-Fotos (in SPM mit *Theata* bezeichnet). Die 360-Grad-Kamera speichert in einem File zwei volle Fischaugenfotos. Diese Bilder werden innerhalb der Kamera oder durch ein Konvertierungstool in eine *Equirectangular Projection* umgewandelt. Naturgemäß wird sich der Fotograf in der einen oder anderen Bildhälfte befinden. Daher schießt man zwei Fotos und bewegt sich zwischen den Auslösungen auf die andere Seite der Kamera. Die Kamera wird um 90 Grad gedreht, und der Vorgang wiederholt sich. Man hat nun zwei Projektionen, die als rechtes und linkes Bild noch von den bewegten Objekten zu befreien sind. Im Bildbearbeitungsprogramm seiner Wahl legt man jeweils zwei Panoramen übereinander und radiert in der betreffenden Ebene den Fotografen heraus. Mit SPM haben Sie die Möglichkeit, die Inhalte eines Bildes in ein zweites zu übertragen. Laden Sie die identischen Panoramen, gehen Sie auf BEARBEITEN > EINSTELLUNGEN PINSEL KLONEN, und stellen Sie dort die Pinselvorlage ein. Klicken Sie in das Bild, das sie übertragen wollen, und radieren Sie bei gehaltener SHIFT-TASTE im anderen Bild.

Das Ausgangsmaterial der 360-×-180-Grad-Fotos ist in Bild 6.61 zu sehen. Im unteren Bereich des Bildes haben sich Teile meines Stativs verewigt. Aufgrund der 90-Grad-Kameradrehung verschiebt sich der Bildinhalt um 1/4 des Gesamtbildes. Diese Verschiebung

---

[27] 3D-Panorama mit einer 360-Grad Kamera: *http://stereo.jpn.org/eng/stphmkr/help/file_27.htm*
[28] 3D-Panorama mit einer Videokamera: *http://stereo.jpn.org/3d360/indexe.html*

muss in SPM grob zurückgestellt werden. Danach ist die automatische Feinjustierung möglich und die Projektionen werden entsprechend korrigiert und sind als Stereobilder zu betrachten.

Bild 6.61 360-Grad-Fotos mit Kameradrehung um 90 Grad (zu verschiebender Teil 1/4 des Gesamtbildes); Elecam 360-Bilder: *http://www.elephonestore.com/elecam-360-video-camera-panorama-camera.html*

Öffnen Sie in SPM (englische Version > 5.20) das linke und rechte Stereobild (= die bereinigten Panoramen). Rufen Sie EDIT > THETA IMAGE > THETA IMAGE LEVEL ADJUSTMENT auf (siehe Bild 6.62). Im sich öffnenden Bearbeitungsfenster schieben Sie mit dem Regler *Rotation* die Bilder näherungsweise übereinander. Klicken Sie auf AUTO ALIGN (siehe Bild 6.63). Nach der Feinjustierung markieren Sie die Checkboxen 90 DEG und SWAP L/R HALF OF THE THETA IMAGE und bestätigen mit OK. Die Checkbox 90 DEG ist anzuklicken, da SPM auf die gleiche Art auch zwei standpunktversetzte 360-Grad-Fotos handhabt. Versuchen Sie es doch auch einmal mit Stereobasis. Sie haben jetzt zwei Halbbilder, die als Anaglyphe zu speichern sind. Im lokalen Betrachter Panini-Viewer navigieren Sie durch die Stereoszene. Zwei Bildausschnitte sind in Bild 6.64 wiedergegeben. Alternativ kann man die Panoramen auch für Googles VR View nutzen, wie in Abschnitt 7.5 gezeigt wird.

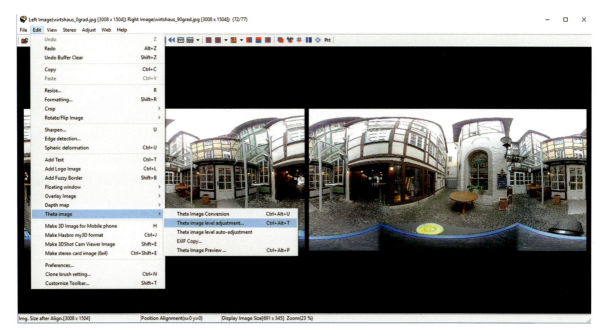

Bild 6.62 SPM-Menüaufruf Theta image level adjustment

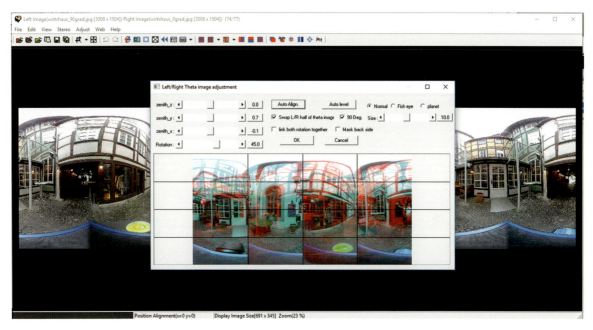

Bild 6.63 Justieren der 360-Grad-Panoramen im SPM

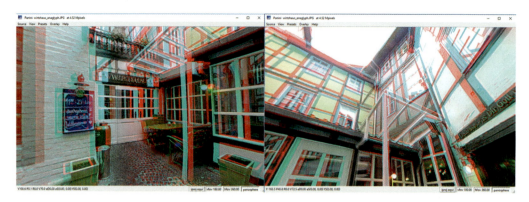

Bild 6.64 Das vollsphärische 3D-Panorama: Bildausschnitte im lokalen Panini-Viewer

Literatur

Beyeler, Michael: OpenCV with Python Blueprints. Packt Publishing 2015

Bourke, Paul: Stereoscopic 3D Panoramic Images. Lecture Notes in Computer Science (LNCS), Volume 4270/2006. Springer, S. 147–155 (ISBN 978-3-54 0-46304-7). Siehe auch: *http://paulbourke.net/stereographics/stereopanoramic* (2002)

Cooper, Jeffry L.: The 3D Photography Book. Habakuk, USA 2011

Michel, Benoit: Digital Stereoscopy, Scene to Screen 3D Production Workflow. Stereoscopy Nes, Belgien 2013

Peleg, Shmuel/Ben-Ezra, Moshe: Stereo Panorama with a Single Camera. 1999. *http://www.cs.huji.ac.il/~peleg/papers/cvpr99-stereopan.pdf*

Pomaska, Günter: Bildbasierte 3D-Modellierung. Wichmann VDE Verlag, Offenbach 2016

7 Als die Bilder laufen lernten – vom 3D-Foto zum 3D-Video

Das Thaumatope, ein Spielzeug aus der Vorgeschichte des Films, wurde 1825 erfunden. Eine beidseitig bemalte Scheibe setzt sich durch Rotation in Bewegung, wodurch die Bemalungen zu einem Bild verschmelzen. Die Trägheit des menschlichen Auges vermag den Bildern nicht mehr zu folgen und geht in Bewegung über. Weitere Geräte mit Bezeichnungen wie Zoetrop und Praxinoskop oder das Daumenkino als Mutoskop folgten, bis 1872 die erste Serienfotografie eines galoppierenden Pferdes gezeigt wurde.

Dieses Buch befasst sich ursächlich mit der 3D-Fotografie. Kamerahersteller sprechen in der Werbung auch mal von Videografie. Heutzutage kann so gut wie jede digitale Kamera Videos in HD-Qualität aufnehmen. 720 p und 1080 p im 16 : 9-Format mit 30 fps (*frames per second*, also Bilder pro Sekunde) sind Standard. Das „p" hinter der Angabe für die Bildauflösung bedeutet „progressiv", das heißt, das komplette Bild wird mit jeder Zeile aufgenommen. Wenn also die digitale zweiäugige Kamera oder das Twin-Set zum Einsatz kommen, dann ist selbstverständlich auch ein Ausflug in die Welt der bewegten Bilder angesagt. Der Auslöser im Videomodus muss nur zweimal gedrückt werden – zu Beginn und am Ende der Aufnahme – und schon haben wir die Szene dreidimensional bewegt im Kasten. Um fortgeschrittene Techniken der Kameraführung und des Bildschnitts, die von professionell Filmschaffenden eingesetzt werden, soll es in diesem Kapitel nicht gehen. Stattdessen werden einfache Werkzeuge für Filmschnitt, Stereojustierung und Wiedergabe vorgestellt. Thema dieses Kapitels ist die Aufnahme und Wiedergabe von kurzen Filmclips, im englischen Sprachgebrauch auch unter der Bezeichnung *Footage* bekannt.

Mit der Einführung von Compuserves GIF (*Graphics Interchange Format*) im Jahre 1987 begann die weite Verbreitung von animierten Bildern und Videoclips in der Computergrafik. Das Format kann aufgrund der Speichertiefe von 8 Bit auf eine Palette mit 256 Farben zugreifen und unterstützt den schnellen Bildwechsel von Einzelbildern. Webseiten wurden mit nervigen GIF-Animationen überfrachtet, die meist aus sich drehenden Buttons und springenden Comicfiguren bestanden. Man findet jedoch auch durchaus seriöse, kurze animierte Darstellungen als GIF-Formate im Internet.

Bild 7.1 Das Thaumathope in der GIF-Animation (© Käfig design: *https://de.freepik.com*, Foto: Günter Pomaska)

 GIF-Animation

Zur Erstellung einer GIF-Animation benötigt man keine spezielle Software. Mit Image-Magick gelangen Sie mit einer Zeile im Befehlsfenster schnell zum Ziel:

```
magick convert -delay 1 kaefig.gif vogel.gif -loop 0  animation.gif
```

Wenn heutzutage jemand bei Wikipedia nach Computervideoformaten sucht, dann werden 27 unterschiedliche Formate angezeigt. Videodateien sind in sogenannten Containerformaten gespeichert. Containerformate führen unterschiedliche Datenströme zu einem Datenstrom zusammen. Die Container enthalten Metadaten, Video- und Audiodaten sowie ggf. auch Texte für Untertitel. Gängige Formate sind das Open-Source-Format Matroska, das Standardformat für MPEG-Video namens MP4 und das ältere AVI-Format für Windows. Für HTML5 wurde WebM entwickelt. Die Daten in den Containern sind codiert und müssen von der Wiedergabesoftware wieder decodiert werden. Bekannte Codecs bzw. Implementierungen für Videokomprimierung sind Xvid, H.264, DivX oder Theora. Audicodecs sind z. B. OGG-Vorbis oder AAC. Die Liste der Container, Formate und Codecs ist lang. Als Besonderheit für den Stereoskopiker kommt die Anordnung der Bilder hinzu. In der Regel funktioniert das Side-by-Side-Format immer. Je nach Kamera gibt es aber auch Variationen bei der Bildanordnung und in den Codecs. Benötigt wird demnach ein möglichst universelles Wiedergabeprogramm oder eine leistungsfähige Software zur Konvertierung. Im letzteren Falle werden wir das Kommandozeilenwerkzeug FFmpeg einsetzen.

Videos im Buch

An dieser Stelle möchte ich noch einmal meinen YouTube-Kanal empfehlen, auf dem ich experimentelle 3D-Videos veröffentliche: *https://www.youtube.com/user/MrGuenter48*. Bitte halten Sie eine Anaglyphenbrille, Lorgnette oder VR-Brille für die Videobetrachtung bereit.

■ 7.1 Software für Cut & Play

Der Auftrag an die Software besteht darin, Videosequenzen zu schneiden und wieder zusammenzufügen, Übergänge zu schaffen, Ton zu hinterlegen und Texte einzufügen. Für den 3D-Film kommen die Synchronisation und die Bestimmung der Parallaxe hinzu. Die folgenden Abschnitte beschäftigen sich mit einigen solcher Werkzeuge. Zu Beginn werden VirtualDub und AviSynth vorgestellt. Es folgen der StereoVideo Maker und ein Blick auf die 3D-Wiedergabe. Mit FFmpeg kommt das universelle Kommandozeilentool ins Spiel. Aus Einzelbildern wird nun eine bewegte 3D-Präsentation. Außerdem zeige ich, wie Sie Ihre Clips auf Videoportalen einstellen können, sodass diese auch von anderen Leuten mit der VR-Brille betrachtet werden können.

7.1.1 Videoschnitt

Obwohl es schon etwas betagt ist, ist das Filmschnittprogramm VirtualDub[1] unter Windows als Freeware immer noch aktuell. VirtualDub verarbeitet die unterschiedlichsten Filter und Formatumwandlungen. Die Software kann sehr große Videodateien (> 4 GB) verarbeiten, Audio synchronisieren sowie Video- und Audiodaten auch getrennt verarbeiten. Mittels externer Filter ist eine Erweiterung des Funktionsumfangs möglich. Angeschlossene Videoquellen können aufgezeichnet werden. Derzeit aktuell ist Version 1.10.4 von 2013, die auch als portable Version erhältlich ist. Besonders in der Kombination mit AviSynth werden Sie als 3D-Enthusiast begeistert sein. AviSynth ist ein Open-Source-Nachbearbeitungsprogramm für die Videobearbeitung. Es arbeitet als Frameserver ohne eigenes Interface. Die Anweisungen an AviSynth werden in einer Skriptdatei mit der Erweiterungsbezeichnung *.avs* an die Videobearbeitung weitergereicht und wie ein Ein-

---
[1] Website von VirtualDub: *http://www.virtualdub.org*

gabevideo behandelt. AviSynth-Software, -Dokumentation und -Tools erhalten Sie in deutscher Sprache in der stabilen Version 2.6[2] von 2015.

Eine umfängliche Behandlung von VirtualDub/AviSynth ist in diesem Buch nicht vorgesehen. Wir springen einfach einmal ins kalte Wasser und betrachten eine Videokonvertierung von 2D nach 3D. Die Parallaxe entsteht dabei aufgrund der bewegten Kamera. Anhand der Betrachtung des Skript-Files wird deutlich, wie AviSynth im Hintergrund die Bilder für den Videoclip aufbereitet.

  Videokonvertierung von 2D nach 3D

Vor einigen Jahren erschienen in den einschlägigen Computermagazinen AVS-Skripte zur Konvertierung von 2D-Videos nach 3D auf der Basis des Pulfrich-Effekts, der Tiefeneindruck durch Bewegung hervorruft, da das Auge helle optische Reize schneller wahrnimmt als dunkle. Die Skripte gehen zurück auf Anton Belev (*www.3dvision-blog.com*). Ein umgewandeltes 2D-Movie einer Bohrpfahlbelastung[3] können Sie als Anaglyphenvideo auf meinem YouTube-Kanal anschauen: *https://youtu.be/zQZwPf-s5hw*

Als ersten Arbeitsschritt schneiden wir den Videoclip *woltersdorf.avi*, eine Schleusendurchfahrt am Flakensee in Brandenburg (siehe Bild 7.2). Starten Sie VirtualDub. Mit FILE > OPEN VIDEO FILE wird der Clip geladen. Zuerst schneiden wir den Anfang des Videos für die weitere Bearbeitung aus. Setzen Sie den Schieberegler an den Anfang der zu löschenden Sequenz. Gehen Sie auf EDIT > SET SELECTION START. Nun setzen Sie den Regler an das Ende des Auswahlbereichs und gehen auf EDIT > SET SELECTION END. Jetzt ist der zu löschende Bereich blau markiert und wird mit der ENTF-Taste gelöscht. Bevor die Datei gespeichert wird, schauen Sie erst einmal unter VIDEO > COLOR DEPTH nach. Dort checken Sie das Pixelformat. Wir verwenden RGB32. In der Ansichtskonfiguration können Sie mit VIEW > PANE LAYOUT > BOTH PANES die Protokollfenster öffnen. Damit haben wir auf einen Blick Eingabe- und Ausgabevideo im Visier. Nun speichern Sie die Datei unter FILE > SAVE AS AVI mit dem Namen *wltrsdrf.avi*.

---

[2] AviSynth-Website auf Deutsch: *http://avisynth.nl/index.php/Main_Page/de*
[3] Anaglyphenvideo Bohrpfahlbelastung: *https://www.youtube.com/watch?v=zQZwPf-s5hw*, Skript unter *http://3d.imagefact.de/script/2dTo3d.avs* erhältlich

Bild 7.2 Editieren eines Videoclips mit VirtualDub

Im nächsten Schritt werden ein rechtes und ein linkes Video ausgeschnitten. Hierzu benötigen wir das zuvor installierte AviSynth und legen eine Textdatei mit dem Namen *select.avs* an. Diese Datei wird über OPEN VIDEO FILE mit VirtualDub geladen. Die erste Zeile in der Textdatei definiert das Quellvideo. Der Befehl `selectEvery` holt aus dem Video jeweils in Zehnerschritten die Bilder 0, 1, 5 heraus (Listing 7.1). Dieses Video wird unter *selectL.avi* gespeichert. Ein erneuter Lauf gibt die Bilder für das rechte Video (3, 4, 8, 13, 14, 18, 23, 24, 28 usw.) aus. Gespeichert wird unter *selectR.avi*. Nutzen Sie die Raute #, und kommentieren Sie wechselweise aus. Sie haben sicher schon festgestellt, dass die Geschwindigkeit des Schiffes und der Abstand der Bilder die Parallaxe bewirken.

Listing 7.1 Halbbilder alternierend einem Video entnehmen

```
video   = AVISource("wltrsdrf.avi", pixel_type="RGB32")
video = SelectEvery(video,10,0,1,5)
#video  = SelectEvery(video,10,3,4,8)
return video
```

Jetzt können wir aus dem linken und rechten Video ein Anaglyphenvideo zusammenbauen. Für eine optimierte Anaglyphe können Sie die Gewichtung von 0,7 für Grün und 0,3 für Blau ansetzen. Danach produzieren Sie einen Clip ohne Rot und einen roten Farbkanal. Diese mischen Sie zusammen und gelangen dann nach Faktorisierung mit 2 zum Anaglyphenvideo. Listing 7.2 zeigt das komplette und kommentierte Skript, in Bild 7.3 sehen Sie das Ergebnis. Durch die gleichmäßige Bootsfahrt und die orthogonal dazu orientierte Kameraausrichtung konnten wir auf einfache Art und Weise zu den Halbbildern kommen.

Listing 7.2 AviSynth-Skript – Echtzeitkonvertierung zweier Videos

```
# Eingabe linkes und rechtes Video
clipR    = AVISource("selectL.avi", pixel_type="RGB32")
clipL    = AVISource("selectR.avi", pixel_type="RGB32")
#
# linkes Bild in Cyan – rechtes Bild in Rot
# Grün mit dem Faktor 0,7, Blau mit 0,3
# RGBAdjust skaliert die Farbanteile
clipL    = RGBAdjust(clipL,0, 0.7, 0.3)
# neuer Clip mit den Anteilen von clipL
# MergeRGB mischt die Farbanteile der Quelle mit dem Ziel
# Rot ist nicht mehr dabei
clipLa   = MergeRGB(clipL.ShowGreen, clipL.ShowRed, clipL.ShowRed)
clipLb   = MergeRGB(clipL.ShowBlue,  clipL.ShowRed, clipL.ShowRed)
# Mittelwert der Clips
clipLc   = Merge(clipLa,clipLb)
# Faktor * 2, da nur Mittelwert
clipLc = RGBAdjust(clipLc,2.0,0,0)
# Adjustment brightness, contrast, gamma
clipLc = Levels(clipLc,0,1.2,255,0,255,coring=false)
clipR    = RGBAdjust(clipR,0, 1, 1)
# endgueltiger Clip, Mittelwerte aus c und R
final=Merge(clipR, clipLc)
final=RGBAdjust(final,2.0,2.0,2.0)
return final# Scale red with 2 because of 50% from a and b
clipLc = RGBAdjust(clipLc,2.0,0,0)
# Adjust brightness, contrast, gamma,
clipLc = Levels(clipLc,0,1.2,255,0,255,coring=false)
# Delete red from the right image
clipR = RGBAdjust(clipR,0, 1, 1)
# Merge final clip
final = Merge(clipLc, clipR)
final = RGBAdjust(fertig,2.0,2.0,2.0)
return final
```

Bild 7.3 Anaglyphenvideo (erstellt mit VirtualDub und AviSynth)

Wenn Sie komfortabler hinsichtlich Text und Übergängen schneiden wollen, dann kann VirtualDub seine Qualitäten leider nicht zeigen. Für die 2D-Bearbeitung gibt es eine reichliche Auswahl an anderen Programmen. Sofern Anaglyphenvideos zu bearbeiten sind oder linke und rechte Videos getrennt bearbeitet werden, gibt es keine Probleme. Ein einfach zu bedienendes Werkzeug ist der Movie Maker unter Windows, doch leider hat Microsoft die Entwicklung eingestellt. Im Netz kann man allerdings noch fündig werden. Es stehen zahlreiche freie Alternativen und Testversionen für die 2D-Bearbeitung zur Verfügung, so zum Beispiel Video Pad von NCH Software. Bevor Sie sich für ein Programm entscheiden, sollten Sie die Möglichkeiten der Editierung von 3D-Videos testen. Meine Erfahrungen mit MAGIX Video Deluxe sind positiv. Ich konnte mit der Software eine erfolgreiche 3D-Bearbeitung durchführen. Anaglyphen und Side-by-Side-Anordnung L-R oder R-L machen hier beim Import und Export keine Probleme. Auch auf spezielle weiche 3D-Übergänge kann zugegriffen werden. Es wird eine 30-Tage-Testversion[4] zum Download angeboten. Eine Software, die auch mit 3D-Inhalten zurechtkommt, ist VEGAS Movie Studio Platinum.[5]

7.1.2 StereoMovie Maker

Analog zum StereoPhoto Maker stellen die Programmierer aus demselben Hause den StereoMovie Maker (SMM) zur freien Verfügung (siehe Bild 7.4). Die derzeit aktuelle Version[6] 1.21 wurde im Dezember 2010 veröffentlicht. Der SMM hat analog zum SPM die Aufgabe, 3D-Videos zu justieren bzw. zu montieren. Eingabedateien sind 3D-Videodateien oder getrennte linke und rechte Videos. Berücksichtigung finden auch die gepaarten Kameras in den normalen Anordnungen (nebeneinander oder aufrecht) und umgekehrt in der Z-Anordnung.

Die Hauptaufgabe des StereoMovie Maker besteht in der Synchronisation durch Vorlauf der Einzelaufnahmen (vor oder auch zurück), im Ausgleich von Vertikalparallaxen und in der Ausrichtung der Horizontalparallaxe. Der Film kann in einem beliebigen Ausschnitt gespeichert werden. Mit dem Schalter *Chromakey* können Farben des rechten oder linken Videos als transparent definiert werden und ermöglichen auf diese Weise Hintergrundeinblendungen (etwa bei Schriften). Die gängigen Stereoformate finden Berücksichtigung.

---

[4] Magix Video Deluxe für die 3D-Videobearbeitung: *http://www.magix.com*
[5] Videoschnitt-Software: vegascreativesoftware.com
[6] StereoMovie Maker: *http://www.stereomaker.net/ger/stvmkr/index.html*

Bild 7.4 Benutzeroberfläche des StereoMovie Makers

7.1.3 3D-Videoplayer

Ein 3D-Videostream bietet die Halbbilder in unterschiedlichen Eingabeformaten an. Das können getrennte Video-Files für das linke und rechte Auge sein. Auch andere Formate wie Side-by-Side-, Voll- oder Halbformate sind möglich. Der 3D-Videoplayer muss den Stream entpacken und im gewünschten Ausgabeformat darstellen. Exemplarisch nehmen wir uns einen Videoclip zum Thema Seifenblasen vor. Das Video wurde mit einer LG Cinema-3D-Videokamera im Full-HD-Format mit 1920×1080 Pixeln aufgenommen. Speicherformat ist ein MP4-Container. Öffnet man die Datei mit einem konventionellen Bearbeitungs- oder Wiedergabeprogramm, erkennt man die Anordnung der Halbbilder. Die Daten wurden reduziert, am Anfang und Ende beschnitten und das Ergebnis als MPEG-2-Datei ohne Audioinhalt gespeichert. Die 29 MB können Sie auf der Webseite zum Buch[7] herunterladen.

Zum Anschauen benötigen Sie einen 3D-Videoplayer. Dabei ist es sinnvoll, eine für alle Formate brauchbare Wiedergabesoftware einzurichten, die in Echtzeit die Videokonvertierung für das Ausgabegerät übernimmt. Für eine geringe Lizenzgebühr erhält der Privatanwender den Stereoscopic Player unter *http://3dtv.at*. Aktuell ist die Version 2.4.3. Der Stereoscopic Player ist ein umfassendes Programm, das mit seinen universellen Einstellungen punktet. An Ein- und Ausgabeformaten fehlt es nicht. Auch die Oculus-Rift ist dabei (siehe Bild 7.5). In der Bedienleiste befinden sich unter anderem die Schieberegler für die Parallaxe und die Bildvergrößerung sowie diverse Schaltflächen für die Ansichtsmodi.

---

[7] Der Pustebär – das Video: *www.imagefact.de/3D/video/seifenblasen.mpeg*

Bild 7.5 Benutzeroberfläche des Stereoscopic Players von 3dtv.at

Bino[8] ist ein Freeware-3D-Videoplayer (siehe Bild 7.6). Ich verwende die Bino-Version 1.4.4 vom Januar 2018. Starten Sie Bino und öffnen Sie aus dem Dateimenü ein Video-File im Stereoformat oder das linke und rechte Video getrennt. Das Eingabeformat sollte automatisch erkannt werden (z. B. links/rechts, halbe Breite). Das Ausgabeformat wählt man je nach Verfügbarkeit der Hardware: monoskopisch linkes oder rechtes Bild, 3D oder ohne weitere Hardwareunterstützung als Anaglyphe für die Kartonbrille. Die diversen Farbfilterkombinationen sind implementiert. In der Bedienleiste haben Sie die üblichen Controls und können auf den Vollbildmodus umschalten.

---

[8] Bino-Stereowiedergabe zum Download: *http://bino3d.org*

Bild 7.6 Videoclip im Bino-Player: Eingabe getrennter Kanäle, Ausgabe links/rechts

■ 7.2 Mediadaten

Wer mit Mediendaten wie Bildern, Video und Audio arbeitet, benötigt eigentlich keine kommerziellen Konverter, es sei denn, die Handhabung einer GUI-Oberfläche wird der Befehlseingabe vorgezogen. Das Kommandozeilenwerkzeug FFmpeg ist die universelle Software für die Medienmanipulation (*http://ffmpeg.org*).

FFmpeg steht für ein freies Softwareprojekt zur Handhabung von Multimediadaten (Audio und Video), das unter der GNU General Public License lizenziert ist. FFmpeg ist ein Kommandozeilenwerkzeug für das Codieren und Decodieren von Audio- und Videodateien. Der Name ist hergeleitet aus den Buchstaben FF für *fast forward* (eine Taste bzw. ein Control bei Videoplayern) und *mpeg*, der Abkürzung für Moving Pictures Experts Group. FFmpeg findet unter anderem bei den Global Playern YouTube, Google Chrome und Facebook Anwendung. In diesem Abschnitt geht es hauptsächlich um die Aufbereitung von Video- und Audiodateien im Side-by-Side-Format für 3D-Clips. Insofern enthält dieser Abschnitt eine Einführung in FFmpeg und stellt einige exemplarische Arbeitsschritte vor.

FFmpeg besteht aus Kommandozeilenwerkzeugen und Bibliotheken. Die Werkzeuge sind für folgende Aufgaben konzipiert:

- ffmpeg: Audio- und Videocodierung/-decodierung
- ffplay: Medienwiedergabe
- ffprobe zeigt die Charakteristika der Medien-Files.
- ffserver: Multimedia-Streaming

Die drei erstgenannten Werkzeuge werden im Folgenden näher vorgestellt. Auf das Multimedia-Streaming wird dagegen nicht eingegangen. Softwarebibliotheken tragen das Präfix lib und sind für die unterschiedlichen Bearbeitungsfunktionen zuständig. In den praktischen Beispielen werden wir mit den notwendigen Bibliotheken konfrontiert. Entwickelt wird FFmpeg unter Linux in der Programmiersprache C. Benutzer von Windows können die kompilierten Binärdateien auch unter *http://ffmpeg.zeranoe.com/builds* herunterladen. Wählen Sie dort das Verzeichnis *static* aus, und laden Sie das ZIP-Archiv (ca. 5 MB) der aktuellen Version herunter. Nach dem Entpacken finden Sie die Dateien in dem von Ihnen angegebenen Verzeichnis, bei mir ist es *c:\ffmpeg-latest-win64-static*.

Schauen wir uns nun die Handhabung unter Windows ein wenig genauer an. Entpacken Sie dazu den Download, rufen Sie das Befehlsfenster auf, und los geht's. Nehmen Sie die Programme in die Pfadvariable auf, damit diese aus jedem Verzeichnis heraus zu starten sind. Klicken Sie mit der rechten Maustaste auf das Windows-Symbol unten links in der Taskleiste, und wählen Sie *System* aus. Im Eingabefeld *Einstellungen* geben Sie path ein, woraufhin der Text Systemumgebungsvariablen bearbeiten erscheint. Klicken Sie in das Eingabefeld, und Sie erhalten das Panel für die Systemeigenschaften. Wählen Sie die Schaltfläche Umgebungsvariablen aus, wählen Sie path, und gehen Sie auf Bearbeiten. Über den Button Neu können Sie *c:\ffmpeg-latest-win64-static\bin* eingeben. Verlassen Sie die Menüs jeweils mit ok. Führen Sie nun einen Neustart durch.

Dann können Sie die Konsole aufrufen. Die Tastenkombination Windows+R öffnet das *Ausführen*-Fenster. Hier geben Sie cmd ein. Die Konsole ist jetzt geöffnet. In der Befehlszeile geben Sie cd \ ein, gefolgt von der Return-Taste. Nun befinden Sie sich im Root-Verzeichnis. Das Laufwerk ändern Sie mit Eingabe der Laufwerkskennung, z. B. *D:,* wiederum gefolgt von der Return-Taste. Navigieren Sie mit cd pfad zum Datenverzeichnis, in dem sich Ihre Medien-Files befinden. Gehen Sie sicher, dass die von Ihnen installierte Version aufgerufen wird. Es könnte sonst eine alte Version sein, die schon früher bei einer anderweitigen Programminstallation mit an Bord kam. Geben Sie ffmpeg ein, und schauen Sie auf die Versionsangabe. Ich habe Version 7.2.0 installiert. Es gibt auch Alternativen zur Befehlseingabe (engl. *Command Prompt* oder auch *Command Shell*), wie z. B. den FAR-Manager. Wer dieses Werkzeug einsetzen möchte, der gehe bitte auf die Website *https://www.farmanager.com*. Dort steht die Software zum Download bereit und Sie erhalten Unterstützung bei der Installation und Bedienung.

Windows-Konsole einrichten

Zur Gestaltung der Fensteroberfläche klicken Sie mit der rechten Maustaste in die Titelzeile. Wählen Sie im Pop-up-Menü EIGENSCHAFTEN aus. Hier können Sie Optionen, Schriftart und Farben nach eigenen Vorgaben konfigurieren.

Historie der Befehlseingaben

Bereits eingegebene Befehle können Sie erneut aufrufen und editieren. Benutzen Sie die Cursor-Steuerung und die Funktionstasten. Mit UP/DOWN scrollen Sie durch die Eingabehistorie. Mit RECHTS/LINKS setzen Sie den Cursor in der Eingabezeile. Wenn Sie häufiger komfortabel mit der Shell arbeiten wollen, dann finden Sie hier noch weitere Hinweise: *https://www.wintotal.de/die-kommandozeile-unter-windows*

Die Kommandozeilensyntax von FFmpeg ist nicht sonderlich kompliziert. Man muss nur darauf achten, dass die Parameter in der korrekten Anordnung folgen und die Optionen nicht zwischen Ein- und Ausgabe gemischt werden.

Dem Programmaufruf `ffmpeg` folgen globale Optionen, die für alle Ein- und Ausgaben gelten:

```
ffmpeg [global options] [input file options] -i input_file [output file options] output_file
```

Es können jeweils mehrere Eingabe- und Ausgabe-Files mit zugehörigen Optionen auftreten. Im Teststadium kann die Ausgabedatei ohne Speicherung unmittelbar auf dem Bildschirm ausgegeben werden. Speicherung der Zieldatei und Aufruf eines Medienplayers sind dann nicht notwendig. In diesem Fall ersetzen Sie das Kommando `ffmpeg` durch `ffplay`.

Das sogenannte *Transcoding* läuft wie folgt ab: FFmpeg liest die Eingabe-Files, arbeitet die eingegebenen Parameter ab und schreibt die Ausgaben. Innerhalb des Prozesses werden Demuxer aufgerufen, die Pakete mit codierten Daten liefern. Mehrere Eingabedateien werden synchronisiert. Ein Decoder produziert nicht komprimierte Datenpakete. Nach der optionalen Filterung werden die Datenpakete wieder codiert und an den Muxer gesendet, der die Ausgabedateien schreibt. Hauptsächliche Parameter sind die Filter, die als Filterketten oder Filtergraphen zwischen den Quelldateien und Zieldateien ausgeführt werden. Das *Filter Application Programming Interface* von FFmpeg ist die Softwarebibliothek `libavfilter`. Die Filter werden für Video mit der Option `-vf` und für Audio mit der Option `-af` angegeben. Filter können als Kette (getrennt durch Kommata) oder Graph (getrennt durch Semikolons) angegeben werden.

Gehen wir mal ein Beispiel durch. Mit dem *High Quality Denoise*-Filter `hqdn3d` soll ein Video entrauscht werden. Filter können einfach oder komplex sein.

Mit dem ersten Befehl wird das Video in die Datei *denoise.mp4* ausgegeben. Mit der Option pad erfolgt ein *Padding*. Hier wird die doppelte Weite angegeben. Somit ist dort im zweiten Schritt der Filterkette Platz für das Original.

```
ffmpeg -i DSCF1185.AVI -vf hqdn3d=7:7:5:5, pad=2*iw denoise.mp4
ffmpeg -i denoise.mp4 -i DSCF1185.AVI -filter_complex overlay=w vergleich.mp4
```

Beide Filterketten können als Filtergraph zusammengefasst werden. Mit ffplay wird der Umweg in eine Ausgabedatei vermieden. Die Bezeichnungen in den eckigen Klammern sind sogenannte Link-Labels.

```
ffplay -i DSCF1185.AVI -vf split[a][b];[a]pad=2*iw[A];[b]hqdn3d=7:7:5:5[B];[A][B]overlay = w
```

Das vorangegangene Beispiel ist unter *www.ffmpeg.tv* zu finden. Wir erstellen nun ein eigenes Beispiel und konvertieren einen farbigen Videoclip in Graustufen. Umgekehrt geht es natürlich nicht. Zuerst schauen wir uns mit ffprobe die Charakteristika der Beispieldatei *DSCF1185.AVI* mit

```
ffprobe -show_streams -i DSCF1185.AVI < info.txt
```

an. Wir erhalten die *Textdatei info.txt* und zeigen einen kleinen Ausschnitt:

```
[STREAM]
index=0
codec_long_name=Motion JPEG
codec_type=video
width=640
height=480
color_range=pc
TAG:DateTimeOriginal=2011:09:03 03:30:52
TAG:title=FUJIFILM AVI STREAM 0200
…
[/STREAM]
[STREAM]
index=1
codec_type=audio
…
[/STREAM]
[STREAM]
index=2
codec_type=video
…
[/STREAM]
```

Die Datei enthält drei Streams, zwei Videostreams und einen Audiostream (index 1). Die Bildgröße ist 640 × 480 Pixel, aufgenommen am 3. September 2011 um 15:30 Uhr mit einer Fuji-Kamera. Anschauen können wir uns die Datei mit folgendem Befehl:

```
ffplay -i DSCF1185.AVI
```

Es handelt sich bei diesem Video (*https://youtu.be/MmaTas7CTAk*) um einen Gleichgewichtsversuch auf der Wissenschaftsausstellung „Geniale", die 2011 in Bielefeld stattfand. Welches Kind fällt bei Betrachtung der sich drehenden Scheibe am ehesten um? Wir wollen zwei Streams herausfiltern und diese in Grauwerte konvertieren. Zunächst versuchen wir uns an der Teilung unserer Streams:

```
ffmpeg -i DSCF1185.AVI -map 0:v:0 -vf scale=iw/2:ih/2 -an links.avi
ffmpeg -i DSCF1185.AVI -map 0:v:1 -vf scale=iw/2:ih/2 -an rechts.avi
```

Mit dem Befehl map 0:v:0 entnehmen wir dem ersten Input-File 0 (es gibt nur eins) den Videostream mit dem Index 0 und skalieren um die halbe Bildweite und die halbe Bildhöhe herunter. Die Ausgabe geht nach *links.avi* aus. Gleiches erfolgt mit dem Videostream Index 1 und der Ausgabe nach *rechts.avi*. Mit dem Audiofilter -an wird die Tonspur entfernt. Uns liegen jetzt zwei Videoclips ohne Ton vor.

Die Erweiterung des Videofilters durch folgenden Befehl reduziert die Farben zu einem Graustufenvideo:

```
-vf scale=iw/2:ih/2v, format=gray
```

Als Stereoskopiker sind wir allerdings an einer Side-by-Side-Anordnung interessiert und möchten davon ein Anaglyphenbild sehen.

Mit folgendem Befehl bauen wir erst einmal eine Side-by-Side-Anordnung:

```
ffmpeg -i links.avi -i rechts.avi -filter_complex [0:v][1:v]hstack[v] -map[v] -metadata:s:v:0
stereo_mode=left_right -codec:v libvpx -aspect 8:3 -crf 10 sbsOutput.mkv
```

Mit Filter_complex fügen wir aus dem ersten und zweiten Input die Videodaten mit der Option hstack (voreingestellt sind zwei Input-Files) zusammen. Es werden Metadaten geschrieben und die Daten werden mit der libvpx-Bibliothek codiert. Das Seitenverhältnis des Videos ist 8 : 3. Der Constant Rate-Faktor, ein Maß für die Qualität zwischen 0 und 51, wird auf 10 gesetzt. Die Ausgabedatei ist ein Matroska-Container.

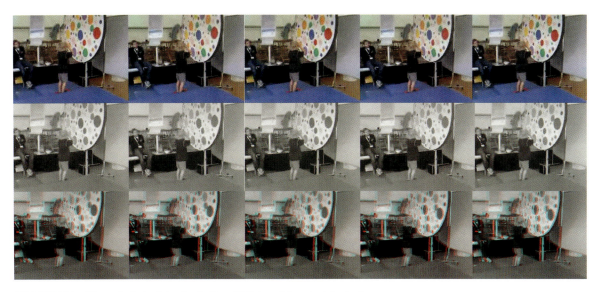

Bild 7.7 Videofilter: *sbsColor* (oben), *sbsGray* (Mitte) und *Anaglyph* (unten)

Das Ganze wollen wir nun als Anaglyphenvideo mit der Rot-Cyan-Brille betrachten. Hierzu dient die Option stereo3d:

```
ffplay -i sbsOutput.mkv -vf stereo3d= sbs2l:arcc
```

Die Konvertierung in Graustufen wäre auch unmittelbar mit der Option stereo-3D=sbs2l:arcg gelungen. Weitere Zuweisungen der Stereo-3D-Konvertierung des Side-by-Side-Halbformats in die gebräuchlichsten Zielformate können Sie Tabelle 7.1 entnehmen.

Tabelle 7.1 FFmpeg-3D-Stereokonvertierung von sbs2l (Side-by-Side halbe Breite) in Zielformate

Zielformat	Videofilter Stereo-3D
Side-by-side, left first	-vf stereo3d=sbs2l:sbsll
Above-below, left first	-vf stereo3d=sbs2l:abl
Red-cyan, monochrome	-vf stereo3d=sbs2l:arcg
Red-cyan chrome	-vf stereo3d=sbs2l:arcc
Red-cyan, half color	-vf stereo3d=sbs2l:arch
Red-cyan, dubois	-vf stereo3d=sbs2l:arcd

Nun können Sie den Video-Files auch Screenshots entnehmen. Wir illustrieren unseren Einstieg in FFmpeg für die Abbildung mit dem Bild nach 10 Sekunden:

```
ffmpeg -i file -ss 00:00:10 -vframes 1 screenshot%d.png
```

Mit den vorangegangenen Ausführungen sind die Grundlagen für die Bearbeitung weiterer stereoskopischer Anwendungen auch mit Standbildern bereitgestellt. Es kommen unter anderem folgende Fragestellungen zum Überlagern von Bildern, zur Einfügung von Text, zur Bildmontage und Erstellung von Videoclips aus Images zur Sprache. Einige Beispiele dieser Art sind folgende:

Einfügen eines Logos in einen Videoclip (siehe Abbildung n, untere Reihe):

```
ffmpeg -i right.mp4 -i logo_gp.png -filter_complex overlay=W-w test.mp4
```

W ist die Bildweite des Videos und w ist die Bildweite des Logos. Das Logo wird in der rechten oberen Ecke eingefügt. Unten links benötigt die Angabe Overlay=0:H-h.

Einfügen eines laufenden Textes in einen Videoclip:

```
ffmpeg -i test.mp4 -vf drawtext="fontfile=/windows/fonts/arial.ttf: text='Geniale Bielefeld 2011':x=(w-tw)/2:y=h-t*25:fontcolor=yellow:fontsize=24" textClip.mp4
```

Die Positionsangabe x ergibt sich aus der halben Differenz zwischen Videoweite und Textweite. Die Höhe ist zeitabhängig, beginnt bei 0 und läuft mit wachsender Zeit von unten nach oben. Der text kann auch in einer Datei gehalten werden, dann lautet der Parameter textfile=filename.

Bild 7.8 Einblendung eines Logos und eines laufenden Textes

Ein Video-File konvertiert man in Einzelbilder, indem man ein Präfix für die Zieldateien vergibt und laufende Nummern anhängt. Die Anweisung ffmpeg – video.avi left%4d.jpg ergibt Einzelbilder mit aufsteigenden Dateinamen, beginnend bei *left0000.jpg*. Bei einem Video von 1 Minute Länge mit 30 fps kommt es so zu 1800 Bildern. Daher kann man ein Zeitintervall hinzugeben:

```
ffmpeg -i links.avi -ss 00:00:05 -t 00:00:15 left%4d.jpg
```

Beginnend bei Sekunde 5 wird alle 15 Sekunden ein Bild abgespeichert. Schauen Sie sich am besten vorher die Dauer des Videos mit ffprobe an, und berechnen Sie das benötigte Zeitintervall. %4d ist ein Platzhalter für eine vierstellige Nummerierung. Im weiteren Verlauf kommen wir auf diese Anwendung zurück, wenn aus einem Video ein 3D-Modell abgeleitet werden soll.

Häufig benötigt man auch ein Video aus nur einem Standbild. Da wäre beispielsweise die equirectangulare Projektion eines Panoramas, die als VR-Bild auf YouTube hochgeladen werden soll. Mit der Option loop wird ein Foto in ein 6-Sekunden-Video konvertiert. Die Auflösung ist 640 × 480, das Pixelformat wird definiert und in die Zieldatei *lichthof.mp4* ausgegeben. Bild 7.9 entstand bei der „Langen Nacht der Wissenschaften" im Lichthof der TU Berlin in Charlottenburg mit einer 360-Grad-Kamera. Die Formatangabe für das YUV-Farbmodell dient der Kompatibilität für verschiedene Videoplayer:

```
ffmpeg -loop 1 -i lichthof.jpg -t 6 -s 640:480 -vf format=yuv420p lichthof.mp4
```

Im zweiten Schritt wird noch ein horizontal laufender Text hinzugegeben. Man beachte, dass die Auflösung des Bildes sehr hoch ist:

```
ffmpeg -i lichthof.mp4 -vf drawtext="fontfile=/windows/fonts/arial.ttf:text='Lichthof TU
Berlin-Charlottenburg':x=w-t*400:y=h-th*2:fontcolor=white:fontsize=120" LichthofTU.mp4
```

Soll das Video bei YouTube in einer Dauerschleife wiedergegeben werden? Dann klicken Sie mit der rechten Maustaste auf das Video und klicken Sie im Kontextmenü SCHLEIFE an.

Unter folgendem Link können Sie sich das Video ansehen: *https://www.youtube.com/watch?v=CNGFv0OqoCY*

Bild 7.9 Konvertierung eines Fotos in ein Video: equirectangulare Projektion (rechts zum Vergleich im Panorambetrachter)

7.3 Vom Foto zur Videoshow

Die Betrachtungen und Einführungen in FFmpeg sollen mit der Produktion eines 3D-Videoclips im Side-by-Side-Format abgeschlossen werden. Es liegen fünf Einzelbilder vor, jeweils als linkes (_l) und rechtes Bild (_r), die in einem 30 Sekunden dauernden Video zu zeigen sind. Es gibt ein Titelbild und den Abspann, dazwischen liegen drei weitere Bilder. Es sollen noch ein Text und eine Tonspur hinzukommen. Linkes und rechtes Video werden einzeln behandelt und letztlich zusammengefügt.

Kommandos in einer Batchdatei speichern

Um Kommandos der Windows-Konsole in einer Batchdatei zu speichern, gehen Sie ans Ende der Befehlszeile (Taste ENDE), betätigen die rechte Maustaste, wählen MARKIEREN im Popup-Menü und ziehen die Maus nach links an den Anfang. STRG + C kopiert das Markierte, STRG + V fügt es in die Batchdatei ein. Kommentieren Sie dort mit REM. Die Datei können Sie zum Nachschlagen und zur Wiederverwendung der Befehle nutzen.

Zur Automatisierung des Ablaufs benötigen wir für die Dateinamen ein Präfix und eine laufende Nummer. Alle Bilder sollen eine Auflösung von 1280 × 720 Pixeln haben. Als Helfer wird das Bildbearbeitungswerkzeug IrfanView eingesetzt. Laden Sie IrfanView als portable Applikation von der Website *www.irfanview.com* herunter. Es ist ein Werkzeug, das Sie gezielt für die Stapelverarbeitung einsetzen können. Starten Sie IrfanView, und wählen Sie aus dem *File*-Menü den Punkt BATCH CONVERSION/RENAME aus. Ein Eingabepanel öffnet sich. Innerhalb der Radiobuttons oben links wählen Sie BATCH CONVERSION – RENAME RESULT FILES (siehe Bild 7.10). Legen Sie das Ausgabeformat fest, und wechseln Sie zu den ADVANCED OPTIONS (siehe Bild 7.11). Dort geben Sie die neue Bildgröße an und setzen die Häkchen bei *Overwrite existing files* und ggf. noch bei *Preserve aspect ratio (proportional)*. Zurück im vorhergehenden Menü legen Sie das Muster für die Dateinamen fest, z. B. `img` und `##` für zweistellige Nummerierung. Als Zielverzeichnis können Sie das aktuelle Verzeichnis in der Schaltfläche wählen. Im Dateinavigator oben rechts wählen Sie die Bilddateien und übernehmen diese in das Fenster für die Input-Files. Hier können Sie die Reihenfolge noch verändern und den Batch starten.

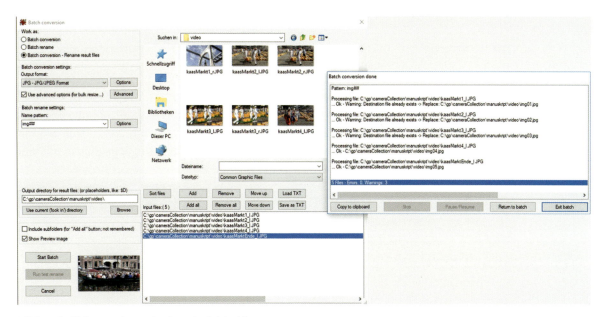

Bild 7.10 Bildkonvertierung im Stapel mit IrfanView

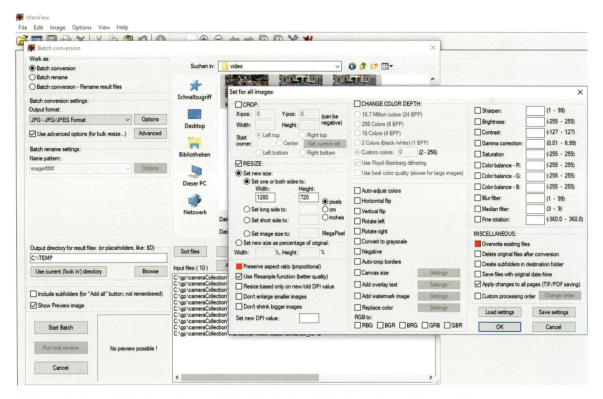

Bild 7.11 Optionen bei der Konvertierung mit IrfanView (achten Sie insbesondere auf die rot markierten Checkboxen)

Die Befehlszeile erhält folgende Optionen:

```
ffmpeg -framerate 1/5 -i img%2d.jpg -r 30 -vf format=yuv420p -s 1280:720 slideShow.mp4
```

Die Standzeit für die Bilder wird mit dem inversen Wert bei der Option framerate angegeben. Die Framerate für die Ausgabedatei setzt man etwas höher im Vergleich zum Format und zur Skalierung (siehe oben). Der Bildübergang ist hart, deshalb könnte man ein *Crossfading* einfügen. Um das Thema nicht allzu sehr zu vertiefen, verzichten wir an dieser Stelle aber darauf. Das erste Bild erhält noch den Trailer „Bezoek de kaasmarkt van Alkmaar" und der Abspann den Text „alstublieft!":

```
-vf drawtext="enable='between(t,0,5)':fontfile=/windows/fonts/arial.ttf:r=25: text='Bezoek de
kaasmarkt van Alkmaar':x=(w-tw)/2:y=(h-th)/2:fontcolor=yellow:fontsize=48"
-vf drawtext="enable='between(t,20 ,25)':fontfile=/windows/fonts/arial.ttf:r=25:
text='alsublieft!':x=(w-tw)/2:y=(h-th)/2:fontcolor=yellow:fontsize=48"
```

Jetzt wird der Vorgang mit den identischen Kommandos für den rechten Film wiederholt. Wir fügen zuerst beide Filme zusammen:

```
ffmpeg -i alkmarL.mp4 -i alkmarR.mp4 -filter_complex [0:v][1:v]hstack[v] -map "[v]"
-metadata:s:v:0 stereo_mode=left_right -codec:v libvpx -aspect 32:9 -crf 15 alkmaarSbS.mkv
```

Bild 7.12 Side-by-Side-Movie aus Einzelbildern (*https://www.youtube.com/watch?v=01YF03NSB78*)

Nun wollen wir schnell mal mit Bino checken, ob alles richtig gelaufen ist (Eingabe: L/R halbe Breite, Ausgabe: Anaglyph Rot-Cyan farbig).

Das Audio-File *sample.mp3* von 24 Sekunden Dauer holen wir aus einem anderen Clip (*ffmpeg -i DSCF4215.avi -ss 00:00:00 -t 00:00:24 -q:a 0 -map a sample.mp3*) und fügen es in den Container ein:

```
ffmpeg -i alkmaarSbS.mkv -i sample.mp3 -codec copy -shortest finalAlkmaar.mkv
```

7.4 3D-Videoaugen

Die digitale Kameraszene wuchs mit Kompaktkameras, Spiegelreflexkameras und Camcordern. Später gesellten sich die spiegellosen Systemkameras hinzu. Waren es zunächst die Handy- bzw. Smartphone-Kameras, die in die Fotografenszene einbrachen, folgten danach die Action Cams mit extremen Weitwinkeln und Webcamfunktion von GoPro, Mobius und den vielen No-Name-Nachfolgern. Konzipiert waren die Action Cams zunächst für Sportler. Dann gelangten sie in die Multicopterszene. Eine weitere Variante trat als Dashcam, als Kamera zur Aufzeichnung von Autofahrten, in Erscheinung.

Bild 7.13 Kamerazwerge: Webcam und Mini-DV in Stereohalterung

Zu verzeichnen ist des Weiteren eine Vielzahl sogenannter Spy-Kameras. Es handelt sich dabei um Miniaturkameras mit mehr oder weniger brauchbarer Bildqualität. In diesem Kapitel wird das Augenmerk auf systemspezifische Komponenten der genannten Kandidaten hinsichtlich der 3D-Videografie gelegt. Der 3D-Camcorder, wohl etwas aus der Mode gekommen, und die Zweiäugigen für das VR-Erlebnis sind Gegenstand der Betrachtungen.

7.4.1 Miniaturkameras – die Kamerazwerge

Mit fortschreitender Miniaturisierung der Kameras bieten sich auch Lösungen für neue Aufnahmesituationen an. Man denke an Plattformen wie Minidrohnen oder die Air Swimmers, die nur geringe Last mit an Bord nehmen können. Die SQ8 Mini-DV ist als Kubus mit einer Seitenlänge von 23 mm als Videokamera der typische Vertreter dieser Gadgets, auch für verdeckte Aufnahmen. Dieser Kameratypus nimmt Videos mit 720 p und 1080 p und Einzelbilder mit 12 MP auf. Bedient wird über einen On-off-Schalter und einen Modi-Schalter. Der gewählte Modus wird über eine farbige LED angezeigt. Wi-Fi und Fernsteuerung gibt es nicht. Gespeichert wird auf einer MicroSD-Karte. Die Stromversorgung erfolgt über eine aufladbare Lithium-Batterie. Der Sensor ist vermutlich ein 1/3" CMOS (4,8 × 3,6 mm) mit einer Pixelgröße um einen Mikrometer. Die Brennweite liegt bei 5 mm mit 50 Grad horizontalem Bildwinkel. Für Stereoaufnahmen sind zwei Kameras in einer Halterung montiert. Die Halterung ist eine Eigenkonstruktion mit einer Zieleinrichtung und kommt aus dem 3D-Drucker (siehe Bild 7.13). Mit der konventionellen Hollywood-Klappe kann synchronisiert werden (Kameras starten, Motiv anvisieren und Klappe zeigen). Im Filmschnittprogramm ist dann der Punkt des Zusammentreffens der Klappe zu synchronisieren. Die Bildqualität dieser Spielzeuge mag nicht jeden Geschmack treffen, sicherlich ist aber das Aufkommen einer verbesserten Bildqualität zu erwarten. Baut man die Metallkarosserie der Kamera ab, hat man ein echtes Leichtgewicht. Unser Aufnahmebeispiel in der Webgalerie ist ein Videoclip von einer Karussellfahrt bei Schönwetter. Den Winzling selbst kann man in der Makroaufnahme bewundern.

Bild 7.14 zeigt die Bauteile einer SQ8 Mini-DV. Oben links sieht man den Tubus, in den das Objektiv (darunter) eingedreht wird, daneben den CMOS-Sensor und die Elektronik. Nicht abgebildet sind Mikrofon und Infrarotleuchten. Der Sensor liefert ein Standbild mit einer Auflösung von 4032 × 3024 Pixeln. Die Pixelgröße entspricht etwa einem Mikrometer, also eine echte Miniaturkamera für das Knopfloch.

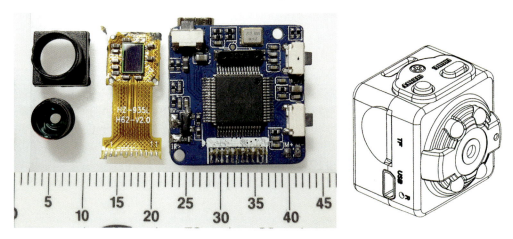

Bild 7.14 Bauteile der SQ8

7.4.2 Parallelbetrieb zweier Webcams

Heutzutage sind Webcams mit ausgezeichneter Bildqualität zu erwerben. Man denke da an die Microsoft-LifeCam-Serie mit Full-HD-Auflösung, Glasoptiken und Autofokus. Fokussierung im extremen Nahbereich und Aufnahmen auch bei ungünstigen Lichtverhältnissen sind kein Problem mehr. Auch andere Hersteller wie Logitech oder HP bieten derart leistungsstarke Kameras an. Konzipiert für Überwachungsaufgaben und Chats, kann man durchaus auch 3D-Aufnahmen in Betracht ziehen. Die vorangehend genannte Qualität hat natürlich ihren Preis, zumal noch eine Software für den Parallelbetrieb benötigt wird. Zum Test einer Installation eignen sich aber bereits Webcams mit 640 × 480 Pixeln Auflösung. Mit Investitionskosten im einstelligen Eurobereich lohnt sich ein Versuch. Die Bildeigenschaften sind hinreichend für die Tabletop-Fotografie.

Im Modellversuch sollen zwei Webcams Sodial mit manuellem Fokus und CMOS-Sensor getestet werden, die auch von der Karosserie her für ein Stereogespann geeignet scheinen. Der Sensor ist vermutlich ein 1/3" Chip mit Abmessungen von 4,8 × 3,6 mm. Die Brennweite liegt demnach bei etwa 3 mm mit einem Öffnungswinkel von 50 Grad. Selbstverständlich ist man bei der Einrichtung auf der Suche nach Freeware für Steuerung und Synchronisation. Da bieten sich zwei Kandidaten an: iSpy, eine Open-Source-Videoüberwachungssoftware, oder Yawcam von Magnus Lundvall. Letztere ist weniger anspruchsvoll, aber für die hier angedachte Anwendung durchaus zu gebrauchen.

Was ist zu tun? Die Kameras werden per USB verbunden und zwei Instanzen von Yawcam aufgerufen. Führen Sie nun die Einstellungen für beide Kameras durch. Es gibt zwei wesentliche Menüpunkte. Zunächst rufen Sie über SETTINGS > EDIT SETTINGS > OUTPUT >FILE den Image Array Wizard auf. Nach dem Dialog ist noch die Intervallzeit für Einzelbilder einzustellen. Die Synchronisation erfolgt über den Scheduler, den Sie über den Pfad SETTINGS > EDIT SETTINGS > SCHEDULER erreichen. Im Eingabepanel geben Sie für beide Kameras den Zeitraum der Überwachung an. Stimmen Sie Systemzeit und Beginn des Zeitraumes entsprechend ab. Nach Beendigung der Aufnahme befinden sich die Einzelbilder im temporären Verzeichnis mit dem Zeitstempel im Dateinamen.

In der Weiterverarbeitung werden nun die Schritte zum 3D-Foto oder 3D-Video vollzogen. Grundkenntnisse im Umgang mit FFmpeg haben Sie bereits in Abschnitt 7.2 erworben. Das Ergebnis unseres Beispiels ist ein Produktvideo von Spieluhren in 3D. Betrachten Sie Bild 7.15 oder schauen Sie folgendes YouTube-Video an: *https://youtu.be/nBb8Akr30GM*. Bedenken Sie bitte, dass die Webcams für 3,50 € erworben wurden. Nach erfolgreichem Test können Sie die Qualität durch Austausch der Sensoren beliebig nach oben schrauben. Auf dem PC betrachten Sie die Clips als getrennte Dateien mit Bino.

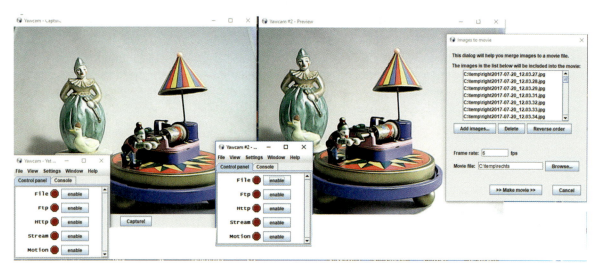

Bild 7.15 Mit zwei Instanzen von Yawcam zum 3D-Video

Ein 360-Grad-Rundumbild wird mit speziellen Panoramakameras oder durch das Zusammensetzen (*Stitching*) von Einzelbildern aufgezeichnet. Mit computergesteuerten Panoramaköpfen gelangt man zu Gigapixel-Auflösungen, die jedes Detail im Objekt erkennen lassen. Die Projektionsfläche für die Betrachtung des Panoramas ist im Allgemeinen eine Ebene, ein Zylinder oder die Kugel.

Panoramafotografie wird schon seit den frühen Jahren der Fotografie praktiziert. Das digitale Panorama als virtuelles Modell, in dem der Betrachter umherschauen, hinein- und hinauszoomen und mittels sensitiver Flächen (Hotspots) interagieren kann, wurde von der Firma Apple als QuickTime VR für Mac-Rechner 1994 eingeführt. Mit kubischen Panoramen wurde zunächst die Abbildung eines sphärischen Panoramas simuliert, da es sich performanter in Echtzeit abbilden ließ. Neu ins Spiel kommen derzeit die Formate für 180-Grad- und 360-Grad-Videos im Zusammenspiel mit der VR-Technologie.

Hinsichtlich der Aufnahmetechnik unterscheiden sich die segmentierten Panoramen, die aus Einzelbildern zusammengesetzt sind, von den vollsphärischen Panoramen, die aus zwei simultan bzw. nacheinander mit Fischaugen ausgelösten Aufnahmen entstehen. Auch mit der Fotografie auf Panoramaspiegel wurde experimentiert. 2015 kam Ricohs Theta als volle 360-Grad-Kamera mit Bedienung über das Smartphone in den Handel. Mit nur einem Klick erzielte man ein vollständiges Kugelpanorama. Die bis zu 14 MB große Datei konnte dann unmittelbar in die sozialen Medien übertragen werden. Hatte man zuerst nur das stehende Bild im Blick, so fanden die 360-Grad-Kameras schnell Eingang in die gerade wieder neu entdeckte Virtual Reality-Szene. Die resultierenden Bilder einer Panoramaaufnahme sind zylindrische oder equirectangulare Projektionen in die Ebene. Das zylindrische Panorama deckt horizontal 360 Grad und vertikal meist nur einen Teilbereich ab. Das equirectangulare Panorama im Verhältnis 2 : 1 umfasst die Längen von 0 bis 360 Grad und die Breiten von –90 bis +90 Grad. Aufgrund der Streckung an den Polen entstehen die deutlichen Verzerrungen am oberen und unteren Bildrand.

Panoramaaufnahmen gelingen heutzutage auch ohne besondere Kameraausstattung. Google bietet mit der Street View App eine Software für das Smartphone an, mit der man ein sphärisches Panorama (360-Grad-Foto) im segmentierten Modus aufnimmt. Bei Aufruf der App aktiviert man die Funktion *Smartphone-Kamera* zur Erstellung des 360-Grad-Fotos. Nach dem ersten Bild wird die Kamera freihändig möglichst um einen Punkt rotiert. Das Programm erkennt, wenn einzelne Bildsegmente hinzuzufügen sind. Die Kameraauslösung übernimmt die Software automatisch. Die App zeigt über die farbige Markierung eines Punktes immer die korrekte Ausrichtung zum nächsten Bild an und symbolisiert auch den Fortschritt der Aufnahmen. Nach Fertigstellung der Aufnahmen wird das Bild gestitcht und auf dem Smartphone abgelegt. Sind die geografischen Koordinaten bekannt, kann man das Foto unmittelbar nach Google Maps hochladen.

In den sozialen Medien wie Facebook oder YouTube werden die Bilder als 360-Grad-Fotos erkannt und im entsprechenden Viewer präsentiert. Der Beobachter steht bei frei wählbarer Betrachtungsrichtung im Zentrum. Schaut man durch eine VR-Brille, z. B. Googles Cardboard, dann bestimmt die Kopfhaltung die Blickrichtung. Das Panorama wird zur immersiven 3D-Welt.

7.4.3 Hardware mit zwei Augen – 3D-Pocket-Camcorder

Der taiwanesische Hersteller Aiptek brachte 2010 den ersten 3D-Pocket-Camcorder mit der Produktbezeichnung Aiptek3D i2 in den Handel. Das Design des Geräts unterscheidet sich deutlich von den klassischen Camcordern (siehe Bild 7.16). Die Handhabung ist einhändig konzipiert und denkbar einfach. Basisabstand der Objektive ist 42 mm, bei etwa 1 m kürzester Fokusdistanz. Die Auflösung im Fotomodus ist 2542×1944 Pixel, Videos werden in HD mit 1280×720 Pixeln aufgenommen. Im 3D-Modus erfolgt die Speicherung mit halber Breite. Speicherformate sind MP4 und JPEG, beide im Side-by-Side-Format. Das 2,4" Lentikulardisplay und der eingebaute, herausschiebbare USB-Stecker gehören zu den äußerlichen Auffälligkeiten. Videoaufnahmen gelingen wegen mangelnder Bildstabilität bei festem Standpunkt vom Stativ aus. Die HDMI-Schnittstelle erlaubt den unmittelbaren Anschluss an einen 3D-Fernseher. Sollten Sie bei eBay noch ein Gerät ersteigern wollen, erwarten Sie nicht zu viel an Qualität.

Bild 7.16 Foto und Video mit dem ersten 3D-Camcorder Aiptek3D i2

Im klassischen Design der Camcorder macht der LG DXG IC330 einen soliden Eindruck. Die 5,8-mm-Objektive mit einer Festblende von 3,7- und 6,8-fach 3D-Zoom sind im Basisabstand von nur 30 mm montiert. Da ist man schon ziemlich auf den Nahbereich fixiert, obwohl die kürzeste Naheinstellung bei 1,50 m liegt. Das aufklappbare 8,3-cm-Farbdisplay mit Lentikulartechnik liefert ein ordentliches Live-Bild und dient als Display für die Systemeinstellungen. Ursprünglich sollte die Kamera nicht in den Einzelverkauf und war 2013 als Zugabe für ein 3D Smart TV konzipiert worden (siehe Bild 7.17). „Free 3D Summer" nannte sich die Aktion. Mit der Full HD 1080p Videoauflösung und den 5 MB Einzelfotos bringt es der LG auf eine ordentliche Qualität. Das Video mit den Seifenblasen wurde mit dem LG aufgenommen: *https://youtu.be/8Vms2yFd9Nk*.

Bild 7.17 „Free 3D Summer" 2013 – LG-Camcorder als Zugabe zum 3D-TV

In eine andere Klasse der 3D-Camcorder waren Panasonic, JVC und Sony eingestiegen. Gebrauchtgeräte sind heute ab 1000 € zu haben. Noch im Handel ist die Vorsatzlinse für Panasonic-Camcorder, auch die zum Preis einer DSLR. Dagegen ist der LG-Camcorder bei eBay um 150 € zu ersteigern. Der Preis ist ein brauchbarer Hinweis auf Qualitätsunterschiede, obwohl hier eher nicht vergleichbar.

Man betritt eine vollkommen andere Welt, wenn man über VR-Kameras spricht. Hier geht es in erster Linie um Bildmaterial für die VR-Brillen – vom Cardboard bis zur Oculus Rift. Erstere sind von einem Smartphone als Hostrechner abhängig, letztere sind an einen PC gebunden. Die Cardboards bestehen aus Pizzakarton, für den Preis einer Oculus Rift kann man häufiger bei seinem Lieblingsitaliener dinieren.

Die Svpro[9] zeichnet Videos im HD-Format mit 2560 × 720 Pixeln (2× 720 p) im MP4-Container auf. Der Bildwinkel beträgt etwa 100 Grad. Der Linsenabstand misst 62 mm. Die Kamera ist nur 50 g leicht. Für die Aufzeichnung und das Live-Bild wird ein Smartphone mit der zugehörigen App benötigt. Die Kamera gehört zur USB Video Class (UVC). Es handelt sich dabei um Geräte, die Videosignale über USB streamen. Hierzu gehören auch die Webcams. Die Kamera wird über das Micro-USB-Kabel mit dem Rechner verbunden (siehe Bild 7.18). Beim PC fungiert die Kamera als Webcam, für den Tablet-Computer oder das Smartphone benötigt man eine App. Getestet habe ich mit meinem alten Samsung Galaxy und dem Huawei P10, beide mit Android 7 OS. Beim Übergang von Micro-USB auf USB-C habe ich allerdings bei meinem Huawei den Originaladapter benötigt. Beachten Sie auch die OTG-Handhabung. Die Datenübertragung von der Kamera zum Smartphone muss vom Benutzer zugelassen werden.

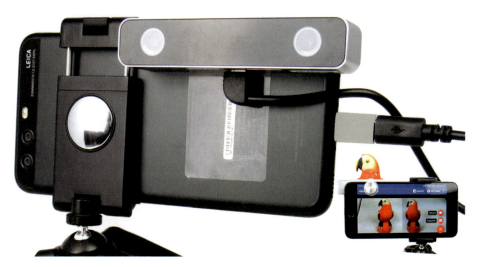

Bild 7.18 VR-Kamera Svpro 3D mit einem Huawei-Smartphone verbunden (rechts an der Kabelverbindung der Adapter von Micro-USB auf USB-C, das Kamerabild aus der Sicht des Operators unten rechts in klein)

---

[9] Website der SVPRO: *http://www.svpro.cc/*

Mit der zur Svpro angebotenen Software[10] nimmt man die Videos mit 720 p auf. Man kann zwischen Vollbild und Teilbild wählen und hat eine Wiedergabefunktion. Weitere Einstellungsmöglichkeiten gibt es nicht. Nach Beendigung einer Aufnahme ist darauf zu achten, dass die App explizit geschlossen wird. Die Bestätigung erfolgt mit *Exit*. Es kann mit unterschiedlichen Geräten auch zur Verblauung der Bilder kommen. Das Problem ist jedoch mit einem Videofilter[11] behebbar:

```
ffmpeg -i in.mp4 -vf colorchannelmixer=rr=0:rb=1:br=1:bb=0 -acodec copy out.mp4
```

Auf der Suche nach alternativer Software bin ich auf USB Dual Camera Pro von Shen Yao, China, umgestiegen (siehe Bild 7.19). Im Google Play Store ist die Software mit Reklame als Freeware erhältlich. Die reklamefreie Pro-Version kostet eine kleine Gebühr. Unter Android 7 verlangt die Software den Anschluss der Kamera. Dann bekommt man sofort das Live-Bild angezeigt und kann bei Bedarf die Einstellungen vornehmen. Ein Limit für die Dateigröße und der Speicherort können festgelegt werden. Tonaufnahme und Stereomode sind zuschaltbar. Für jedes Kamerabild können einzelne Einstellungen vorgenommen werden. Die Software USB Dual Camera kann neben der Videoaufnahme auch Einzelbilder aufnehmen (siehe die Schaltflächen rechts in Bild 7.20: *Record* oder *Snapshot*).

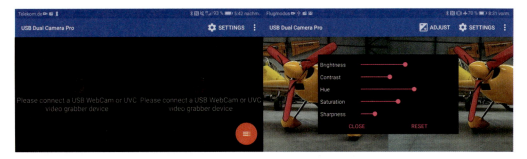

Bild 7.19 Die App USB Dual Camera: Anforderung der Kameras und Kameraeinstellungen

---

[10] ELP VR Camera Software im Google Play Store: *https://play.google.com/store/apps/details?id=cc.vr_camera.elpvrcamera* (oder für Android 7: *http://www.svpro.cc/app*)

[11] Terens Edens Blog: *https://shkspr.mobi/blog/2017/06/review-svpro-3d-camera-for-android-and-raspberry-pi/*

7.4 3D-Videoaugen   233

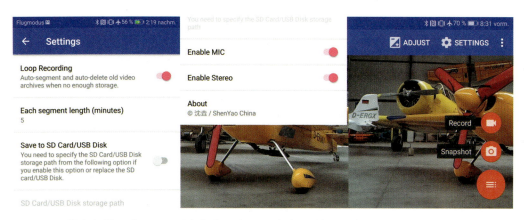

Bild 7.20 Globale Einstellungen und Aufnahme-Buttons in der USB Dual Camera-App

Ich kann ein kurzes Testvideo von *Lucas* aus dem Museum Mechanischer Musikinstrumente in Königslutter (siehe Bild 7.21) zur Ansicht anbieten: *https://www.youtube.com/watch?v=JJ5eQA0GmdE*. Die Audiospur ist nicht original, sondern eingemischt. Aufgrund des kompakten Systems kann man mit der Svpro-3D-VR-Kamera fast unbemerkt fotografieren. Bei längerem Einsatz steigt die Temperatur der Kamera erheblich, was aber weiter kein Problem darstellt. Die 50 g schwere Kamera kann auch noch als Zuladung bei einem Freihand-Gimbal aufgeladen werden. Schauen Sie sich die Testbilder im Internet[12] an, und urteilen Sie selbst über die Bildqualität.

Bild 7.21 3D-Foto mit der VR-Kamera Svpro 3D

---

[12] Zum Ansehen der Testbilder der Svpro scannen Sie entweder den QR-Code oder schauen unter: *http://imagefact.de/svpro*

7.4.4 Kamerastabilisierung

Ein Gimbal ist eine kardanische Aufhängung, die ein Gerät durch Lagerung in zwei Ebenen im Schwerpunkt hält. Gegenüber den klassischen Aufhängungen sind Kameragimbals nicht an mechanischen, sondern an extrem schnell reagierenden Elektromotoren aufgehängt und mit einer *Inertial Measurement Unit* (IMU) gekoppelt, die die Lage und Geschwindigkeit der Kamera im Raum ermittelt. Gimbals werden nicht nur in Drohnen eingesetzt, sondern auch als Handheld-Gimbals für die normale Kameraführung im professionellen Bereich und im Hobbybereich. Zu den Marktführern der Gimbal-Hersteller gehört die 2007 gegründete Firma Feiyu Technology aus Guilin, China. Den FeiyuTech SPG (Steady Portrait and Panorama Gimbal) für leichte Kameras wie Smartphones oder Action Cams habe ich bei einigen 3D-Aufnahmen im Einsatz. Ohne Stativ oder Kamerastabilisierung gibt es kaum ruckelfreie Videos und Probleme mit der Vertikalparallaxe. Der Einsatz eines 3-Achsen-Freihand-Gimbals wirkt sich in gleitenden Kamerabewegungen aus.

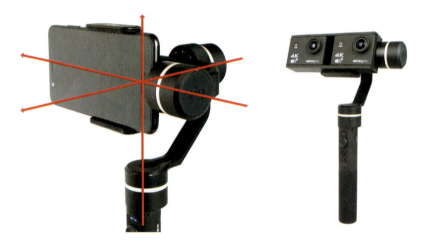

Bild 7.22 Handheld-Gimbal für Smartphone und Action Cams

Den SPG bereitet man durch Ausbalancieren der Kamera an einem verschiebbaren Arm vor. Nach dem Einschalten des Gimbals stellt sich dieser in die Ausgangsposition, den sogenannten *Panning-Mode* (Verschiebemodus). Die Kamera ist horizontal ausgerichtet und kann geschwenkt werden. Durch Druck auf die Funktionstaste kann das Schwenken geblockt werden. Zusätzlich kann man die Neigung zulassen oder blockieren. Der Gimbal arbeitet auch mit der Kamera im Hochformat. Über den als Joystick bezeichneten Bedienungsknopf wird die gleichmäßige Schwenk- und Neigungsbewegung ausgeführt. Die 180-Grad Drehung bringt auch die rückwärtige Kamera in Stellung. Über Bluetooth wird die Verbindung zur Kamera-App von FeiyuTech hergestellt. Das Aufladen des Akkus erfolgt über die USB-Schnittstelle. Der Gimbal hat eine Aufnahme für 1/4-Zoll-Stativschrauben. Das Gewicht von 380 g ist nicht ermüdend, sodass man den Gimbal eine ganze Weile halten kann. Meine Prototyp-Halterung für zwei Action Cams hat der SPG schon akzeptiert (siehe Bild 7.22).

7.5 Rundumblick im Video

Eine 360-Grad-Kamera hat zwei gegenüberliegende Fischaugenobjektive, deren Bilder zu einem vollsphärischen Panorama zusammengefügt werden. Ricoh gilt als einer der Pioniere von 360-Grad-Kameras, mit der Ricoh Theta S ist bereits die zweite Generation auf dem Markt. Die Kamera arbeitet ohne Speicherkarte und wird über WLAN mit dem Smartphone verbunden. Man kann zwischen Film- und Fotomodus umschalten und mit dem Auslöser auch manuell Bilder aufnehmen. Die Bildqualität und das Handling sind zufriedenstellend. Der geringe Abstand beider Objektive garantiert ein fast fehlerfreies Stitching, denn aus den beiden Fischaugenbildern muss ein equirectangulares Panoramabild zusammengefügt werden (bei einem Video für jeden Frame).

Neben seinem VR-Headset für Smartphones hat Samsung natürlich auch eine 360-Grad-Kamera im Angebot. Die Gear360 hat einen eigenen Standfuß und ein kleines Display für die Einstellungen. Die Fernbedienung ist aber nur über die Galaxy-Smartphones möglich. Auch bei Samsung ist bereits die zweite Generation mit 4K-Auflösung im Handel. Windows-Rechner übernehmen die Nachbearbeitung der qualitativ hochwertigen Fotos.

Als preisgünstige Alternative zu den genannten Geräten gilt die ELE-Cam360, ein Modell aus China, das optisch einen guten Eindruck macht. In der Handhabung ist sie vergleichbar mit der Samsung und Ricoh, aber in der Bildqualität muss man gewisse Abstriche machen.

Dem Bereich der Consumer-Lösungen nicht zuzurechnen sind die Multi-Head-Lösungen für die GoPro, die auch aufgrund entsprechender Software sehr gute Bildqualitäten aufweisen.

7.5.1 360-Grad-Kameras

Nun werden wir in die Welt der 360-Grad Panoramen eintreten und uns die Kamera von Elephone in der Praxis anschauen (siehe Bild 7.23). Die Kamera hat ein ansprechendes Äußeres, ist 6 cm groß und hat ein Gewicht von 106 g. Ein kleines LCD-Display mit 128 × 64 Pixeln zeigt den Kamerastatus an. Mit den Bedienknöpfen kann man auch ohne die mit Wi-Fi zu verbindende EleCam360-App arbeiten. Die beiden gegenüberliegenden

Fischaugenobjektive haben einen Öffnungswinkel von 220 Grad. Videos werden in Voll-HD mit 30 fps aufgezeichnet, Standbilder mit einer Auflösung von 3008 × 1504 Pixeln. Gespeichert wird auf einer MicroSD-Karte. In der Software liegt Elephone etwas hinter den Mitbewerbern zurück, daher benötigt man noch einige zusätzliche Arbeitsschritte zur Fertigung eines 360-Grad-Videos.

Bild 7.23 EleCam360-Kamera des chinesischen Herstellers Elephone (Bildnachweis: *http://www.elephonestore.com/elecam-360-video-camera-panorama-camera.html*)

Auf einer einsamen Fahrt in einem gläsernen Fahrstuhl musste sich die kleine Kamera bewähren. Nach dem Einschalten der Kamera wird der Wi-Fi-Mode aktiviert. Auf dem Handy ist das WLAN zu verbinden. Dann kann die App gestartet werden. Mit *Kamera scannen* wird die Verbindung gesucht und das Live-Bild angezeigt. Man kann jetzt durch Gestensteuerung im Live-Bild navigieren. Auch der 3D-Modus mit dem Cardboard ist verfügbar. Das Einstellen der Auflösung und weitere Fotoeinstellungen, das Umschalten zwischen Foto- und Videomodus, das Auslösen der Kamera und die Bildverwaltung erfolgen ebenfalls über die App. Nach den Vorbereitungen wird der Fahrstuhl gestartet, und die Kamera geht auf Reisen. Die Videos der vorderen und hinteren Kamera werden am Ende der Fahrt im MOV-Format auf der SD-Karte gespeichert (siehe Bild 7.24 links).

Bild 7.24 360-Grad-Video: Fisheye-Video-Files (links), konvertiert in ein equirectangulares Panorama (rechts)

Mit dem Elecam-Converter wird das Video in einem Zwischenschritt in der equirectangulare Projektion abgebildet und im MP4-Format gespeichert, das dann mit Videoschnittprogrammen zu bearbeiten ist. Jedes Einzelbild des Videos entspricht einem equirectangularen Panorama (siehe Bild 7.24 rechts). Der Converter benötigt etwas Zeit, daher lässt man im Stapelbetrieb mehrere Clips abarbeiten. Zum Abschluss ist das Video mithilfe eines kleinen Python-Skripts (*Google Spatial Media Metadata Injector*[13]) als 360-Grad-Video in den Metadaten zu kennzeichnen.

Lokal kann man das Video im GoPro/Kolor Eyes-PC-Viewer anschauen und im Video Blickrichtung und Zoomfaktor mit der Maus frei wählen. Nun ist der Zeitpunkt für den Videoschnitt gekommen. Vorspann, Abspann und Untertexte fehlen noch. Es ist zu beachten, dass wir ein Bildformat von 2 : 1 haben und dieses auch wieder speichern müssen. Das geht nicht mit jedem Schnittprogramm. Das fertige Produkt lädt man über ein Videoportal auf Facebook bzw. YouTube hoch. Für den Tiefeneindruck im Bild wird eine VR-Umgebung benötigt. Das minimalistische System ist ein Google Cardboard oder eine VR-Brille für das Smartphone. Wenn es etwas mehr sein soll, dann eine Oculus Rift oder HTC Vive. Die Berechnung des zweiten Standpunktes für den Raumeindruck erledigt der VR-Viewer in Echtzeit. Das Fahrstuhl-Video aus Bild 7.24 können Sie bei YouTube live und in 3D anschauen: *https://youtu.be/F7FQVYECiBM*. Versuchen Sie es mit der VR-Brille.

Bild 7.25 So kommt das geschnittene Video beim Benutzer auf dem Smartphone an. In den Metadaten steht die 360-Grad-Information. Unten rechts sehen Sie das VR-Symbol.

Nach Einführung des 360-Grad-Videoformats wurde ein neues 180-Grad-Videoformat angekündigt. YouTube bzw. Google bieten dem Nutzer mit VR180 nur das halbe Sichtfeld an. Mit dem neuen Format soll die Videoproduktion für VR-Inhalte vereinfacht werden.

---

[13] Spatial Media Metadata Injector zum Download: *https://support.google.com/jump/answer/7044297?hl=en*

Die Datenmengen sind so reduziert, und günstige Hardware ist unterwegs. Die LucidCam für 180-Grad-Aufnahmen in 3D ist bereits im Handel erhältlich.[14]

7.5.2 YouTube im 3D-Modus

Mit YouTube kann man seine 3D-Daten nicht nur abspielen, sondern auch in 3D publizieren. Bitte verwechseln Sie die 3D-Formate jedoch nicht mit den VR-Formaten, die in Abschnitt 7.5.1 behandelt wurden. 360-Grad-Videos unterscheiden sich von Stereovideos.

3D-Videos bei YouTube

YouTube benötigt zur 3D-Darstellung Informationen in den Metadaten des Videos. 360-Grad-Videos sind als VR-Daten gekennzeichnet. Stereoformate haben eine Moduskennung. Zum Einbringen der Metadaten nutzen Sie den Google Spatial Media Metadata Injector oder FFmpeg.

YouTube benötigt Video-Files im Side-by-Side-Format, die als 3D-Dateien gekennzeichnet sind. An dieser Stelle müssen wir wieder auf das FFmpeg-Projekt zurückgreifen, das in Abschnitt 7.2 bereits ausführlich behandelt wurde. FFmpeg verpackt die digitalen Video- und Audioformate in Container. Zur Erinnerung: Mit `ffprobe` verschaffen Sie sich einen Überblick über die Eigenschaften und den Inhalt eines Videocontainers. Mit `ffplay` wird ein Video abgespielt. Wir verwenden wieder das Video mit den Seifenblasen[15] und bereiten es als Stereodatei für YouTube vor. Mit `ffplay -i seifenblasen.mpeg` erkennen Sie die Speicherung mit halber Breite. Rechtes und linkes Stereobild sind in einem Frame mit 1280 × 720 Pixeln gespeichert. Wenn Sie die FFmpeg-Installation in den Pfad eingebunden haben, können Sie sie aus jedem Verzeichnis heraus aufrufen. Das Halbformat wird mit dem Befehl `-vf` und der Option `scale` auf die ganze Breite konvertiert und gleich in einen Matroska-Container geschrieben_

```
ffmpeg -i seifenblasen.mpeg -vf scale=iw*2:ih bubbles.mkv
```

Mit

```
ffplay bubbles.mkv -vf stereo3d=sbs2l.arcc
```

wird nun ein korrektes Anaglyphenbild angezeigt. Dieses wollen wir jedoch nicht hochladen, sondern die 3D-Optionen dem Besucher überlassen.

---

[14] Quelle: heise online vom 23.06.2017, *https://www.lucidcam.com*
[15] Download des Videos: *www.imagefact.de/3D/vid/seifenblasen.mpeg*

Am Ende benötigt YouTube noch die Metadaten, um das 3D-Symbol bei den Settings anzuzeigen. Die Datei *upload.mkv* kann danach hochgeladen werden.

```
ffmpeg -i videofile -c copy -metadata:s:v:0
stereo_mode=1 upload.mkv
```

Eine andere Situation tritt auf, wenn zwei separate Videos vorliegen. Zur Konvertierung können Sie folgende Befehlszeile mit angepasstem Seitenverhältnis der Ausgabe verwenden:

```
ffmpeg -i linkesVideo -i rechtesVideo -filter_complex "[0:v][1:v]hstack=inputs=2[v]" -map
"[v]" -metadata:s:v:0 stereo_mode=left_right -c:v libvpx -aspect 4:3 -crf 20 output.mkv
```

Im Screenshot von YouTube sehen Sie jetzt rechts oben über dem Icon *Settings* in der Bedienzeile das 3D-Icon, und können zwischen den verfügbaren Ansichten umschalten. Auf dem normalen PC gibt es nur eine Anaglyphenansicht wie sie in Bild 7.26 zu sehen ist. Auf dem Smartphone erscheinen darüber hinaus auch das Side-by-Side- und das Cardboard-Symbol unten rechts (siehe Bild 7.27).

Bild 7.26 3D-Video auf YouTube mit wählbarem 2D-/3D-Modus (*https://youtu.be/8Vms2yFd9Nk*)

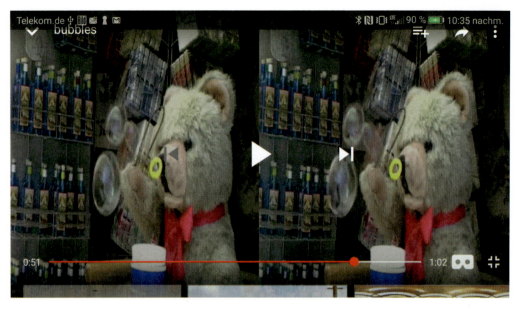

Bild 7.27 Auf dem Smartphone bietet sich dem Benutzer eine andere Oberfläche.

7.5.3 Virtual Reality (VR)-Brillen

Virtuelle Realität ist die Wahrnehmung der Wirklichkeit einer computergenerierten Szene. Je höher der Immersionsgrad einer Umgebung und der Modellrealismus, desto wirklicher erscheint dem Betrachter die virtuelle Welt. Im neueren Kontext bezieht man auch das 360-Grad-Video der realen Welt als Szenendefinition mit ein.

Bereits Anfang der 70er Jahre des 20. Jahrhunderts wurde das Head Mounted Display (HMD) vorgestellt. Etwa 20 Jahre später wurden der Cave, das Holodeck und das HMD als Medien für die Echtzeitdarstellung computergenerierter Welten genutzt bzw. weiterentwickelt. Derzeit erlebt das HMD mit den Ankündigungen und Weiterentwicklungen der VR-Brillen wie Oculus Rift oder HTC Vive eine Wiederbelebung. Es ist allerdings auch zu beobachten, dass verbreitete Medien wie Smartphone oder Tablet-Computer aufgrund ihrer Ausstattung mit den für VR notwendigen Sensoren sich diese Technologie zu eigen machen. Virtual Reality für alle ist die Devise.[16]

Die Entwicklung des Cardboards, eine VR-Brille aus Pappe für das Smartphone, begann 2013. Der Informatiker Stefan Welker entwickelte einen gedruckten Handyhalter mit zwei Linsen. Das Projekt wurde von Google-Mitarbeitern als nicht kommerzielles Produkt weiter fortgeführt. Den Bauplan und die technischen Spezifikationen hat Google freigege-

---

[16] Googles Einstieg in VR: *https://vr.google.com*

ben, man kann sie völlig legal aus dem Internet herunterladen (siehe Bild 7.28).[17] Vielfach sind die Brillen als Klone in edleren Varianten auf dem Markt. Jede VR-Brille hat ein eigenes Profil. Über einen QR-Code auf der Brille lädt man dementsprechend die passende Google-Cardboard-App auf das Smartphone. Aufgrund der asphärischen bikonvexen Linsen entsteht im Vergleich zu konventionellen Stereoskopen ein auf etwa 100 Grad vergrößertes Sichtfeld. Die Bildweite für die Scharfabbildung liegt bei ca. 4 cm.

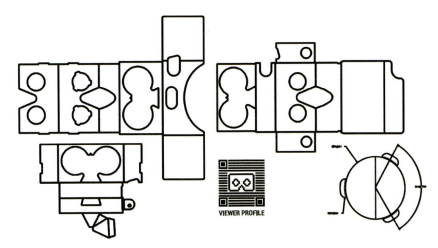

Bild 7.28 VR-Brille für jedermann – Googles Baupläne für das Cardboard

Ein Smartphone oder Tablet-Computer ist heutzutage mit etlichen Sensoren ausgestattet, die Informationen über die Umgebung oder Handhabung des Geräts liefern. Zur Navigation in virtuellen Räumen sind der Beschleunigungssensor, der Rotationssensor und das Magnetometer von Bedeutung. Bei den Sensoren handelt es sich um sogenannte MEMS (mikroelektronische Systeme oder einfach Mikrosysteme). Die Bausteine sind nur wenige Millimeter groß und bestehen aus dem eigentlichen Sensor oder mehreren Sensoren und einem Prozessor zur Verarbeitung der erfassten Daten und zum Transfer an das Gerät bzw. die abfragende Software.

Zur Bestimmung der Nordrichtung dient dem Smartphone der Beschleunigungssensor und das Magnetometer, mit dem die Stärke des Magnetfeldes gemessen wird. In Kombination mit einem Rotationssensor (Gyroskop), der die Drehungen des Geräts um die eigenen Achsen registriert, kann die Bewegung des Smartphones genau ermittelt werden. In Spielen und 3D-Viewern erfolgt über diese Sensoren die Navigation bzw. die Nachverfolgung des Betrachters im begehbaren Raum.

Häufig gibt es zu den VR-Brillen noch einen Bluetooth-Controller zur Menübedienung der Apps. Die Bewegung im Raum wird durch die Kopfbewegung des Betrachters übertragen. Betrachtet man ein 360-Grad-Video in einem WebGL-fähigen VR-Viewer, kann man das

---

[17] Die Baupläne für das Cardboard gibt es hier: *https://vr.google.com/intl/de_de/cardboard/manufacturers*

Cardboard-Icon anklicken und erhält die beiden korrespondieren Bilder für das Raumbild. Komfortablere Einrichtungen für das Handy sind aus Plastik (siehe Bild 7.29) oder wie Googles Daydream aus Filz mit mehr Tragekomfort.

Der Erfolg des Cardboard-Gadgets liegt in der weiten Verbreitung der Smartphones. Für wenige Euro kann man VR für jedermann erleben. Während das Cardboard ausschließlich eine Brille ist und die VR-Funktionalität dem Smartphone übertragen bleibt, benötigen HMDs wie die Oculus Rift eine eigene Sensorik und einen leistungsfähigen und stationären Rechner.

Bild 7.29 Die VR Box ist nicht aus Pappe.

Mit Mini-Camcordern, Action-Kameras, 360-Grad-Kameras und Smartphones in Verbindung mit bildverarbeitender Softwaretechnologie geht die Fotografie in die Videografie über. Die 3D-Raumbildbearbeitung beschreitet neue Wege. Auf dem Vormarsch sind auch die 180-Grad-Kameras. Two Eyes, Lenovo Mirage und Yi Horizon VR 180 gehören zu den ersten Exemplaren. Geblieben ist das Raumbild, das für den hohen Immersionsgrad einer VR-Umgebung unverzichtbar ist.

7.5.4 Virtual Reality (VR) auf Webseiten

Mit VR View[18] stellt Google ein Software Development Kit (SDK) zur Verfügung, das die Einbettung von 360-Grad-Fotos und -Videos auf Internetseiten unterstützt. Entwickler werden in die Lage versetzt, Applikationen für Android und iOS um immersive Inhalte zu erweitern.

---

[18] Google VR: *https://developers.google.com/vr/develop/web/vrview-web*

VR View berücksichtigt das Anliegen vieler Entwickler, die den Zugriff auf echte VR-Hardware limitiert sehen und daher VR-Applikationen dem allgemeinen Zugang über das Internet ermöglichen möchten. VR View unterstützt daher stereoskopische Wiedergabe über das Google Cardboard und den sogenannten *Magic Window*-Modus, der auf jeder Plattform läuft. VR View ist kompatibel zu allen modernen Browsern und mobilen Betriebssystemen. Ausgenommen sind 360-Grad Videos in Browsern auf dem iOS-Betriebssystem.

Bilder und Videos müssen im equirectangularen Panoramaformat vorliegen. Bilder sollten komprimiert im JPEG-Format gespeichert sein. Das Seitenverhältnis für Monobilder ist mit 2 : 1, das für Stereobilder mit 1 : 1 vorgegeben. Die empfohlenen Auflösungen sind 2048 bzw. 4096 Pixel. Das MP4-Format mit h264-Codierung ist für Videos vorgesehen. Die Seitenverhältnisse entsprechen denen der Fotos.

Google stellt für Entwickler eine JavaScript-API bereit. Sofern die Quellen nicht auf dem eigenen Server liegen bzw. der Server Cross Origin Resource Sharing (CORS) nicht unterstützt, muss im Browser CORS aktiviert sein (bei Google Chrome mittels Browsererweiterung).[19] CORS[20] ist ein Mechanismus, der es gestattet, Ressourcen der Webseite einer anderen Domain anzufordern, die außerhalb der Domain der zuerst angeforderten Ressource liegt. Klingt kompliziert? Im Folgenden werden wir die erste Lösung installieren.

Die Codierung des HTML-Dokuments[21] ist für den Einstieg recht einfach in einem Iframe vorzunehmen. Hier wird ein linkes und ein rechtes Panorama in einer Übereinanderanordnung benutzt (*wirtshaus.jpg* mit einer Auflösung von 2048 × 2048 Pixeln, Seitenverhältnis 1 : 1). Eine Voransicht *wirtshausSmall.jpg* wird mitgeliefert. Es wird noch ein Attribut für den Stereomodus mitgegeben. Was bedeutet nun der Aufruf von `index.html`? `index.html` stellt das Interface zu VR View dar. Innerhalb von `index.html` wird zu `vrview-analytics.js` umgelenkt. Der Inhalt des Iframes wird praktisch ausgetauscht. Die Werte des Attributs `src` werden mit übergeben.

Listing 7.3 Iframe zum Aufruf von VR View

```
<iframe
  width="512px" height="256px" scrolling="yes"
  allowfullscreensrc="index.html?
  src="index.html?image=wirtshaus.jpg
  &is_stereo=true&preview=wirtshausSmall.jp">
</iframe>
```

---

[19] CORS-Extension im Chrome-Webstore suchen: *https://chrome.google.com/webstore/category/extensions*
[20] CORS bei Wikipedia: *https://de.wikipedia.org/wiki/Cross-Origin_Resource_Sharing*
[21] Zum Bankplatz: *http://imagefact.de/vr/bankplatz3D*

Listing 7.4 Interface zu VR View Analytics (Quelle: Google VR View)

```html
<!DOCTYPE html>
<html lang="en">
  <head>
    <title>VR view</title>
    <meta charset="utf-8">
    <meta name="viewport" content="width=device-width,
      user-scalable=no, minimum-scale=1.0,
      maximum-scale=1.0">
    <meta name="mobile-web-app-capable" content="yes">
    <meta name="apple-mobile-web-app-capable" content="yes" />
    <meta name="apple-mobile-web-app-status-bar-style"
      content="black-translucent" />
    <link rel="stylesheet" href="style.css"></head>
<body>
  <div id="error" class="dialog">
    <div class="wrap">
      <h1 class="title">Error</h1>
      <p class="message">An unknown error occurred.</p>
    </div>
  </div>
  <script
    src="https://storage.googleapis.com/vrview/build/
    vrview-analytics.js"></script>
    <!-- <script src="vrview-analytics.js"></script> -->
  </body>
</html>
```

Im Skript-Tag wurde der Link zu vrview-analytics.js auf die eigene Webseite auskommentiert.

Wie ein 3D-Panorama mit der 360-Grad-Kamera von einem Standpunkt aus aufgenommen werden kann, wurde bereits in Abschnitt 6.3.3 thematisiert. Dort hatten wir den StereoPhoto Maker bemüht. Es geht aber auch ohne SPM mit einem Bildbearbeitungsprogramm. Wiederholen wir noch einmal die einzelnen Schritte des Aufnahmeverfahrens: Es werden zwei 360-Grad-Fotos aufgenommen. Zwischen Bild 1 und Bild 2 bewegt sich der Fotograf auf die Gegenseite. Danach wird die Kamera um 90 Grad gedreht. Es werden wieder zwei Fotos aufgenommen. Die Fischaugenbilder werden in equirectangulare Panoramen konvertiert. In der Bildbearbeitung werden die Panoramen in zwei Ebenen übereinandergelegt, und der Fotograf wird mit dem Radiergummi herausgelöscht. Mit dem *Verschieben*-Filter wird ein Panorama um 1/4 der Bildweite versetzt. Beide Panoramen werden übereinander angeordnet. Die endgültige Auflösung ist 2048 × 2048 oder 4096 × 4096 Pixel. Die HTML-Datei und das Bildmaterial werden auf den Server geladen. Im Smartphone wird das Cardboard-Symbol geklickt und man kann sich im 3D-Panorama umsehen. In Bild 7.30 sind links die vier Fischaugenaufnahmen zu erkennen. Nach Konvertierung wurde der Fotograf entfernt. Eines der Panoramen rechts in Bild 7.30 muss noch um 1/4 der Bildweite verschoben werden. Bild 7.31 zeigt zwei Screenshots des Smartphones mit den VR-View-Ansichten. Sie finden die Panoramen unter *http://imagefact.de/vr/bankplatz3D*.

Bild 7.30 Panoramaaufnahme: Bankplatz mit Fotograf im Bild

Bild 7.31 Google VR View mit Cardboard-Symbol (links) und VR-Ansicht (rechts): *http://imagefact.de/vr/bankplatz3D*

Literatur

c't Wissen: Virtual Reality. Alles über Oculus Rift & Co. Heise Medien 2015

Pomaska, Günter: Browser, Smartphone und Tablet als Online-Plattform für Virtual und Augmented Reality. In: Photogrammetrie, Laserscanning, Optische 3D-Messtechnik. Beiträge zu den Oldenburger 3D-Tagen 2017, Wichmann Verlag 2017

8 Reality Capture – fotorealistische Computermodelle für 3D-Druck, Mixed Reality & Co.

Unter dem Begriff Reality Capture versteht man die Erfassung der Wirklichkeit mit Scannertechnologien und die Ableitung eines fotorealistischen Computermodells. Geländeoberflächen, städtische Bebauung, Skulpturen oder Reliefs werden heute als 3D-Punktwolken registriert. Die Geometrie wird als Oberflächenmasche oder Mesh bezeichnet und nähert die Oberfläche durch kleine Dreiecksfacetten, gebildet aus benachbarten Punkten, an. Mit Laser-Scanning, strukturiertem Licht oder Tiefenkameras erfasst man regelmäßige Tiefenraster. Eine RGB-Kamera liefert radiometrische Informationen, also Farbwerte.

Liegen statt eines RGB-Bildes mehrere Bilder vor, so sind den Bildern mit Einsatz von Computer Vision bzw. photogrammetrischen Verfahren auch Tiefeninformationen zu entnehmen. Objektgestalt, Messvolumen, Zugänglichkeit, Oberflächeneigenschaften und erforderliche Messgenauigkeit sind die Auswahlkriterien zum Einsatz des geeigneten Verfahrens. Die Größe des Objekts ist nicht eingeschränkt – von Artefakten über Stadtmodelle bis hin zu Oberflächen der Planeten ist alles eingeschlossen. Wenn Sie den Mars in 3D-Stereobildern anschauen wollen, dann besuchen Sie die Seiten der DLR[1] oder der NASA. Etwas bescheidener erfolgt in diesem Kapitel der Einstieg in die Technologie. Hier beschränken sich die Anwendungen auf die Erstellung von Replikaten. Figurinen und Denkmale werden mit dem Fotoapparat bzw. der Webcam oder dem Smartphone dokumentiert. Die Nennung des Begriffs Fotoapparat weist daraufhin, dass keine besonderen Anforderungen an das Aufnahmegerät gestellt werden. Auf theoretische Betrachtungen wird weitgehend verzichtet, zur Anfertigung guter Aufnahmen muss man sich aber mit dem Verfahrensablauf auseinandersetzen. Folgende Arbeitsschritte sind nacheinander auszuführen:

- Bildaufnahme
- Rekonstruktion der Aufnahmesituation
- Verdichtung der Punktwolke
- Berechnung der Oberflächenmasche und Textur
- Bereinigung des Modells

---

[1] Im Mars-Express um den Roten Planeten: *http://www.dlr.de/dlr/de/desktopdefault.aspx/tabid-10081/151_read-7208//year-all/#/gallery/10805*

Der Ablauf ist weitestgehend automatisiert. Mit der entsprechenden Software kann oder muss man auch händisch an der Feinjustierung arbeiten. Die Nutzung der Modelle ist vielseitig. Es beginnt beim 3D-Druck. Inhalte werden zudem als Assets für VR-Welten bereitgestellt. Auch die Unterhaltungsindustrie und die Wissenschaft sind Nutzer von Computermodellen.

■ 8.1 Computer können sehen

Ein elektronischer Bildsensor wandelt das analoge Signal des Lichts in ein digitales Signal um. Die Fotodioden des Sensors sind in einer rechteckigen Matrix angeordnet. Bei Lichteinfall entsteht daraus Ladung, die ausgelesen, gewandelt und in einem Bildformat gespeichert wird. Das digital vorliegende Bild wird als Image oder Bitmap bezeichnet und enthält in einer Anordnung von Zeilen und Spalten für jeden Punkt Farbwerte. In einem Bit, der kleinsten Informationseinheit, kann man zwei Zustände speichern, was einem Binärbild entsprechen würde. Fasst man 8 Bits zu einem Byte zusammen, sind 256 Zustände speicherbar. Bei Grauwertbildern stehen uns demnach die Werte von 0 bis 255 zur Verfügung. Zerlegt man die in der Natur vorkommenden Farben in das RGB-Farbmodell, dann wird für jede der drei Grundfarben Rot, Grün und Blau ein Byte reserviert. Hinzu kommt noch die Information über den Alpha-Kanal, die Transparenz. Bei einerm Bitmap mit 1920 × 1080 Pixel käme man rechnerisch auf einen Speicherplatzbedarf von 6 MB. Speicherformate komprimieren die Datenmenge verlustfrei oder verlustbehaftet. Betrachten Sie Bild 8.1, dann wird nicht sichtbar, dass im JPEG-Format (links) statt der rechnerischen Größe von 6 MB nur noch 0,5 MB Speicherplatzbedarf notwendig sind. Rechts in Bild 8.1 ist eine Graustufenbild mit automatischer Kantenerkennung zu sehen.

Bild 8.1 Bildformate und Kantenerkennung

Die entstandene Bitmap liefert der Computer der digitalen Kamera. Was kann nun unser PC mit dem *gesehenen* Bild anfangen? Kann er auch etwas *erkennen*? Ja natürlich! Bewegungsanalyse, Gesichtserkennung oder Zugangskennung durch biometrische Daten sind übliche Verfahren. Wir versuchen uns im Folgenden mit der Merkmalserkennung vertraut zu machen.

Zunächst einmal kann die Bildverarbeitungssoftware über eine Filterfunktion Konturen erkennen. Unser Konturbild in Bild 8.1 wurde in Graustufen konvertiert, und hat nur noch einen Speicherplatzbedarf von 0,2 MB. Des Weiteren kann der Computer Muster erkennen. Ein Muster ist als ein Miniaturbild definiert, das mit allen Bereichen eines Bildes verglichen wird. Zwischen Muster und Originalbild wird ein sogenannter Korrelationsfaktor berechnet, über den zu entscheiden ist, ob und wo das gesuchte Muster im Bild vorkommt. Das Verfahren kommt eher für den zweidimensionalen Fall in Betracht. Wir sind aber an räumlichen Informationen interessiert und kommen daher zu den Merkmalen (engl. *Features*).

Von David G. Lowe wurde Ende der 1990er Jahre an der University of British Columbia der sogenannte SIFT-Algorithmus entwickelt, eine robuste Methode, die in einem Bild eine Anzahl von Vektoren bestimmt, die invariant gegenüber Translation, Skalierung und Rotation sind. Der SIFT-Algorithmus liefert, auf ein Bild angewandt, eine Textdatei mit folgendem Inhalt für jedes gefundene Merkmal: die Position (x, y), einen Maßstab und die Rotation, gefolgt von 128 Werten für die Merkmalsbeschreibung. Eine binäre Testversion für Windows können Sie im Internet herunterladen.[2] Wir nehmen zu Testzwecken ein halbwegs parallel aufgenommenes Bilderpaar her, konvertieren die Bilder zuvor mit IrfanView in ein PGM-Format und lassen die Merkmalspunkte bestimmen. In der Befehlszeile wird nacheinander aufgerufen:

```
siftWin32 -display < hausL.pgm > hausLSift.pgm
siftWin32 -display < hausR.pgm > hausRSift.pgm
```

In beiden Bildern wurden ca. 6000 Merkmalspunkte (auch als *Interest Points* oder *Key Points* bezeichnet) gefunden. Die grafische Darstellung der Ergebnisdatei können Sie sich wieder mit IrfanView ansehen. Es ist zu beobachten, dass auf den verputzten Wänden weniger Punkte als auf den strukturierten Flächen gefunden wurden. Das ist bereits ein Hinweis für die Bildaufnahmen bei späteren Anwendungen. Erfolgreich arbeitet man mit texturierten Oberflächen, während spiegelnde Autokarosserien weniger geeignet sind. Der SIFT-Algorithmus unterliegt Lizenzrechten und ist nicht uneingeschränkt frei nutzbar. Andere Algorithmen wie SURF (*Speed up Robust Features*), FAST oder ORB aus der OpenCV-Programmbibliothek sind neuere Alternativen.

---

[2] Testversion des Lowe-SIFT-Operators: *http://www.cs.ubc.ca/~lowe/keypoints*

Bild 8.2 Gefundene Merkmale in einem Bildpaar

Sofern nun mehrere Bilder eines Objekts angefertigt wurden, kann man mit den gefundenen Merkmalen fortfahren (siehe Bild 8.2). Wir müssen die Punkte noch zuordnen (matchen). Welcher Punkt gehört zu wem? Dabei werden viele Punkte herausfallen und nur wenige für die Berechnung übrig bleiben. Bild 8.3 zeigt nur jede fünfte der Verbindungslinien zwischen identischen Punkten. Mit diesen Punktzuordnungen folgen geometrische Berechnungen, die Rekonstruktion des Bildverbandes. Wo stand der Fotograf? Wo befinden sich die zugeordneten Punkte im Raum? Für die umfangreichen Rechenoperationen steht dem Programmierer die OpenCV-Bibliothek zur Verfügung. Der Anwender hat unter den Applikationen die Wahl zwischen Open Source, Freeware und lizensierter Software.

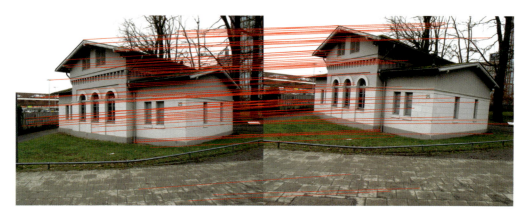

Bild 8.3 Zuordnung der Interest Points

8.2 3D-Rekonstruktionen

Liegt nun ein Bildverband (Rundumverband) vor, der ein Objekt vollständig mit Überlappungen zeigt, und befinden sich die Bildpositionen mit Abständen zueinander, wie bei der Stereobasis, besitzen aber eine konvergente statt parallele Aufnahmerichtung, dann kann vollautomatisch eine rechnerische Rekonstruktion der Aufnahmesituation erfolgen. Das Ergebnis der Rekonstruktion sind die Bildpositionen in einem orthogonalen Koordinatensystem (x, y, z) und die Rotationen der Kamera: Richtung, Neigung und Kantung. Hinzu kommen Punkte des Objekts, die an der Berechnung beteiligt waren und die Punktwolke bilden. Die benötigten internen Kameradaten sind in die Exif-Daten eingebunden. Den Berechnungsvorgang bezeichnet man als *Structure from Motion* (SfM).

Die Punktwolke soll jedoch noch verdichtet werden. Da man nun alle Bildpositionen kennt, sind weitere Punkte des Objekts nach dem mit *Multi View Stereo* (MVS) benannten Verfahren zu bestimmen. Die so erhaltene dichte Punktwolke (*Dense Point Cloud*) ist die Basis zur Berechnung der Oberflächenmasche. Das Mesh besteht aus kleinen Dreiecksfacetten benachbarter Punkte. Für jedes dieser kleinen Dreiecke benötigen wir noch die Texturinformation. Es handelt sich hierbei um die Farbwerte der in die Dreiecke fallenden Pixel. Das Rohmodell ist nun fertig und kann von nicht gewünschten Inhalten bereinigt werden.

Die Auswahl an Software, mit der die vorangehend beschriebenen Aufgaben automatisch ablaufen, ist nicht gering. An dieser Stelle beschränken wir die Betrachtungen auf folgende Lösungen:

- VSfM und OpenMVS (Open Source, offline)
- AGISoft (unterschiedliche Lizenzmodelle, offline)
- ReCap Photo von Autodesk (Testversion, Pay-per-Use, cloudbasiert)
- 3DF Zephyr (unterschiedliche Lizenzmodelle, offline)

Darüber hinaus gibt es noch etliche weitere Produkte, vor allem aus dem professionellen Bereich, die ebenfalls bestens geeignet wären. Jedoch wollen wir uns möglichst einer einfachen Lösung für den Hausgebrauch bedienen. Die wissenschaftliche Auswertung soll den Experten überlassen bleiben.

Sollten Ihnen die bisherigen Erläuterungen zu abstrakt erscheinen, dann legen Sie doch einfach mal selbst los. Schnappen Sie sich einen Gartenzwerg und erstellen Sie mithilfe meines Video-Tutorials[3] auf YouTube schrittweise ein 3D-Modell des Gartenzwergs. Ich möchte Sie jedoch vorwarnen – mit ein paar einfachen Mausklicks können Sie nicht erwarten, dass Sie ein wasserdichtes Modell für den 3D-Druck erhalten. Etwas *Learning by Doing* ist schon angesagt!

---

[3] Tutorium VSfM und OpenMVS: *https://www.youtube.com/edit?o=U&video_id=AdN_lEjT1hk*

8.2.1 Bildaufnahme und -vorbereitung

Es gibt zwei Möglichkeiten der Kamera-Objekt-Anordnung. Entweder ist die Kamera fest und das Objekt bewegt sich, z. B. auf einem Drehteller, oder das Objekt ist fest und die Kamera bewegt sich um das Objekt herum.

Kameraeinstellungen

Bilder für die 3D-Rekonstruktion fotografieren Sie mit niedriger ISO-Zahl. Das vermeidet Rauschen. Die kleine Blende, f/16, bringt ausreichend Tiefenschärfe. Für eine konstante manuelle Fokuseinstellung ist jedes Programm dankbar. Verzeichnung korrigieren Sie a priori in der Firmware. Mit Stativ und Zeitauslöser gibt es keine Verwacklungen.

Alle Bereiche müssen mit ausreichend Überdeckung mehrfach erfasst sein. Das ist nicht immer ganz einfach. Die Beleuchtungssituation muss konstant sein, die Oberflächen sollten möglichst nicht reflektieren. Ein Lichtzelt ist für kleine Objekte eine gute Lösung, kann mit dem entsprechenden Mehraufwand aber auch bei Außenaufnahmen hilfreich sein.

Wir können das Objekt gleichmäßig drehen, um das Objekt herumgehen oder mit der Chroma-Key-Technik arbeiten. Beginnen wir mit letzterer. Nehmen Sie einen grünen Hintergrundstoff, und legen Sie ihn in einer Hohlkehle aus. Die Kamera kommt auf ein Stativ, und unser Gartenzwerg wird auf der Stelle um jeweils ca. 20 Grad gedreht. Der Zwerg hat sich gegenüber dem unveränderten Hintergrund bewegt. Vom Hintergrund dürfen Sie keine Keypoints empfangen. Deshalb stellen Sie die Bilder mit der Funktion REPLACE COLOR von IrfanView oder mit der Farbauswahl von Photoshop frei (siehe Bild 8.4). Zunächst einmal bedeutet das ein wenig Handarbeit: Alle Bilder werden in einem Ordner abgelegt. Denken Sie an möglichst formatfüllende Abbildungen. Stellen Sie die Bilder in ein Projektverzeichnis, und sichern Sie die Originale (siehe Bild 8.5). Aufgenommen wurde mit der vollen Auflösung der Kamera, wir sollten jedoch die ersten Berechnungsversuche mit reduzierten Bildern anfertigen. Das Resampling erfolgt im Stapelbetrieb mit IrfanView.

Bild 8.4 Freistellung mit der Chroma-Key-Batch-Prozedur

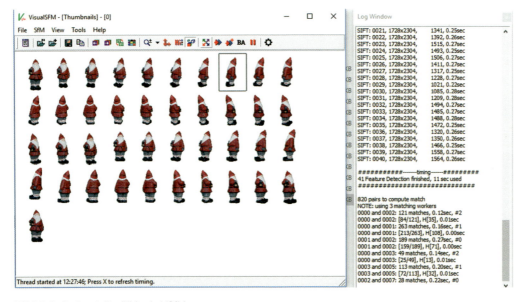

Bild 8.5 Freigestellte Bilder in VSfM

Chroma Keying mit ImageMagick

Wenn der Hintergrund klare Farben enthält, kann man die Freistellung auch mit ImageMagick versuchen. Dies ist eine Stapeldatei für die Abarbeitung aller Bilder eines Verzeichnisses:

```
for %%f in (*.jpg) do (
@echo %%~nf
magick %%~nf.jpg -fuzz 12%%  -fill none -draw "alpha 20,200 floodfill" -fill black +opaque none stage1.png
magick stage1.png -morphology Erode:3 Octagon stage2.png
magick stage1.png -negate stage3.png
magick %%~nf.jpg stage3.png -composite -transparent black  freigestellt\%%~nf.png
del stage1.png
del stage2.png
del stage3.png
)
```

8.2.2 Orientierung und Modellbildung

Beginnen wir zum Einstieg mit VSfM.[4] *Visual Structure from Motion* bietet eine GUI-Oberfläche für Windows. Die Oberfläche ist sehr übersichtlich und nicht mit Funktionen überfrachtet. Daher eignet sich diese Software zum Kennenlernen des Verfahrens besonders gut. Folgen Sie zunächst den Installationsanweisungen auf der Webseite. Modifiziert wird dann später. Ich habe das Verzeichnis *vsfm64* eingerichtet. Auf Datenebene legen Sie das Projektverzeichnis *zwerg* an. Dort speichern Sie die JPEG-Bilder ab (Originale als Sicherungsdateien und resampelte Bilder als Arbeitsdateien). VSfM kann mit Fremdprogrammen konfiguriert werden und hat für die Berechnung der dichten Punktwolke PMVS dabei. Meine Empfehlung ist jedoch die Nutzung neuerer Entwicklungen wie Open MVS.[5]

Visual Structure from Motion

Starten Sie *VSfM64.exe*, gehen Sie auf FILE > OPEN MULTI IMAGES und laden Sie die Bilder. Nach kurzer Ladezeit meldet sich die Software mit Anzeige der Bilddaten. Im Log-Window wird der Fortschritt angezeigt und die Anzahl gefundener Merkmale wird angegeben. Anschließend wird COMPUTE MISSING MATCHES aufgerufen, entweder in der Toolbar oder aus dem Menü *SfM*. Im nächsten Schritt wird COMPUTE 3D RECONSTRUCTION angewählt (auch wieder aus der Toolbar oder aus dem *SfM*-Menü). Sie können die Darstellung der Kameraorientierung und das Anwachsen der Punktwolke in Echtzeit verfolgen. Die Punktwolke ist nicht sehr umfangreich, aber ausreichend für die Bildorientierung. Beach-

---

[4] Visual Structure from Motion zum Download: *http://ccwu.me/vsfm*
[5] Download der Binärdateien von Open MVS: *https://github.com/cdcseacave/openMVS_sample*

ten Sie die gleichmäßige Kameraverteilung. Dies ist natürlich dem Drehteller geschuldet. Im Menü *View* konfigurieren Sie die Bildschirmeinstellungen.

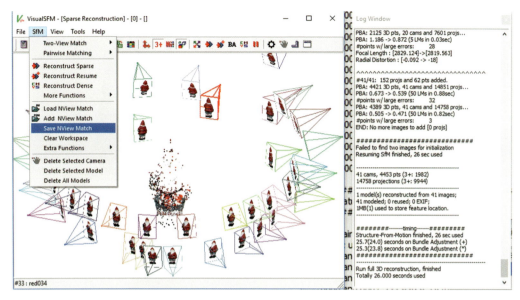

Bild 8.6 Rekonstruktion der Bildaufnahme mit VSfM

Nun sind wir fertig mit der Bildorientierung und kommen zum nächsten Schritt der Berechnung einer dichten Punktwolke und Modellbildung. Die Einzelschritte von Open MVS können im Stapel mittels einer Batchdatei abgearbeitet werden. Details hierzu finden Sie in meinem Buch *Bildbasierte 3D-Modellierung*.[6] Die Ergebnisse der Einzelschritte von der dichten Punktwolke zur Oberflächenmasche werden in Bild 8.7 gezeigt. Das Endergebnis erhält in jedem Falle noch Feinschliff.

Nach der praktischen Einführung in die Bildorientierung mit VSfM und dem Hinweis auf die Weiterverarbeitung mit Multi View Stereo wollen wir den Fokus im Folgenden auf eine neuere Programmentwicklung legen, die man auch als Einsteiger unbedingt in Betracht ziehen sollte: 3DF Zephyr.

---

[6] *Pomaska, Günter:* Bildbasierte 3D-Modellierung. Vom digitalen Bild bis zum 3D-Druck. Wichmann, Berlin 2016

Bild 8.7 Open Multi View Stereo: *Dense Point Cloud*, *Mesh*, *Textured Mesh*

3DF Zephyr

Das Photogrammetrie-Programm 3DF Zephyr kommt aus dem Software-Haus 3DFlow. Die Ursprünge sind an den Universitäten Verona und Udine zu finden. Zephyr wird als freies Programm (in einer Lite- und einer Profi-Version) angeboten. Die freie Version ist auf 50 Bilder limitiert. Die Benutzeroberfläche von Zephyr ist modern und übersichtlich und besitzt umfangreiche Funktionalitäten. Dazu gehört auch ein eigenes Werkzeug zur Freistellung mit der Bezeichnung *Masquerade*. Der Arbeitsablauf ist mit dem anderer Programme vergleichbar. Über die HELP-Funktion gelangt man zu Tutorien und Foren sowie zum Newsletter. Bei Erstaufruf des Programms wird man auf die verfügbaren Lehrmaterialien hingewiesen. Bild 8.9 zeigt bereits das Endergebnis – unseren Zwerg, der auf seinen Einsatz in einer Augmented Reality-Anwendung wartet. Die Fotopositionen entsprechen denen von VSfM. In der umhüllenden Box befindet sich das fertiggestellte Oberflächenmodell.

Nach der Installation von 3DF Zephyr starten Sie das Programm und gehen in der Menüleiste auf WORKFLOW > NEW PROJECT. Der *Project Wizard* bietet den Arbeitsablauf per Checkboxen an. Sie können schrittweise oder gleich bis zur Modellbildung vorgehen. Ich empfehle Einzelschritte. Dazu laden Sie als Erstes die Bilder. Neben Einzelbildern können Sie auch ein Video oder ein Panorama als Eingangsbilder aufbereiten lassen. Sie bekommen dann die Kameradaten angezeigt und wählen im nächsten Menü die Art des Projekts (AERIAL, CLOSE RANGE, HUMAN BODY oder URBAN). Eine Erklärung erscheint, sobald Sie die Maus über die Auswahl setzen. Für den Zwerg wählen wir CLOSE RANGE, also den

Nahbereich. Die Bilder hatten wir bereits maskiert. Beachten Sie, dass bei Auswahl der Presets entsprechende Rechenzeit benötigt wird. Aus FAST, DEFAULT, DEEP und EXHAUSTIVE wählen Sie DEFAULT aus. Nach einem Klick auf NEXT, drücken Sie den RUN-Button (siehe Bild 8.8).

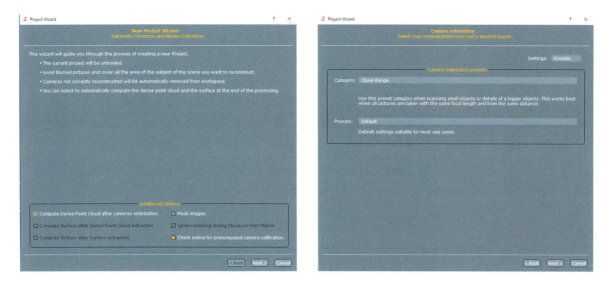

Bild 8.8 Eingabepanels von 3DF Zephyr : *New Project Wizard* (links) und Optionen der Bildorientierung (rechts)

Der Berechnungsfortschritt wird nun angezeigt und Sie erhalten die Kamerapositionen und die Keypoints, also die dünne Punktwolke. Im Menü TOOLS > OPTIONS kann man u. a. die Größe der Kamerasymbole verändern. Im Projektfenster werden die nächsten möglichen Verarbeitungsschritte angezeigt. Bevor die dichte Punktwolke berechnet wird, sollten Sie unbedingt die *Bounding Box* anschauen. Das Icon finden Sie unter der Menüleiste bei den Shortcuts. Die dichte Punktwolke wird nur innerhalb der umhüllenden Box berechnet. Skalieren und positionieren Sie die Box nach Bedarf. Jetzt können Sie DENSE POINT CLOUD im Menü *Workflow* aktivieren. Im Stereo Wizard-Fenster werden Sie über den Programmfortschritt informiert. Etwas Rechenzeit müssen Sie in Kauf nehmen. Im Anschluss an die Berechnung besteht die Möglichkeit, die Punktwolke zu editieren. Entfernen Sie Ausreißer und nicht interessierende Bereiche, sofern dies noch nicht automatisch erfolgt ist.

Der nächste Bearbeitungsschritt, die Berechnung der Oberflächenmasche, steht nun zur Verfügung und kann über WORKFLOW > MESH EXTRACTION ausgelöst werden. Dazu muss auch hier der RUN-Button gedrückt werden. Der Workflow wird mit der Berechnung der Textur abgeschlossen. Unter TOOLS > MESHFILTERS ist dann noch die Oberflächenmasche zu manipulieren. Mit EXPORT > EXPORT TEXTURED MESH schreiben Sie das Ergebnis als OBJ-File oder können es direkt nach SketchFab transferieren.

Selbstverständlich konnte ich an dieser Stelle nicht alle Funktionen von 3DF Zephyr erläutern. Doch sobald Sie den Einstieg gefunden haben, können Sie sich ganz einfach selbst mit den umfangreichen Möglichkeiten vertraut machen.

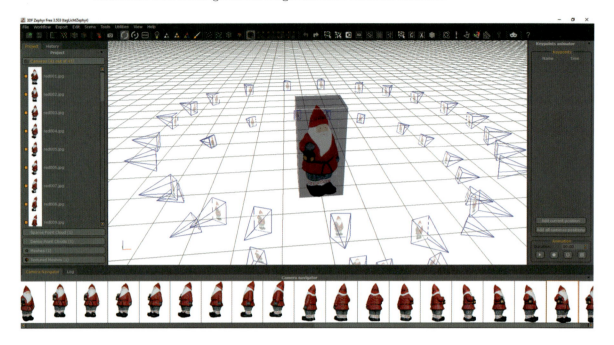

Bild 8.9 Benutzeroberfläche von 3DF Zephyr mit dem Zwerg in seiner *Bounding Box*

Anhand einer Figur des Bayerischen Königs Ludwig, ein Schnäppchen von einer eBay-Auktion, wird die alternative Aufnahmestrategie zur Freistellung aller Bilder beschrieben. Bedruckte Wände bilden hier die Kulisse, die ein Vollformatbild garantieren und zu einer sicheren Orientierung führen. Die Figur ist ziemlich filigran, und es werden entsprechend mehr Aufnahmen benötigt. Die Aufnahme wird in drei Punktwolken unterteilt, die dann in der Nachbearbeitung zusammengefügt werden müssen. Der Vorgang wird mit „Registrierung" bezeichnet. Zwischen den einzelnen Bildverbänden wird die Figur zweimal umgestellt.

Je nach Auswerteprogramm sind die Bedingungen an die Aufnahmen unterschiedlich. Wenn Sie die Kamera kanten (Hochkant- statt Querformat), dann bitte alle Bilder mit einer einheitlichen Kantung nach rechts oder links. Im Ergebnis liegt Ludwig dann auf der Seite. Doch Sie sehen ja die Markierungen auf der Grundplatte (siehe Bild 8.10). Damit wird der König digital wieder aufgerichtet. Wenn Sie bei den Aufnahmen auch noch das Zoomen vermeiden, liegen Sie immer richtig.

Bild 8.10 Orientierung mit Hintergrund und Bestimmung von Teiloberflächen

Sie können die Skulptur auch einfach auf einen Tisch stellen und einmal mit der Kamera (aber mit Stativ) darum herumgehen. Es funktioniert auch mit einem hochauflösenden Video. Einzelbilder aus dem Video können Sie über VirtualDub, AviSynth oder FFmpeg entnehmen. Die dazu notwendige Software haben Sie schon kennengelernt. Die nicht benötigten Bereiche der Punktwolke werden vor der Weiterverarbeitung bereinigt.

PhotoScan von Agisoft

Mit der zuletzt beschriebenen Aufnahmevariante schauen wir uns das Programm PhotoScan von Agisoft LLC aus St. Petersburg, Russland, an. Die Software hat sich bei den Praktikern als beliebtes Standardprodukt vor allem in der Kartografie bei Luftbildaufnahmen bewährt. Testversionen und die Lizenz für die private Nutzung stehen unter *http://www.agisoft.com* zum Download bereit.

König Ludwig steht nun für die weitere Bearbeitung auf dem Gartentisch, und es wird rundum fotografiert. Gleißendes Sonnenlicht ist dabei nicht unser Freund. Starten Sie PhotoScan und benutzen Sie schrittweise das Menü WORKFLOW. Begonnen wird mit ADD PHOTOS. Weiter geht es mit ALIGN PHOTOS und BUILD DENSE CLOUD. Sobald die *Dense Point Cloud* generiert ist, gehen Sie in die Auswahl, wählen aus dem großen Umfeld den König aus, invertieren die Anzeige mit EDIT INVERT SELECTION und löschen die nicht benötigte Umgebung. Weitere isolierte Punkte bereinigt man nach individueller Auswahl. Die nächsten Schritte kennen Sie bereits. Anschließend kann das Modell gebildet werden. Überprüfen Sie vorher noch den Modellbereich. Die kleine Platte mit den Markierungspunkten, auf die wir unseren König gestellt haben, wird bei der Modellausrichtung gute Dienste leisten. In Bild 8.11 ist die bereinigte Punktwolke zu erkennen. Die blauen Rechtecke der Cloud stellen die Bildpositionen dar. Das ausgewählte Bild, rechts in der Übersicht zu erkennen, ist im Bildverband rot markiert.

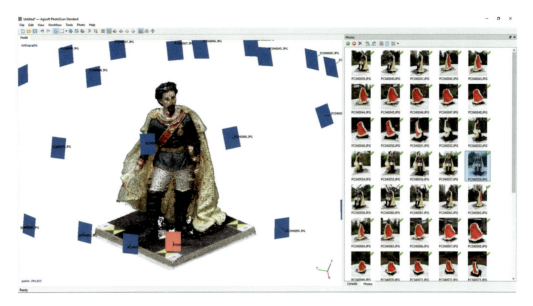

Bild 8.11 Replikat von König Ludwig bei PhotoScan von Agisoft

Die Oberflächenmasche ist in unterschiedlicher Ausbildung darstellbar. Im Menü *View* befinden sich die Alternativen – von der Punktwolke bis zum texturierten Modell (siehe Bild 8.12). Das Zeitverhalten von PhotoScan ist recht angenehm. Mit unseren 52 Bildern verblieben in der dichten Punktwolke 1,8 Millionen Punkte. Das texturierte Modell beinhaltet 120 000 Dreiecke. Spätestens mit Hinblick auf die Nutzung des Modells stellt man sich die Frage nach der notwendigen Auflösung. Wollen wir nur die Geometrie, oder profitieren wir bei geringer geometrischer Auflösung von der Textur?

Bild 8.12 Oberflächenmasche in den Darstellungen Drahtgitter, geglättet und fotorealistische Textur

Sketchfab – Ihr Host für VR-Modelle

Was YouTube für Videos ist, das stellt Sketchfab für 3D-Modelle dar. Sie können dort Ihre Modelle hosten und auf die eigene Website verlinken. Außerdem wird ein WebGL-Viewer angeboten, mit dem die interaktive Betrachtung von 3D-Objekten auch in VR-Umgebungen realisiert werden kann

Das interaktiv zu betrachtende 3D-Modell des Zwergs finden Sie unter *https:// sketchfab.com/models/ee38dd47bd2c4a2492a6443704745c2f* (siehe auch QR-Code). Unter dem Suchbegriff „Dwarf" finden Sie viele ähnliche Modelle.

König Ludwig finden Sie unter *https://sketchfab.com/models/f777fe6bcc844112b-20fd558af60c9c7* (siehe auch QR-Code). Alternativ können Sie bei Sketchfab nach „Bavarian King" suchen.

8.2.3 Feinschliff der Rohdaten

Jedes rekonstruierte 3D-Modell muss sich einer Nachbereitung unterziehen. Es handelt sich dabei um die Korrektur der Oberfläche. Sie soll wasserdicht (*watertight*) sein und keine Löcher (*holes*) aufweisen. Die Oberfläche muss geglättet werden und ist von der Datenmenge her zu reduzieren. Das Zusammenfügen von Maschen, die Registrierung und die Skalierung mit der Orientierung im Raum sind weitere Aufgaben. Sofern das Rekonstruktionsprogramm diese Funktionalitäten nicht im Angebot hat, sind weiterverarbeitende Programme notwendig. Egal, für welches Programm Sie sich entschieden haben, etwas Feinschliff wird am Ende doch noch notwendig sein. Das universellste Programm zur Mesh-Prozessierung ist Meshlab.[7] Microsoft bietet mit dem 3D-Builder unter Windows 10 ein Werkzeug an, das den 3D-Druck vorbereitet. Auch Meshmixer[8] von Autodesk bringt komfortable Druckvorbereitung auf den Markt.

Autodesk stellte bis vor Kurzem das System 123D Catch zur Verfügung, löste es aber durch die Cloud-basierte Lösung ReCap Photo ab. ReCap Photo kann man nicht mit einem Mausklick herunterladen. Sie benötigen einen Autodesk-Account. Dann können Sie ReCap Pro als Testversion installieren. Damit erhalten Sie Zugriff auf ReCap Photo und können es herunterladen. Nach einer Testphase werden für die Benutzung Credits fällig.

Starten Sie das Programm, und laden Sie Ihre Bilder hoch. Nach Fertigstellung der Berechnung laden Sie das Mesh aus der Cloud auf Ihren Rechner herunter. Ich habe mit der Autodesk-Software hinsichtlich der Modellierung beste Erfahrungen gemacht, nicht nur wegen der Qualität, sondern auch aufgrund der Automatisierung. Da Sie das Prozedere schon kennen, steigen wir gleich in die Nachbearbeitung ein, die auf dem eigenen Rech-

---

[7] Website von Meshlab: *http://www.meshlab.net*
[8] Autodesk Meshmixer (freie Software für Windows und macOS): *https://www.meshmixer.com*

ner läuft. Die Arbeitsschritte mit dem ReCap Photo Editor sind naturgemäß projektabhängig und müssen nicht immer nach gleichem Muster ablaufen.

Als Betrachtungsbeispiel verwenden wir das Denkmal von Lucas Cranach dem Älteren, das 2005 in Wittenberg im Cranachhof aufgestellt wurde. Cranach lebte von 1472 bis 1553 und war einer der bedeutendsten deutschen Maler. In Wittenberg betrieb er eine Druckerei und Malwerkstatt. Im ersten Schritt wird im *Editor* unter *Settings* das Modell orientiert und mit einem Maßstab versehen (siehe Bild 8.13). Wir legen die *z*-Richtung über eine Fläche fest und geben mit 900 mm einen Maßstab ein, der über zwei Punkte auf der Mauer bestimmt ist.

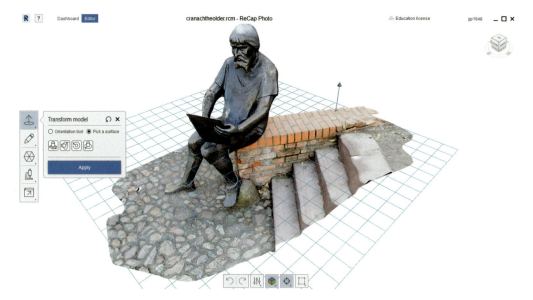

Bild 8.13 Orientierung und Skalierung eines 3D-Modells mit ReCap Photo

Da kein geschlossener Körper vorliegt, ist mit den Werkzeugen eine Kontur zu extrudieren. Die äußere Kontur wird nach unten extrudiert (siehe Bild 8.14). Dadurch entsteht ein geschlossener Körper. Mit der *Analyze*-Funktion kann man Probleme prüfen und bereinigen.

Bild 8.14 Extrusion einer Kontur und Füllen der erzeugten Flächen

Im nächsten Schritt wird die Figur mit *Slice&Fill* zugeschnitten. Die Schnittebene wird positioniert und der nicht benötigte Objektteil entfernt (siehe Bild 8.15). In der Werkzeugkiste befinden sich weitere Tools zur Modifikation des Mesh, wie die *Surface*-Tools zum Modellieren einer Skulptur und auch die topologische Neuberechnung einer Masche.

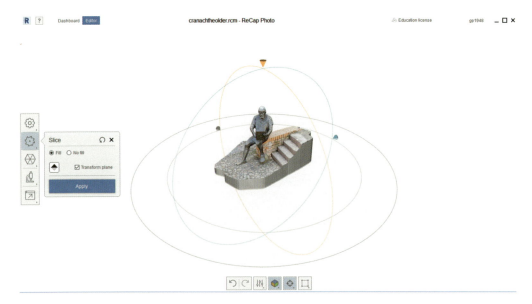

Bild 8.15 ReCap Photo: Oberflächenmasche mit der Funktion *Slice* zerschneiden

Vor dem Export des 3D-Objekts gibt es noch die Möglichkeit, die Anzahl der Dreiecksfacetten per Schieberegler zu verringern. Sie können als RCM-Objekt, als proprietäres Projekt-File oder im CAD-Format speichern. In die Entwicklung der 3D-CAD-Formate ist Bewegung gekommen. An Formaten werden OBJ, PLY und STL angeboten. Das sind die Standardformate für unregelmäßig begrenzte Objekte. Intern verwendet Autodesk das Format RCM, mit dem Export nach OBJ liegt man meist richtig. Es wird noch eine weitere Datei MTL geschrieben, in der die Materialdefinition gespeichert ist. Auch die Texturen werden als JPEG ausgewiesen. Die Texturgröße können Sie auf 4096 × 4096 Pixel beschränken. In der List Box *Textures* wählen Sie REBAKE > ORIGINAL > NONE. Mit REBAKE wird die neue Textur berechnet. Wenn Sie eine OBJ-Datei weitergeben wollen, dann am besten als ZIP-Archiv zusammen mit der Materialdefinition und der Textur.

Ein Urteil über den Autodesk ReCap Photo Editor sei mir an dieser Stelle erlaubt. Ich habe mit vielen Editoren aus den ersten Tagen des 3D-Drucks gearbeitet und kann sagen, was Autodesk hier anbietet, ist genial. Die Nutzung des Editors ist vollständig lokal, es muss also nicht mit ReCap Photo rekonstruiert worden sein. Im Gegenteil – es sind auch Fremdformate importierbar.

■ 8.3 3D-Stereo-Rendering

Reality Capture, ob es nun ein photogrammetrisches Verfahren ist oder dem Wissenschaftszweig Computer Vision zuzuordnen ist, mag für den Anwender nicht entscheidend sein. Mit Digitalkamera und Laptop hat man Zugang zu einem faszinierenden Anwendererlebnis. Das Ergebnis ist als Computer-Rendering, mit der VR-Brille oder auch über den 3D-Drucker zu präsentieren. Doch wir wollten ja stereoskopisches 3D (S3D)! Kein Problem, getreu unserer Vorliebe für Open Source bemühen wir Blender[9], eine Rendering- und Animationssoftware. Die Lernkurve von Blender ist etwas steiler. Schauen wir uns trotzdem einmal die wichtigsten Funktionen für das stereoskopische Rendering an. Ein besonderer Kamera-Rig ist nicht zu konstruieren. Jede Kamera kann in Blender ein Stereobild rendern.

Nach dem Programmstart von Blender (Version > 2.78) erscheint eine Standardoberfläche. Auf der linken Seite befinden sich die vertikalen *Tool*-Tabs. Das Hauptfenster ist der 3D-Grafik-Bereich. Für Konstruktionen kann man den Bildbereich in Draufsicht, Seitenansicht und Vorderansicht aufteilen oder bei Bedarf auch anderweitig konfigurieren. Im rechten Menübereich der *Scene*-Tabs befinden sich der *Outliner*, das ist der Szenebaum,

---

[9] Blender-Website: *https://www.blender.org*

und die Eigenschaftsmenüs der Objekte. Auch den RENDER-Button finden Sie dort. Alle Einstellungen für das stereoskopische Rendering werden von dort aus vorgenommen.

Der Eingangsbildschirm von Blender meldet sich mit drei Objekten: einem Würfel, einer Kamera und einer Lichtquelle. Genau das wird für das Rendering benötigt, nicht die Voreinstellungen. Mit Rechtsklick im Grafikfenster oder einem Klick im Outliner markieren Sie das Objekt und löschen es mit der ENTF-Taste. Nun bleibt nur noch der 3D-Cursor, der vor der Objekteinfügung in Position gebracht wird. Über FILE > IMPORT > WAVEFRONT (.OBJ) wird das 3D-Modell geladen. Sofern es nicht richtig positioniert ist, editiert man in den *Space Properties* (links in Bild 8.16).

Dort im Bildausschnitt (Bild 8.16) ist das aktive Objekt markiert. Das lokale Koordinatensystem des Objekts ist eingezeichnet, und der 3D-Cursor ist bereits für die nächste Einfügeposition gesetzt. Rechts im Menü sind die Einfügeoptionen zu manipulieren. Beim Material des Objekts sind noch die Schatteneigenschaften einzustellen. Das Objekt kann Schatten empfangen und wirft Schatten. Es kann noch an etlichen weiteren Stellschrauben gedreht werden.

Eine gute Beleuchtung erzielen Sie durch paralleles Licht, etwa 45 Grad gegen die Betrachtungsrichtung, und ein Umgebungslicht. Das erreichen Sie über vertikale TOOLTABS > ADD > PRIMITIVES > LAMP > SUN. Danach setzen Sie noch einmal den 3D-Cursor mittig auf das Objekt und klicken ADD > PRIMITIVES > LAMP > HEMI. Die wirksamen Parameter schauen wir durch die *Kamera* an.

Dazu fügen Sie zunächst die Kamera wieder über vertikale TOOLTABS > ADD PRIMITIVES > CAMERA ein. Mit der rechten Maustaste und dem Scrollrad können Sie sich danach eine Bildschirmansicht des Objekts einstellen, die Sie durch STRG+ALT+NUM 0 als Kameraansicht definieren. Sie können jetzt durch Manipulation an der Kamera unmittelbar wie ein Fotograf die passende Ansicht einstellen. Wechseln Sie in den *Scene*-Tabs zur Sonne und stellen Sie die Intensität ein. Das Umgebungslicht muss noch in *z*-Richtung verschoben werden.

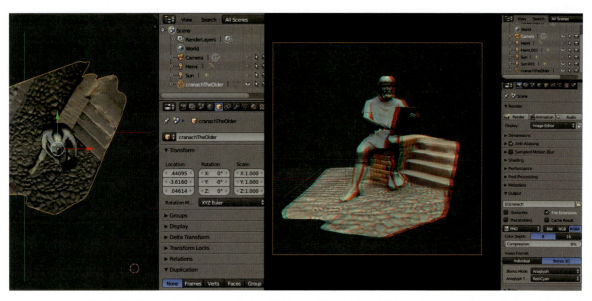

Bild 8.16 Blender-Benutzeroberfläche: 3D-View in Draufsicht mit Menü *Geometrieeigenschaften* (links) und Kameraansicht mit Render-Einstellungen *Stereomode* (rechts)

Zur Einstellung der Kameraeigenschaften gibt es Untermenüs für das Objektiv, die Stereoskopie und die Kamera selbst. Dort schaut man unter anderem nach der Brennweite. Die stereoskopischen Parameter setzen wir auf parallel und können den Basisabstand in Echtzeit kontrollieren.

Unter den Render-Parametern werden die Ausgabegröße benötigt, das Zielverzeichnis für die Daten und natürlich die Stereoeinstellung *Side-by-Side* oder *Anaglyph*. Es gibt noch zwei wichtige Einstellungen oben in der Menüleiste unter RENDER > SHOW/HIDE RENDER VIEW (auch mit F11 erreichbar) und unter WINDOW > SET STEREO 3D (siehe Bild 8.17). Nun kann gerendert werden. Im Side-by-Side-Format zeigt das Render-Fenster nur ein Halbbild, nach dem Speichern sind jedoch beide Halbbilder vorhanden. Im RENDER VIEW ist unten der Button IMAGE zu sehen, über den Sie das Bild speichern können. Bild 8.18 wurde mit CROSS VIEW erzeugt.

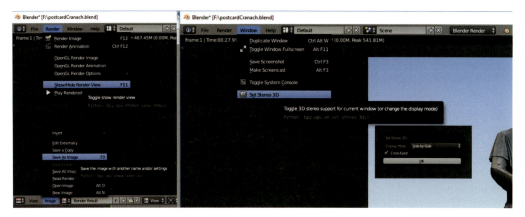

Bild 8.17 Einstellungen, die oft vergessen werden: oben links SHOW/HIDE RENDER VIEW im Menü *Render* und SET STEREO 3D im Menü *Window*, unten SAVE AS IMAGE (= das Ergebnis speichern)

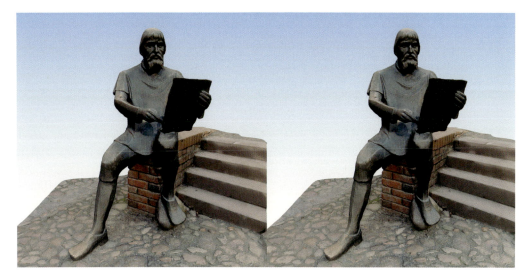

Bild 8.18 Lucas Cranach der Ältere (S3D-Rendering, Kreuzblick)

8.4 Mixed Reality

Augmented Reality, zu übersetzen mit erweiterte Realität, verbindet die reale Welt mit der virtuellen Welt. Häufig wird auch der Begriff Mixed Reality verwendet. Das Live-Bild der Kamera wird in Echtzeit mit virtuellen Objekten aus Cloud-Speichern überblendet. Üblicherweise verwendet man einen Tracker zur Auslösung einer Softwarefunktion. Ein Tracker kann eine beliebige Bitmap sein. Erkennt die Anwendungssoftware im Bild den Tracker, dann wird genau an dieser Stelle die zusätzliche Information eingeblendet. Anstelle des Trackers kann die Software aber auch anhand von GPS-Positionen entsprechende Informationen zuladen. Mit Smartphone und Tablet sind die Hardwarevoraussetzungen für Augmented Reality überall verfügbar.

Seit dem Windows 10 Fall Creators Update ist der Microsoft Mixed Reality Viewer für den PC verfügbar. Mit der Software wird man in die Lage versetzt, virtuelle 3D-Objekte in der realen Welt zu platzieren und Szenen aus beiden Welten zu kombinieren. Die Objekte sind mit *Paint 3D* aufzubereiten und können mit *Remix 3D* in die Cloud hochgeladen werden. Jeder Teilnehmer muss sich vorher dort anmelden und bekommt einen eigenen Account für seine Objekte, die er als privat kennzeichnen oder für den allgemeinen Gebrauch freigeben kann. Im Mixed Reality Viewer nimmt man eine reale Szene mit der angeschlossenen Webcam auf und positioniert das virtuelle 3D-Objekt am Monitor durch Mausklick in der 3D-Szene. Auf der Position kann man es drehen und skalieren. Die sonst üblichen Tracker sind im Microsoft-Programm nicht vorgesehen.

Welche Anwendungsszenarien kann man sich vorstellen? Geplantes Mobiliar kann in der Wohnung positioniert werden und Modelle von Bauvorhaben können in die Umgebung eingepasst werden. Der spielerische Charakter scheint in der augenblicklichen Programmversion im Vordergrund zu stehen. Comicfiguren bevölkern die 3D-Bibliothek. So läuft z. B. ein Dinosaurier über den Küchentisch.

Wir können uns dem Spieltrieb nicht entziehen und werden im Folgenden zwei der zuvor modellierten Figurinen in eine Szene einbauen, aber natürlich in stereoskopische Bilder. König Ludwig und der Ikea-Zwerg müssen herhalten. Beide Modelle reduzieren wir in der Anzahl ihrer Oberflächenmaschen. Zur Vorbereitung erfolgt der Aufruf in *Paint 3D*. Dort werden auch die Texturen zugeordnet, und mit *Remix 3D* laden wir die Objekte in die Cloud.

Nach Aufruf des Mixed Reality Viewers richten Sie die angeschlossen Kamera auf die reale Szene, haben dann das Live-Bild auf dem Schirm und fügen über *Remix 3D* das Objekt aus der Cloud mit Doppelklick ein. Rotation und Skalierung erfolgen über die Maus. Ist alles richtig positioniert, wird das Bildschirmfoto geschossen. Die Oberfläche des Mixed Reality Viewers ist denkbar einfach gestaltet. Die Menüleiste befindet sich oberhalb der Fotofläche zum Aufruf der Werkzeuge *Paint 3D* und *Remix 3D*. Im Menü *Einstellungen* kann das Kamerabild gespiegelt werden. Auch der Aufruf von *Print 3D* für den 3D-Druck ist dort integriert. Bild 8.19 zeigt Ludwig auf meiner Tastatur und das vergrößerte Menü des Mixed Reality Viewers. Ein Bild ist bereits geschossen, siehe unten rechts.

Vom Monobild gehen wir nun zum 3D-Bild über. Die Webcam ist hierzu auf einem Stereoschlitten installiert und wird zwischen der ersten und zweiten Bildschirmaufnahme um die Basis verschoben. Dann werden beide Bilder im StereoPhoto Maker bearbeitet. Die winterliche Szene zeigt unseren Gartenzwerg in einer Häuserlandschaft als Schwarzweißanaglyphe, die bei dem überwiegend roten Motiv besser für den Druck geeignet ist. Im Hintergrund schaut ein Hirsch durch die Zweige (siehe Bild 8.20).

Bild 8.19 Microsoft Mixed Reality Viewer

Bild 8.20 Mixed Reality: Zwerg in der Winterlandschaft (Anaglyphe, Rot-Cyan in Graustufen)

König Ludwig lassen wir aus dem Bilderrahmen auf dem Schreibtisch herauskommen (siehe Bild 8.21). Durch die Bücher und den Hintergrund wird ein besserer 3D-Eindruck bewirkt. Sofern mobile Geräte eingesetzt werden, öffnen sich weitere Möglichkeiten der Anwendung. Mehr noch wird die Qualität der Bildaufnahme eines Smartphones gegenüber der Webcam zu Buche schlagen.

Bild 8.21 König Ludwig in einer Traumwelt: Mixed Reality-Anaglyphen-Darstellung (virtueller König, reale Umgebung)

Literatur

Pomaska, Günter: Bildbasierte 3D-Modellierung. Vom digitalen Bild bis zum 3D-Druck. Wichmann, Berlin 2016

9 Schlusswort

In den vorangegangenen Kapiteln wurde ein umfangreiches Repertoire an Techniken zur Erstellung stereoskopischer Bilder, Videos und virtueller Modelle vorgestellt, erläutert und an Praxisbeispielen erprobt. Abschließend stellt sich die Frage, wie diese Daten dem Publikum überzeugend präsentiert werden. Die Betrachtung der Stereobilder soll angenehm sein und einen guten Raumeindruck vermitteln. Welches Verfahren ist heute angesagt? Es ist wohl Virtual Reality, doch mit VR-Brille kann man nur schlecht eine größere Gruppe ausstatten. Wenn man 3D-Bilder produzieren möchte, wird man sich auch für ein Aufnahmeverfahren entscheiden. Ist es das digitale Twin-Set, oder setzt man aufs Handy mit einer VR-Kamera? Wird die VR-Brille das Stereoskop ablösen? Im Folgenden versuche ich, Antworten auf diese Fragen zu finden, und werde Ihnen einige persönliche Empfehlungen geben.

■ 9.1 Präsentation und Publikation

Eine Präsentationsform ist das Großformat mit dem kollaborativen Erlebnis einer Projektion. Wenn es nicht um Kinovorführungen geht, bevorzuge ich das Shutter-Verfahren, sei es mit Beamer oder Nvidia 3D Vision. Damit einher geht natürlich die Distribution der Daten im Internet. Dort ist die Anaglyphenbrille für jedermann ein probates Mittel. Das Anaglyphenverfahren führt mit geringstem Aufwand bereits zu eindrucksvollen Ergebnissen. Mit einer Kartonbrille für nur wenige Eurocent muss man lediglich Einschränkungen in der Wiedergabe des Farbraumes hinnehmen, kann aber bequem im hoch aufgelösten Raumbild navigieren, hinein- und hinauszoomen und die Parallaxe lokal variieren. Sicherlich werden die Entwicklungen von Virtual Reality in naher Zukunft auch hier greifen.

9.1.1 Projektion

Mit dem Polfilterverfahren wurden Sie bereits bei der Vorstellung der Diaprojektion in Abschnitt 4.5 konfrontiert, dort allerdings im Zusammenhang mit der analogen Diaprojektion. Grundsätzlich können zwei beliebige Projektoren eingesetzt werden. Filter und Brillen sind kein bedeutender Kostenfaktor. Das Raumbild wird flimmerfrei in hoher Qualität betrachtet. Leider ist nicht jede Projektionsfläche geeignet. Benötigt wird eine Silberleinwand oder ein Material, das die Polarisation auch bei der Reflexion beibehält. Eine derartige, in diesem Fall hochwertige Projektionseinrichtung möchte ich kurz vorstellen und mit dem DLP-Beamer vergleichen. Links in Bild 9.1 sind die Projektoren in einem Rack montiert. Das Rack trägt die verschiebbaren Halterungen für die Polfilter und ist mit Justierschrauben für die korrekte Ausrichtung der Bildflächen ausgestattet, ein nicht zu unterschätzendes Problem. Die Rückprojektionsfläche (rechts in Bild 9.1) ist ein sogenannter BlackScreen der Firma Screenlab, der ein brillantes Bild bei Tageslicht zeigt und auch für die Auflichtprojektion geeignet ist. Insgesamt handelt es sich um eine sehr kostenintensive Anlage.

Bild 9.1 3D-Tageslichtprojektion mit Polfiltertechnik

Polfiltertechnik ist nicht nur für die Projektion geeignet. Es wurden auch polarisierende Monitore entwickelt. Unter dem Markenbegriff Cinema-3D-Technologie vertrieb LG Electronics 3D-Lösungen mit Polarisationstechnik. Die überzeugende Bildqualität lieferte hohe Helligkeitswerte bei einer flimmerfreien Bildanzeige. Allerdings reduziert sich die horizontale Bildauflösung um die Hälfte, und der Blickwinkel zum Monitor ist beschränkt. Benötigt wird noch eine gängige Grafikkarte und ein geeigneter Treiber. Mit den leichten 3D-Polarisationsbrillen, die verfahrensbedingt keine Batterien benötigen, ist die Einrichtung und Betrachtung nahezu kostenneutral. Auf den Markt kamen auch Notebooks mit 3D-Polarisationsverfahren, z. B. von Asus oder Acer und anderen.

LG war auch einer der Vorreiter für passives TV mit Polarisation, während andere Firmen die aktive Variante mit Shutter-Brillen bevorzugten. Der Hype um die 3D-Fernseher hat sich in letzter Zeit wieder gelegt. Einige Hersteller haben sich zurückgezogen, andere bieten nur noch für die höher preisigen Modelle 3D an oder verabschieden sich ganz von der 3D-Technik, die sich im Kino durchgesetzt hat, aber nicht im Wohnzimmer. Dabei ist die 4K-Technologie gerade für das passive Verfahren ideal. Der Trend geht derzeit hin zu Ultra HD mit Großbildschirmen, die 3D-Panels für Polarisation bzw. der Bildaufbau sind dabei kostentreibend. Zusätzlich ist die VR-Technologie auf dem Vormarsch, die zukünftig wohl auch den TV-Markt tangieren wird.

Nutznießer der abflauenden 3D-Fernsehentwicklung ist sicher Nvidia. Mit der Nvidia 3D Vision-Technologie werden Stereo-3D-Bilder für Gamer, Filmfans und Fotografen in Konfigurationen mit Nvidia-Grafikprozessoren, Nvidia3D Vision-Brillen und 3D Vision-ready-Bildschirmen/Projektoren abgespielt. Im Treiber der Nvidia-Grafikkarten wird die Hardwarekonfiguration eingestellt. Eine Discovery-Variante läuft mit Rot-Cyan-Brille. Der kostenintensive Faktor beim Nvidia-System ist der 120-Hz-Bildschirm. Alternativ zum Computermonitor kann das Videosignal an ein 3D-TV oder einen Beamer abgegeben werden. Nvidia 3D Vision arbeitet mit der Shutter-Technologie, die nachfolgend kurz erläutert wird (siehe Bild 9.2).

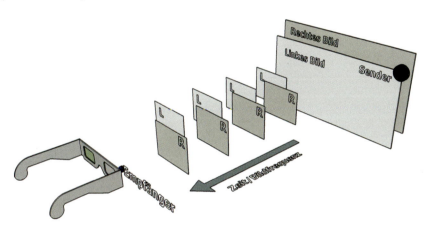

Bild 9.2 Prinzip der Shutter-Technologie: Synchronisation des Bildaufbaus mit der Durchlässigkeit der Brille

Die Technik des Bildwechsels macht sich die Trägheit des menschlichen Auges zunutze. Die Halbbilder eines Stereobildpaares werden auf der gleichen Projektionsfläche wechselweise für einen sehr kurzen Zeitraum angezeigt. Trägt der Benutzer eine Shutter-Brille, die mit dem Bildaufbau synchronisiert ist, dann werden die Halbbilder jeweils nur für das entsprechende Auge sichtbar, während der Blick für das andere Auge geschlossen wird. Die Brille, deren Flüssigkristallflächen elektronisch zwischen durchlässig und undurchlässig umgeschaltet werden, sperrt und öffnet mit der Frequenz des Bildaufbaus. Das Verfahren hat keine Nachteile in der Farbdarstellung. Die älteren Betrachtungseinheiten waren durch Gewicht, Größe, Kabelverbindung und Strombedarf der Brille nicht besonders komfortabel. Ursprünglich wurde auch das Zeilensprungverfahren (*Interlaced*) für CRT-Monitore angewandt. Dabei sind beide Stereobilder in einem Frame, entweder horizontal oder vertikal, gespeichert. Entsprechend wird der Bildschirm aufgebaut, erst die geraden Zeilen bzw. Spalten, danach die ungeraden. Der technische Standard der *Interlaced*-Speicherung gilt als überholt. Da aber ältere Beamer und TV-Geräte das *Interlaced*-Format als Eingangsquelle anfordern, sind die Funktionen zur Formatwandlung in den gängigen Softwareapplikationen noch präsent.

Das Abwägen von Vor-und Nachteilen des passiven Polfilterverfahrens im Vergleich mit der aktiven Shutter-Technologie fällt durch die technische Entwicklung heute eher zugunsten der Shutter-Technologie aus. Shutter-Brillen sind ebenfalls leicht und kabellos, die Stromversorgung erfolgt über per USB aufladbare Akkus. Die Projektion ist flimmerfrei bei voller Bildschirmauflösung und benötigt keine spezielle Leinwand. Die Datenprojektion mit Beamern bringt das Großformat zu den Zuschauern und führt zum gemeinschaftlichen Erlebnis. Mehrheitlich sind die modernen Beamer heute mit Shutter-Technik ausgestattet. Zur neuesten Entwicklung gehören die Mini-DLP-Projektoren (*Digital Light Processing*). Im semi-professionellen Bereich besteht somit eine echte Alternative zu Nvidia und dem 3D-Fernsehen. Bild 9.3 zeigt das Größenverhältnis zwischen Brille und einem DLP-Projektor (hier Apeman CX3), der auf einem Kamerastativ montiert werden kann. Portabel ist das Gerät nicht nur durch die geringe Größe, sondern auch durch sein Gewicht von nur 460 g. Ein vergleichbarer Anbieter ist Wowoto. Unterschiede zwischen den Herstellern lassen sich nur schwer ausmachen.

Bild 9.3 3D-Projektor von Apeman mit Shutter-Brille

Ein Blick auf die technischen Daten des Apeman-Projektors weist auf eine gewisse Limitierung hin, die jedoch für den Privatanwender bei Abwägung der geringen Kosten durchaus zu akzeptieren ist. Die native Auflösung des Beamers ist 1280 × 800 Pixel, unterstützt wird aber auch die Wiedergabe von Full-HD-Videos. Ein Austausch des Leuchtmittels ist nicht möglich, bei einer Betriebsdauer von 30 000 h allerdings zu verkraften. Lassen Sie sich von den angegebenen 700 Lumen und dem Kontrastverhältnis von 2000 : 1 nicht täuschen. Für den Gebrauch in kleinen Räumen ist auch bei Tageslicht hinreichend Bildqualität vorhanden. Helle Sonneneinstrahlung kann das Gerät jedoch nicht gebrauchen. Der Lüfter arbeitet fast lautlos. Der Projektor hat ein eigenes Android-Betriebssystem und stellt bei Zugriff auf das Internet ein autarkes System dar. Externe Datenquellen sind USB-Medien, der HDMI-Eingang, Bluetooth, Wi-Fi und AV. Die Brillen sind leicht sowie kabel- und batterielos. Die Aufladung der Brillen erfolgt über ein USB-Kabel. Der Projektor selbst hat ein externes Ladegerät.

Der 3D-Enthusiast möchte die Software StereoPhoto Maker natürlich über den PC oder das Notebook betreiben. So geht's: Verbinden Sie den Displayport *Anzeigemodus* des Rechners mit dem HDMI-Eingang des Beamers. Nun schalten Sie den Beamer ein und betätigen die HDMI-Taste an der Fernbedienung. Abhängig von Hardware und Betriebssystem haben Sie die Möglichkeit, einen zweiten Bildschirm auf dem Notebook einzurichten. Unter Windows erweitern Sie mit der Tastenkombination FN + F7 die Anzeige. Klicken Sie mit der rechten Maustaste auf die Bildschirmfläche und öffnen Sie das Menü *Anzeigeeinstellungen*. Jetzt können Sie die Bildschirme identifizieren und die Auflösungen einstellen. Starten Sie StereoPhoto Maker, laden Sie ein Stereobild, und wählen Sie STEREO > NEBENEINANDER > HALBE BREITE (HSBS). Mit der Taste V schalten Sie in den Vollbildmodus. Schieben Sie die Applikation auf den zweiten Bildschirm, das Vollbild nimmt sich der Beamer. Die Benutzeroberfläche von SPM können Sie auch auf dem Notebook belassen. Die Seitenverhältnisse von Projektor und Bildschirmauflösung gleichen Sie über die Fernbedienung an.

Für die Videowiedergabe hat der Apeman CX3 einen eigenen Videoplayer an Bord. Liefern Sie das Bildmaterial am besten immer im Side-by-Side-Format an. Bei einem Projektionsabstand von 2 m hat die Bildfläche die beachtliche Größe von 1,70 × 1,10 m. Ein Zoomobjektiv ist nicht Teil der Ausstattung, doch mit der Keystone-Korrektur für trapezartige Verzerrungen und den Transformationen des Bildes ist man in der Aufstellung sehr flexibel.

Ein weiteres Verfahren für die passive Großbildprojektion ist das urheberrechtlich geschützte Infitec-System (*https://infitec.net*). Die Bildtrennung erfolgt hierbei über unterschiedliche Wellenlängenbereiche. Der Wellenlängen-Multiplex liefert drei Bereiche für das rechte Auge und vier Bereiche für das linke Auge. Erzeugt werden die Wellenlängenbereiche durch Vorsätze vor den Projektionsoptiken. Die Bildtrennung bleibt durch die Betrachtung mit den sogenannten Simplex-Brillen erhalten. Der 3D-Eindruck ist perfekt, ganz ohne Ghosting und Farbverfälschungen. Man benötigt zwar zwei Projektoren, doch besteht keine besondere Anforderung an die Leinwand. Die Firma bewirbt ihre Produkte auch für den Einsatz im Heimkino. Die ausgezeichnete Qualität der Projektion schlägt sich allerdings naturgemäß auch in den Kosten nieder.

9.1.2 Bildergalerien im Web

Bildergalerien im Internet werden durch Frameworks und Onlineplattformen unterstützt. Die Erstellung eines Fotoalbums in HTML ist auch ohne Kenntnis der Beschreibungssprache kein Problem. Mit Freeware wie Jalbum; Visual Lightbox oder LookyLooky erstellen Sie eigene Bilderalben zur Veröffentlichung im Netz. Nutzen Sie Onlineplattformen wie Facebook, Instagram oder Google, so müssen Sie Ihr Bildmaterial auf einen Fremdserver hochladen. Zur Aufbereitung des Bildmaterials können Sie freie Bildbearbeitungsprogramme wie IrfanView oder GIMP nutzen. Es muss nicht immer ein kostenpflichtiges Profitool sein.

Für Stereobildpaare gelten jedoch andere Anforderungen als bei zweidimensionalen Bildern. Man weiß nicht, in welchem 3D-Format der Besucher einer Website die Bilder anschauen möchte. Nimmt er eine Rot-Cyan-Brille (wahrscheinlich), oder schaut er freiäugig? Es kann auch ein *Interlaced*-Format sein, das ist aber eher selten. Zur Strategie gehört auch die Nutzung des vollen Bildschirms entweder für beide Halbbilder nebeneinander oder übereinander. Wird eventuell Schwarzweiß bevorzugt? Die Varianten kann man natürlich nicht alle vorhalten, daher entscheidet man sich für nur ein Quellformat und liefert die angeforderten Formate dann online umgerechnet an.

Wenn Sie nicht selbst programmieren wollen, wovon auszugehen ist, können Sie sich die Bereitstellung eines JavaScript-Skripts für HTML5 zunutze machen. Masuji Suto, der Ihnen durch SPM und andere Tools schon bekannt ist, stellt den Stereofreunden sein Skript zur Verfügung. Ein alternatives Programm hat Jury Golubinsky erstellt. Modifizierte Varianten finden Sie auf verschiedenen 3D-Webseiten.

Eine leicht modifizierte Version des HTML5-StereoViewers können Sie auf der Webseite zum Buch herunterladen.[1] Die empfohlene Struktur des Skripts besteht aus der Startdatei `index.html`, dem JavaScript `stereo5.js` und den Bildquellen im JPS-Format (nebeneinander angeordnet, L-R) in einem eigenen Unterverzeichnis *img*. Die Halbbilder sollten mit gleicher Auflösung im JPEG-Container vorliegen. Der Vorteil des JPEG-Formats besteht in der effizienten Komprimierung. Auf eine externe CSS-Datei wurde verzichtet. Die wenigen CSS-Anweisungen sind in den Kopf der Datei `index.html` eingebettet.

Die interne Struktur der Datei `index.html` besteht aus den Sektionen für die Bildtitel, aus der Zeichenfläche (Canvas), in der die Bilder angezeigt werden, und einer Menüleiste. Das erste Feld der Menüleiste ist eine Auswahlbox, in der die 3D-Ausgabeformate angewählt werden. Daneben befinden sich die Schaltflächen für *Bild zurück/vor*, *Diaschau ein/aus*, linkes und rechtes Bild tauschen, Herauszoomen, Vollbild und Hineinzoomen (siehe Bild 9.4).

---

[1] HTML5-Webgalerie zum Download: *http://3d.imagefact.de/html5/source.zip*

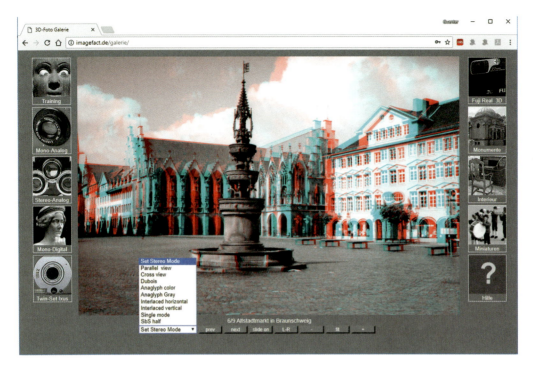

Bild 9.4 Schlichte Benutzeroberfläche des HTML5-StereoViewers

Sofern diese Oberfläche übernommen werden soll, sind nur noch die Bilddaten und die Bildtitel zu referenzieren. Dies erfolgt in zwei getrennten Listen mit den Bezeichnern `pics` und `texte`. Die gesamte Liste befindet sich in eckigen Klammern, die Elemente sind von doppelten Hochkommata eingeschlossen und durch ein Komma getrennt. Da es sich um JavaScript-Anweisungen handelt, ist die Liste mit einem Semikolon abzuschließen. Im Quellcode sieht das etwa so aus:

```
pics = ["img/bilda.jpg","img/bildb.jpg"];
```

Zu beachten ist die Konformität der Bildreferenzen. Verzichten Sie auf Sonderzeichen, und benutzen Sie die Kleinschreibung. Im Netzbetrieb kennen Sie das Betriebssystem des Servers eventuell nicht. Eine zweite Liste für die Überschriften sieht dann so aus:

```
texte = ["3D auf dem Bauernhof",
        "Zirkuszelt"];
```

Das Leerzeichen habe ich mit ` ` aufgefüllt, um einen unerwünschten Zeilenumbruch auszuschließen. Nach erfolgreichem Test können Sie die Daten auf den Webserver hochladen oder auf einem externen Datenträger sichern.

9.1.3 Fotos mit 3D-Effekt

Der Wunsch nach dem räumlichen Tiefeneindruck ist bei der Darstellung von 3D-Objekten ungebrochen, auch wenn es teilweise nur scheinbare Lösungen sind. Viele professionelle CAD-Lösungen bringen daher häufig eine Anaglyphenlösung mit. So kann mit minimalem Aufwand das Raumerlebnis portiert werden. Völlig ohne Sehhilfe arbeitet man, abgesehen von autostereoskopischen Lösungen, mit dem Wiggle-Modus, benutzt die Tiefenmatrix oder räumliche Foto-Apps. Egal wie, aber der 3D-Effekt muss her!

Bildfolgen mit Serienaufnahmen aus wenig unterschiedlichen Positionen werden als animierte GIF-Dateien zusammengefügt oder auch als Videoclip gespeichert. Bei der Wiedergabe erzielt man einen scheinbar räumlichen Effekt. Man bezeichnet diese Bilder im englischen Sprachgebrauch als Wigglegrams. Die Bildfolge kann aus nur zwei Stereoaufnahmen bestehen oder mehrere Bilder enthalten. Einzelbilder erhält man mit speziellen Kameras oder durch Kameraverschiebung. Nishika N8000, auch bekannt unter dem Namen Nimslo, ist eine 35-mm-Analogkamera mit vier quadratischen 30-mm-Objektiven, die für diesen Zweck geeignet ist. Eine digitale Variante gab es als Prototyp von Minox mit der PX3D.

Die Bildfolge erstellt man mit Bildbearbeitungsprogrammen oder benutzt die dafür speziell konzipierten Applikationen. Wiggle3D gehört zu dieser Softwarekategorie. Man lädt zwei Bilder oder ein animiertes GIF und kann in Echtzeit die Auswirkungen an Modifikationen der Farbe, der Rotation, der Seitenverhältnisse und dem Zeitablauf der Animation überprüfen. Das Ergebnis wird als GIF-Datei oder Video gespeichert. Auch StereoPhoto Maker hat eine derartige Funktion parat. Unter DATEI > BILDFOLGEN (LINSENRASTER) > GIF-ANIMATION erstellen Sie Ihr Wackelbild. Immerhin können Sie so auf Webseiten einen 3D-Effekt zeigen, der keinerlei weitere Aktion vom Nutzer verlangt. Bei längerer Betrachtung und mehrfachem Besuch der Seite wirkt der Effekt aber auch häufig störend.

Es ist natürlich klar, dass Smartphone-Apps auch auf diese Spielereien anspringen. Da wären Fyuse und Phogy zu nennen. Bei der Aufnahme zielt man mit einem Cursor auf einen Fixpunkt in der Szene und bewegt die Kamera anschließend um das Objekt herum, wobei der Fixpunkt weiter anzuzielen ist. Man erfasst auf diese Weise einen räumlichen Teilbereich des Objekts, der in einer Bildfolge zusammengesetzt wird. Während der Wiedergabe wird der Bewegungssensor des Smartphones abgefragt. Durch Hin- und Herkippen wird somit die Raumillusion erzeugt.

Anspruchsvoller gestaltet ist der 3D-Effekt mit einem Bild bei der online nutzbaren Software Depthy (*www.depthy.me*). Depthy benötigt eine Tiefenmatrix, die dem Einzelbild hinterlegt wird. Eine Tiefenmatrix ist ein Graustufenbild mit einem Bereich von 0–255 Grauwerten. Jedes Pixel repräsentiert den z-Wert, die Tiefe, des korrespondierenden Bildes. Dunkle Bereiche liegen näher beim Beobachter als helle Bereiche. Man kann die Tiefenmatrix manuell mit einem Bildbearbeitungsprogramm oder auch online mit Depthy erzeugen.

Bild 9.5 Mit einem Bild und der Depth MAP kommt man zu GIF-Animationen mit gleichförmiger Bewegung (rechts die Anaglyphe zum Vergleich).

Mit verschiedenen Softwareprodukten zur 2D- nach 3D-Konvertierung oder Rendering-Programmen sind die Tiefenbilder automatisch zu erstellen. Eine OpenCV-Lösung mit Python aus Stereobildpaaren wird als Quellcode auf der Webseite zum Buch angeboten.[2] Das bewegte Depthy-Bild speichert man als Anaglyphe, GIF oder Video. Die Bewegung kann ausgesprochen gleichförmig und angenehm für den Zuseher gestaltet werden. Einige Depthies und Wiggles gibt es auch im Web[3] anzuschauen. Wenn sie Depthy oder Wiggle auf einer Webseite nutzen, gehen Sie bitte vorsichtig damit um. Wenn es zu sehr wackelt, wird dem Besucher schwindlig.

■ 9.2 VR-Brille statt Stereoskop?

Die Maker-Szene beschert uns etliche Stereoskop-Bauanleitungen für Smartphones. Sucht man bei YouTube nach Begriffen wie „DIY Stereoscope", gelangt man zu teilweise skurrilen Ausführungen von Betrachtungseinrichtungen. Mittlerweile geht der Trend aber zu Googles Cardboard-VR. Ein Paar bikonvexer Linsen kostet ca. 2 €, ein Cardboard aus Pappe bekommt man für unter 10 €. Manche Cardboards sind mit einem verschiebbaren Magneten versehen, der auf den Magnetfeldsensor einwirkt und Bedienungsfunktionen der App übernehmen kann. Etwas aufwendigere Geräte bringen einen Bluetooth-Controller mit. Doch die App-Entwickler haben mit der Blickbedienung auch eine Lösung anzu-

---

[2] Python-Skript zur Erstellung einer Tiefenmatrix aus Stereobildpaaren: *http://www.imagefact.de/support/depthmap.zip*
[3] Bewegtes 3D: *http://www.3d.imagefact.de/wigglemode*

bieten. Der Unterschied des Cardboards zu den Stereoskopen besteht in der Vergrößerung des Sichtfeldes und der dadurch bedingten Bildfeldwölbung.

Bild 9.6 Stereobilder auf dem Smartphone mit der VR-Brille betrachten

An Apps zur Medienwiedergabe mangelt es nicht. Aus dem Google Play Store wird im Folgenden der VR Media Player auf einem Android-Smartphone hinsichtlich der Betrachtung von Stereobildern vorgestellt. Zur Auswahl des Mediums wählen Sie im Eingangsmenü zunächst zwischen Foto- oder Videobibliothek. Nach Auswahl eines Bildes wird das Format (3D, SbS oder OaU, JPEG) und die Optik bestimmt (360-Grad-Kamera oder Standard, auch mit den verschiedenen Fisheye-Varianten). Die Projektion kann auf die Ebene oder die Kugel abgebildet werden. Bei Auswahl des Cardboards wird das Side-by-Side-Format in die Halbbilder zerlegt und die Verzeichnung der Linsen berücksichtigt. Die gewölbten Bildränder, wie in Bild 9.6 ersichtlich, kommen bei Blick durch die VR-Brille nicht mehr zum Tragen.

Störend bei der Betrachtung des Smartphone-Displays ist der sogenannte Fliegengittereffekt, ein gerastertes Muster, das die Pixelanordnung aufgrund der Vergrößerung durch die Linsen wiedergibt. Sie kennen das sicher auch von gedruckten Bildpaaren, die mit dem Stereoskop angeschaut werden. Bei einer 6" Bilddiagonale mit 568 ppi oder noch höherer Auflösung verringert sich der Effekt bis zur Unkenntlichkeit. Wer bei der Bildbetrachtung auf ein Headset wie Oculus Rift oder HTC Vive umsteigen will, der ist rechnerabhängig und nicht so mobil mit seinen Raumbildern. Von The Shoeboxdiorama wird ein spezieller Stereo-Fotoviewer für die Oculus Rift angeboten.

Wer sich nicht als Nerd versteht, wird seine 3D-Fotografie wohl kaum mit Computer und VR-Headset ansehen wollen, doch mit einem einfachen Cardboard, einem VR-Viewer und dem Smartphone ist es zumindest einmal einen Versuch wert. Danach kann man sich immer noch für den freien Kreuzblick mit verkleinertem Raumbild oder eine 3D-Projektion entscheiden. Lassen Sie sich das Stereoskop nicht aus der Hand nehmen!

9.3 Nostalgie und Gegenwart

Damit ist unsere gemeinsame Reise durch die Stereoskopie im Heute angekommen. Etwa 100 Jahre 3D-Kameraentwicklung, stereoskopische Aufnahmeverfahren vom Makro- bis zum Fernbereich und unterschiedliche Betrachtungstechniken wurden in diesem Buch behandelt. Ein breites Anwendungsspektrum von analog bis digital liegt hinter Ihnen.

Wer hätte die Entwicklung voraussehen können? Von der Daguerreotypie in das World Wide Web, vom Stereoskop zur virtuellen Realität auf dem Smartphone – im Angebot sind die Fotografie mit den Stereokameras der 1960er Jahre des vergangenen Jahrhunderts, 3D-Hybridfotografie und digitale 3D-Videografie und nun auch noch die VR-Welt, in der die VR-Brillen mit 360-Grad- und 180-Grad-Kameras Futter bekommen. Wie gehen Sie damit nun in der Praxis um? Für welche Anwendung entscheiden Sie sich? In Bild 9.7 wird ein Flowchart der Möglichkeiten gezeigt. Sollte Ihnen Entscheidung bei Ihrem Einstieg in die 3D-Fotografie nicht so leicht fallen, dann können Sie sich an meinen Empfehlungen orientieren.

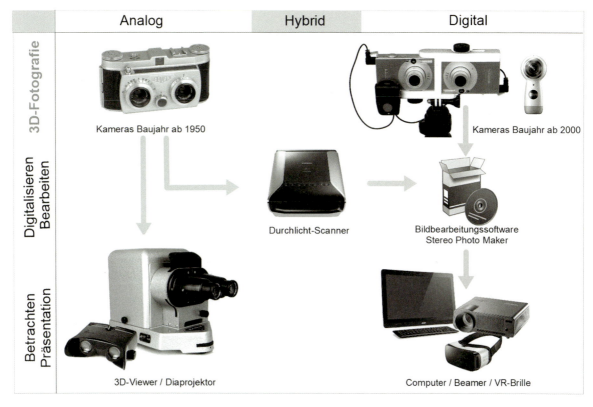

Bild 9.7 Arbeitsablauf der 3D-Fotografie – analog (seit den 1950ern), hybrid (seit Ende des vergangenen Jahrhunderts) und digital (im 21. Jahrhundert)

Analog 3D

Absolut analog mit Stereosucherkameras der 1960er Jahre – das ist das Rezept für den Minimalisten. In diesem Falle sollten Sie eine Belplasca zur Hand nehmen. Am besten geeignet ist der Umkehrfilm mit seinen brillanten Farben. Rahmen Sie Ihre Dias mit RBT-Rahmen im äußeren Format 107 × 45 mm und verwenden Sie einen Handbetrachter. Ich bin sicher, Sie werden fasziniert sein!

Sofern Sie auf den Charme der analogen 3D-Fotografie nicht verzichten möchten oder können und in der digitalen Welt unterwegs sein wollen, arbeiten Sie am besten hybrid. Aufnahmematerial ist der Umkehrfilm oder Schwarzweiß-Negativfilm. Den Negativfilm können Sie selbst entwickeln. Jedes Kameraschätzchen darf zum Einsatz kommen. Digitalisiert wird mit Flachbettscanner oder Digitalkamera. Dann geht es los mit der Bildbearbeitung im StereoPhoto Maker und danach geht es ab ins Internet…

Der digitale Einstieg gelingt mit zwei einfachen Webcams. Im nächsten Schritt bauen Sie sich ein Twin-Set aus zwei Kompakten. Sie eröffnen sich fotografische Gestaltungsmöglichkeiten und sind für dynamische Motive und Video gerüstet. In erster Instanz schauen Sie Anaglyphenbilder auf dem Computermonitor an und beschaffen sich bei Gefallen Nvidia 3D Vision oder einen 3D-DLP-Minibeamer.

VR

Wer es gern nerdig mag, der wird sich den neuen VR-Techniken ergeben. Fangen Sie mit einer 360-Grad-Kamera und einem Cardboard an. Für kleines Geld stoßen Sie die Tür zu faszinierenden VR-Welten auf. Planen Sie am besten schon einmal Budget für die großen Maschinen ein.

Zu guter Letzt kommen auch virtuelle Kameras und der 3D-Druck ins Spiel. Mit der bildbasierten 3D-Modellierung können virtuelle Modelle erstellt werden, die in Animations-und Rendering-Programmen wieder zu Raumbildern bzw. 3D-Videos werden. Der Zwang zu einer stereoskopischen Aufnahmeanordnung ist aufgehoben. Mit Selfiestick und Drohne haben Sie eine sehr flexible Kamerapositionierung zur Hand. Der frei aufgenommene Bildverband wird rekonstruiert und das 3D-Modell automatisch gebildet. *Structure from Motion* (SfM) nennt sich das Verfahren, das auch schon auf dem Smartphone zu Hause ist.

Was würde Lucas Cranach denken? Der bildproduzierende Zeitgenosse des Reformators aus Wittenberg war auch als Drucker tätig. 500 Jahre später habe ich sein Denkmal mit einer Touristenkamera digitalisiert, als Computermodell automatisch modelliert und in einen 3D-Drucker gesteckt. Das Modell steht kostenlos zur Verfügung. Wenn Sie Interesse haben, dann können Sie die VR-Ansicht unter folgendem Link ansehen: *https://sketchfab.com/models/10eb84e64abb494c8f707570b65abd87*.

Bild 9.8 Lucas Cranach der Ältere (1472–1553): Wohn- und Wirkungsstätte von Lucas Cranach waren die Renaissancehöfe inmitten der Wittenberger Altstadt. Dort steht auch sein Denkmal. Im Bild ist die Datei für den 3D-Druck zu sehen.

Abschließend möchte ich von Anwenderseite noch einen Dank aussprechen. Dieser geht an die Wissenschaftler, Programmierer und Communities, die Software Open Source und als Freeware anbieten und die Support und Erfahrungen kostenfrei mit der Netzgemeinde teilen. Bashing von Google, YouTube, Microsoft und anderen ist hier wirklich fehl am Platz.

Literatur

Entwicklung des 3D-Fernsehens: https://www.heise.de/ct/artikel/Gibt-es-bald-keine-3D-TVs-mehr-3099080.html sowie http://www.chip.de/news/LG-und-Sony-bestaetigen-Eine-TV-Technik-wird-begraben_89466805.html
Software Fyuse: http://www.spiegel.de/netzwelt/apps/smartphone-app-fyuse-3d-fotos-mit-virtual-reality-gefuehl-a-1067197.html
Software Phogy: http://praxistipps.chip.de/fotos-mit-3d-effekt-machen-die-app-phogy-im-test_43441
Online bewegte Bilder erstellen: http://depthy.me
Stereoviewer für VR-Brillen: http://www.theshoeboxdiorama.com/thestereophotoviewer
Wigglegramme: https://www.3dwiggle.com

Stichwortverzeichnis

Symbole

3DCombine *141*
3D-Easy SPACE 5 *136*
3D-Foto-Editor *133*
3D-Fotografie *2*
3DF Zephyr *255, 256*
3DSteroid *193*
120er Rollfilm *99*
123D Catch *261*
127er Rollfilm *99, 102*
135er Film *100*
180-Grad-Videoformat *237*
360-Grad-Kamera *228, 235*
360-Grad-Rundumbild *228*
620er Format *99*

A

Action Cams *166*
ADOX Silvermax *82*
Advanced 3D-Modus *179*
AGFA CT Precisa *102*
Air Swimmers *225*
AkA-Kamerawerke *54*
Albumin-Verfahren *13*
Anaglyphen *123*
Anaglyphenfilm *124*
Anaglyph Maker *135*
Anaglyph Workshop *137*
APS-Format *100*
ArcSoft *200*
Auflichtbetrachtung *90, 98*
Aufnahmerichtung *41*
Augmented Reality *267*
Automodus *181*
AVI-Format *206*
AviSynth *207*

B

Baldeweg, Max *64*
Basislänge *34*
Belca-Schaltung *60*
Belplasca *21, 64*
Belplascus *93*
Bercowitz *35*
Beschleunigungssensor *241*
Bildinformation *37*
Bildtrennung *28*
Bildverband *251*
Bildzählwerk *51*
Blender *264*
BLIK-Entfernungsmesser *72*
Bracketing *143*
Brewster, David *12*

C

C-41-Entwicklungsprozess *101*
CAD-Format *264*
Camera obscura *1, 12*
Canon Hacker Development Kit *161*
Cardboard *240*
Codec *206*
Colardeu-Schaltung *59*
Color Camera *50, 54*
Color Code 3D *124*
Compur-Verschluss *20*
Computer Vision *143*
Containerformate *206*
Contax *85*
C. P. Goerz *20*
Cross Origin Resource Sharing *243*
CSI-Schnittstelle *172*

D

Daguerre, Jaques 12
Daguerreotypie 12
David White Company 60
Dense Point Cloud 259
Depthmaster 63
Diableries 15
Disparität 32
Displayport 275
DLP-Projektor 274
Doppelbildentfernungsmesser 62
Doppeldrahtauslöser 87
Druckraster 117
Dubois, Eric 124
Duboscq, Jules 13
Duncker, Johann Heinrich August 82
Duplex Super 120 74
Durchlichtbetrachtung 90
Durchlichteinheit 106
Dynamikumfang 110

E

E-6-Entwicklungsprozess 101
Edixa 21
ELE-Cam360 235
Entwicklungsdose 104
Entzerrungsebene 115
equirectangulares Panorama 229, 244
Equirectangular Projection 201
Ernemann-Werke AG 20
Etude-Projektor 94

F

Fallschachtprinzip 93
Federmotor 81
FED Stereo 71
FeiyuTech 234
Fernpunktweite 35
Ferrania 102
FFmpeg 214, 238
Filminserter 57
Filmperforation 59
Filmtransport 67
Five-Sprocket-Format 59
Flachbettscanner 106
Format 99
Franke, Paul 21
Fuhrmann, August 17
Fujichrome 102

G

GAF (General Anilin and Film Corporation) 49
Gamma-Korrektur 110
Gear360 235
Gebr. Wirgin 21
Gespann 87
GIF-Animationen 205
Gigantismus 34
Gimbal 234
Glasplatten 98
Glyphoscope 21
GOMZ 78
Graflex 63
Granolitho-Druck 117
Gruber, William B. 49

H

Headless-System 173
Heidecke, Reinhold 21
Heidoskop 21
Heimlabor 104
Histogramm 109
Holmes, Oliver Wendell 15
Holmes-Stereoskop 91
HTC Vive 240
hybride Stereobild-Bearbeitung 47
Hypertextpreprozessor 126

I

Ica AG 20
Iframe 243
Interpretation 3
Intervallaufnahmen 154
IrfanView 109
ISOCELL-Technologie 186
ISO-Einstellungen 72

J

JRI Maxant 21
Jump 200
Justierung 138

K

Kaiserpanorama 17
Kameraneigung 41
Kantenerkennung 248
Kantung 41, 258
Keillinsen 120
Keystone-Korrektur 275
Key Stone View Company 16
Kiev 4 83, 85

Kollodium-Nassplatte *13*
Kollodiumverfahren *98*
Kommandozeilentools *122*
Königin Viktoria *13*
Kopierrahmen *25*
Kreuzblick *29*

L

Leningrad *81*
Lens Shift *51*
Lentikularbilder *132*
Lentikulartechnik *117*
Leuchtrahmensucher *72*
Liliputismus *34*
Linsenraster *132*
Lomografie *4*
Lomo LC-A *89*
London Stereoscopic Company (LSC) *14*
Loreo Lite 3D Viewer *7*
Lubitel *78*
LucidCam *238*
Lüscher-Bedingung *32*

M

Magnetometer *241*
Maker-Szene *2*
Makrofotografie *191*
Masquerade *256*
Matroska *206*
Mattel *50*
Mehrwert *40*
MEMS *241*
Meopta *50*
Merkmalspunkte *249*
Meshlab *261*
Microsoft LifeCam *226*
Mikrosysteme *241*
Minidrohnen *225*
Mixed Reality *267*
Mixed Reality Viewer *268*
MPEG-Video *206*
MPO-Format *138, 179*
Multi View Stereo *251*

N

Nahpunkt *32*
Nahpunktweite *35*
Neue Photographische Gesellschaft *18*
Neutraldichtefilter *159*
Nièpce, Joseph *12*
Nodal Ninja *200*
Nodalpunkt *196*

Nostalgie *47*
Nvidia 3D Vision *273*

O

Oberflächenmasche *247, 257*
Objektauflösung *191*
Objektivverzeichnung *111*
Oculus Rift *240*

P

Paint 3D *268*
Panini Perspective Tool *198*
Panorama *196*
Panoramafotografie *228*
Panorama-Stitcher *197*
Panoramaviewer *197*
Parallaxe *32*
Parallelblick *31*
Pfadvariable *215*
PhotoScan *259*
Photoshop *115*
Picolay *156*
Pidgeon-Methode *29, 117, 118*
Planfilm *98*
Plaques *12*
Plattenkamera *18*
Pocketfilm *100*
Polarisation *93, 272*
Polyskop *20*
Programmautomat *72*
Punktwolke *251, 257*

R

Radex *82*
Raspberry Pi-Kamera-Board *172*
Rathenower Optische Werke *82*
Raumbild *3*
Raumbild-Verlag *7, 18*
RBT Raumbildtechnik *87*
Reality Capture *247*
ReCap Photo *261*
Redufokus *61*
Registrierung *258, 261*
Regula King *54*
Remix 3D *268*
RGB-Farbmodell *248*
Richard, Jules *21*
Ricoh Theta S *235*
Rodenstock Trinar *55*
Rollei 35 *89*
Rollei CR 200 *88*
Rolleidoskop *21*

Rollei-Werke 21
Rollfilm 13, 99
Rollmann, Wilhelm 123
Rotationssensor 241
Rot-Cyan-Brillen 124

S

Sawery's 49
Schärfentiefe 155
Scheduler 227
Scheinfenster 38, 140
Schönstein, Otto 18
Schwarzweißfilm 100
schwebendes Fenster 39
Selbstauslöser 186
Selfiestick 187
Shutter-Brille 273
Shutter-Technologie 273, 274
Sicherheitsfilm 98
SIFT-Algorithmus 249
Silverfast 106
sphärische Aberration 111
Spiegelbild 156
Spiegelstereoskop 11
Spulen 99
Sputnik 78
SQ8 Mini-DV 226
Stacking 143
Stereobasis 27
Stereo Camera 50
StereoData Maker (SDM) 161
Stereokarten 14
Stereomat 50
StereoPhoto Maker 137
Stereo Realist 21, 60
Stereoschiene 80
Stereoskop 119
Stereoskopie 1, 2
Stereovorsatz 85
Stereowippe 81
Stereozubehör 7
Strahlenteiler 187
Street View App 229
Structure from Motion 251
Synchronisation 227

T

Talbot, William Henry Fox 13
TDC Stereo Vivid 61
Teilerspiegel 191
Thaumatope 205
Tiefenerkennung 11
Tiefenschärfe 155

Tiefenwirkung 34
Tissue 15
Tracker 267
Trägerschicht 101
Transportstanzung 100
Trockenplatte 13
True Vue 50
Two Dimensional Model 58

U

Umkehrfilm 101
Umkehrprozess 101
Umkehrstereoskop 25
Underwood & Underwood 16

V

VEB Carl Zeiss Jena 65
VEB Kamerawerke Dresden 65
VEB Pentacon 65
Verascope 21
Vertikalparallaxen 37
Videomodus 205
View-Master 2, 49
Vignettierung 111
VirtualDub 207
Virtual Reality 228
VR View 243
vrview-analytics.js 243
VueScan 106

W

Walt Disney 50
Webcam 226
WebM 206
Welker, Stefan 240
Wheatstone, Charles 1, 11
White, David 21
Wiggle-Modus 278
Witt, Wilhelm 21

Y

Yawcam 227
YouTube 238

Z

Zeiss Ikon AG 20
Zelluloid 98
Zentralprojektion 1
Zerstreuungskreis 155
Zoner Photo Studio 134